文化强国视域下
高校推动地方文化传承
与创新的路径研究

郑爱菊 　著

Research on the Way for Colleges to Promote Local Cultural Inheritance and Innovation from the Perspective of Building up China's Cultural Strength

当代世界出版社
THE CONTEMPORARY WORLD PRESS

图书在版编目（CIP）数据

文化强国视域下高校推动地方文化传承与创新的路径
研究／郑爱菊著. -- 北京：当代世界出版社，2024.
8. -- ISBN 978-7-5090-1848-4

Ⅰ. G127

中国国家版本馆 CIP 数据核字第 2024VZ7541 号

书　　　名：文化强国视域下高校推动地方文化传承与创新的路径研究
作　　　者：郑爱菊 著
出 品 人：李双伍
策划编辑：刘娟娟
责任编辑：魏银萍　姜松秀
出版发行：当代世界出版社有限公司
地　　　址：北京市地安门东大街70-9号
邮　　　编：100009
邮　　　箱：ddsjchubanshe@163.com
编务电话：(010) 83907528
　　　　　(010) 83908410 转 804
发行电话：(010) 83908410 转 812
传　　　真：(010) 83908410 转 806
经　　　销：新华书店
印　　　刷：廊坊市印艺阁数字科技有限公司
开　　　本：710 毫米×1000 毫米　1/16
印　　　张：15.75
字　　　数：212 千字
版　　　次：2024 年 8 月第 1 版
印　　　次：2024 年 8 月第 1 次
书　　　号：ISBN 978-7-5090-1848-4
定　　　价：79.00 元

四川省哲学社会科学重点研究基地四川省教育厅人文社会科学重点研究基地四川郭沫若研究中心科研项目"地方文化育人视域下郭沫若经典作品的开发与拓展研究"（GY2023B03）结项成果

前　言

文化兴则国运兴，文化强则民族强。一个国家、一个民族的强盛，总是以文化兴盛为支撑，中华民族伟大复兴需要强大的物质基础，也需要强大的精神动力。没有辉煌的民族文化，没有高度的文化自信，没有先进文化的引领，没有人民精神世界的丰富，一个国家就无法屹立于世界民族之林。

党的十九届五中全会提出到 2035 年把我国建成文化强国的远景目标，并对"十四五"期间的社会主义文化强国建设作出战略部署，这一举措标志着党对文化建设的高度重视，为全面实现文化强国目标提供了行动纲领，也为铸就社会主义文化新辉煌指明了前进的方向。

党的二十大报告指出，中华优秀传统文化源远流长、博大精深，是中华文明的智慧结晶……同科学社会主义价值观主张具有高度契合性。中华优秀传统文化是中华民族的根与魂，是流淌在中华儿女血液中的民族基因，如果丢掉了，就如同割断了精神命脉。

地方文化是中华优秀传统文化的重要组成部分，它承载着一定区域内的历史文化、行为范式和道德规范，是地方群众的精神家园，是维系地方团结的精神纽带，也是国家文化软实力的重要组成部分。"一方水土养一方人"，中国人民有根深蒂固的地缘情结。地方文化的传播和弘扬，有利于延续地方文脉，增强文化认同和文化自信，增强人民群众的凝聚力和向心力；地方文化的传承与创新，对丰富人民群众的精神文化生活、打造地方特色文化名片、促进地方经济和社会发展具有重要意义。

在全球化时代，面对外来文化的冲击和自身发展的需要，如何实现地方文化的有效保护、传承和创新，成为一个迫切而重要的议题。

高校拥有丰富的学术资源和广泛的社会影响力，能够肩负起人才培养、科学研究、社会服务、文化传承创新等职能。地方高校在地方文化传承中具有独特的优势：一方面，地方高校长期受到地方文化的哺育和滋养，在办学理念、课程设置、校园文化等方面都打下了地方文化的烙印。地方文化中的价值观念、思维方式、审美情趣等元素也对大学文化和大学精神产生深远的影响。另一方面，地方高校立足所在区域、服务于当地社会发展，为政府的文化建设、企业的文化产业发展、群众的文化活动等提供智慧和方案，为当地社会的文化繁荣作出贡献。将高校的优势资源与地方文化的传承与创新相结合，可以推动地方文化的创造性转化和创新性发展，促进地方文化事业和文化产业的健康发展。因此，深入研究高校在地方文化传承与创新中的路径和策略，具有重要的理论和实践意义。

该书稿基于我国文化强国战略背景，在深刻领会文化强国战略内容和意义的基础上，详细阐述了地方优秀文化在传承民族精神、赓续中华文脉、培育时代新人、繁荣文化产业、赋能乡村振兴、助力经济发展等六个方面的意义；深入探讨了地方文化传承与创新的重要性及价值，创新性地提出了高校发挥自身优势，挖掘和整理地方文化、创新文化传承与传播方式、搭建产学研合作平台、探索人才培养新模式、营造全社会阅读氛围等全面推动地方文化传承与创新的路径；并结合高校在推动地方文化传承与创新中的成功案例，对高校在这一过程中面临的问题提出了切实可行的对策，旨在为高校推动地方文化传承与创新工作提供理论指导与实践参考，为文化强国建设贡献智慧与力量。

书稿研究内容丰富，它从宏观角度审视文化强国建设战略，同时从微观角度分析高校在文化强国建设中的作用，采用理论与实践相结合的方式，使研究具有说服力和实用性，对高校如何推动地方文化的传承和创新具有较高的参考价值。

由于本人水平有限，研究难免有不妥之处，恳请广大读者提出宝贵的意见和建议。

郑爱菊

2024 年 7 月

目　录

第一章 社会主义文化强国建设

文化是一个民族的灵魂与血脉，是一个民族的集体记忆和精神家园。一个国家的文化不仅体现了民族的认同感、归属感，更反映了民族的生命力、凝聚力。中华民族五千年的悠久历史，孕育出辉煌灿烂的中华文明。

中华文化曾长期领先于世界，对周边国家乃至全世界产生了深远影响。春秋战国时期，是一个"百花齐放，百家争鸣"的时代，当时涌现出孔子、老子、墨子等一批思想家、教育家、政治家，他们怀着对国家和人民的热爱，著书立说，形成了儒家、道家、墨家、法家等各大流派，奠定了中华文化思想的基础，对当时乃至后世都产生了深远的影响。直至今天，他们的优秀著作仍被世人广泛学习传颂。《论语》《老子》《韩非子》《孟子》等典籍中蕴含的优秀文化思想流传到朝鲜、韩国、日本和新加坡等国家，受到了广泛的欢迎和认可。

秦始皇统一六国，不仅建立了一个幅员辽阔的国家，更重要的是统一了文化和思想，促进了民族文化的融合发展，这在历史上具有划时代的意义。隋唐时期，中华文化高度发展，进入鼎盛时期。唐朝的诗歌、散文、传记、传奇、绘画、音乐、舞蹈、雕塑等文学和艺术不断发展和创新，形成了空前繁荣的局面。朝鲜、日本等国家崇尚唐朝文化，纷纷派遣使者到唐朝进行文化和经济交流。

宋元时期，以程朱理学和陆王心理学为代表的宋明理学宣扬的礼仪诚信、忠君爱国思想对日本、朝鲜等东亚国家的社会稳定、家庭安宁和睦产生了重要影响。

近代百年的屈辱导致中国文化的光辉暂时黯淡，但是中国人民在黑暗中展现出不屈不挠、勇于探索的实践精神，不怕牺牲、顽强不屈的大无畏革命精神，以及忠肝义胆、护国佑民的深沉家国情怀，这些都大放异彩。

战争年代，中国共产党培育了井冈山精神、长征精神、延安精神、抗战精神、西柏坡精神，谱写了中国人民壮丽的奋斗篇章，积淀了丰富的革命精神和厚重的历史文化内涵，成为炎黄子孙流淌在血液里的红色基因。建国初期，百废待兴，又形成了铁人精神、"两弹一星"精神等一系列伟大精神，为中华民族复兴奠定了坚实的根基，创造了中华民族宝贵的精神财富。改革开放时期，中国共产党引领了改革开放精神、创新精神、实干精神、特区精神，谱写了中国人民崭新的发展篇章，积淀了丰富的时代精神和深厚的文化底蕴，成为炎黄子孙心中永恒的发展动力。

新时代，中华民族昂首阔步地走向世界舞台的中央。中国发起了共建"一带一路"的合作倡议，高举和平发展的旗帜，与全球100多个国家建立了不同形式的伙伴关系，共同致力于构建政治互信、经济融合、文化包容的利益共同体、命运共同体和责任共同体。中国基于源远流长的优秀传统文化，向全世界贡献了中国智慧，为发展中国家解决发展难题提供了中国方案，彰显了大国担当。党的十八大以来，以习近平同志为核心的党中央高度重视文化发展的战略地位，强调坚持道路自信、理论自信、制度自信，归根结底是坚持文化自信，文化自信是更基本、更深沉、更持久的力量。

党的十九届五中全会对文化建设作了规划和设计，明确指出到2035年把我国建成文化强国。建设文化强国，离不开每一位中国人的共同努力。我们应当深深扎根于九百六十万平方千米的中华大地，汲取祖国悠久历史文化的深厚滋养，继承和弘扬中华民族的优秀文化，展现高度的文化自觉、自信、自强。我们还应积极向全世界讲好中国故事，传播好中国声音，让中华文化在全球范围内绽放异彩，助力中华民族实现从富起来到强起来的伟大飞跃。

第一节　文化强国建设的概念与内容

我们党自成立以来，就高度重视文化建设。1944 年，毛泽东同志发表了《关于陕甘宁边区的文化教育问题》一文，他提出了"任何社会没有文化就建设不起来"[1] 的重要论断。1980 年改革开放之初，邓小平同志提出，"我们要建设的社会主义国家，不但要有高度的物质文明，而且要有高度的精神文明"[2]。20 世纪 90 年代，江泽民同志强调，"有中国特色社会主义的文化，是凝聚和激励全国各族人民的重要力量，是综合国力的重要标志"[3]。进入 21 世纪，胡锦涛同志提出了"提升国家文化软实力"[4] 的目标。新时代，习近平总书记指出："文化是一个国家、一个民族的灵魂。文化兴国运兴，文化强民族强。"[5]

文化繁荣兴盛、软实力提升，是建设文化强国的前提和基础。在推进文化强国建设的道路上，我们需要明确什么是文化、什么是文化强国，以及什么是社会主义文化强国。

---

[1] 毛泽东:《关于陕甘宁边区的文化教育问题》,载《毛泽东文集》(第三卷),北京:人民出版社,1996 年版,第 109—110 页。

[2] 邓小平:《贯彻调整方针,保证安定团结》,载《邓小平文选》(第二卷),北京:人民出版社,1994 年版,第 367 页。

[3] 江泽民:《高举邓小平理论伟大旗帜,把建设有中国特色社会主义事业全面推向二十一世纪》(1997 年 9 月 12 日),载《江泽民文选》(第二卷),北京:人民出版社,2006 年版,第 33 页。

[4] 《人民日报社论:指导社会主义先进文化建设的纲领》,https://www.gov.cn/jrzg/2006-11/12/content_439908.htm。

[5] 《习近平在中国共产党第十九次全国代表大会上的报告》,http://cpc.people.com.cn/GB/http://cpc.people.com.cn/n1/2017/1028/c64094-29613660.html。

一、文化强国建设的相关概念

（一）文化

1. 西方对文化的理解

在西方，"文化"（culture）一词最初的意思是指土地耕种，即人类在土地上种植农作物并收获劳动成果的过程。事实上，"文化"一词最早出现在古拉丁文中，具有"栽培""培养""修养""教化"等含义。1690 年，法国学者安托万·菲雷蒂埃①在《通用词典》中将文化定义为"人类为使土地肥沃，种植树木和栽培植物所采取的耕耘和改良措施"。随后，这一定义逐渐扩展到精神层面，包含了"培养""教育"等含义。

意大利哲学家维柯坚信，文化源自人们独特的思维方式和内心世界，文化的源头可以追溯到人的思想情感、精力之中，而不同民族各具特色的生活方式则是文化的外在展现。法国思想家伏尔泰在《论民族道德和精神》一书中同样认为，文化是人类创造力的表现。

德国哲学家康德在《判断力批判》中指出，在一个有理性的存在者里面，产生一种达到任何自行抉择的能力，从而也就是产生一种使一个存在者自由地抉择其目的之能力的就是文化。②

文化人类学家 L. 本尼迪克特在《文化模式》一书中将"文化"定义为"通过某个民族的活动而表现出来的一种思维和行动方式，一种使这个民族不同于其他任何民族的方式"③。

英国人类学家爱德华·泰勒在《原始文化》中，对"文化"的阐述被奉为"经典"。他指出，文化或文明，就其广泛的民族学意义来讲，是一个复合整体，包括知识、信仰、艺术、道德、法律、习俗，

---

① ［法］安托万·菲雷蒂埃（Furetiere，Antoine），1619—1688 年，法国小说家、讽刺作家、词典编纂者。

② 康德：《判断力批判》（下卷），北京：中华书局，2015 年版，第 97—103 页。

③ 维克多·埃尔著，康新文、晓文译：《文化概念》，上海：上海人民出版社，1988 年版，第 5 页。

以及作为一个社会成员的人所习得的其他一切能力和习惯。① 这强调了文化无所不包的特质。

美国文化学家克罗伯和克拉克洪在其合著的《文化：概念和定义的批评考察》中，给出的文化定义受到了世界各国学者的认可，影响广泛。他们认为，文化是通过符号传递的行为模式，代表了人类的显著成就，其核心是传统观念。文化体系既是活动的产物，也是进一步活动的决定因素。②

2. 中国对文化的理解

在中国古代传统文化经典中，《周易·贲卦·象传》最早出现了"文化"一词，原文是"观乎天文以察时变，观乎人文以化成天下"。③ 这句话的意思是：观察日月风云的运行秩序，可以总结四季交替规律，据此可编写指导人们生产生活的律历，学习和运用先人积淀的文明，可以形成人类社会准则以教化百姓。

西晋诗人束皙的《补亡诗》中有"文化内辑，武功外悠"④ 一句，意思是治理国家对内注重文化修养，对外能建功立业，强调了用文化手段教化本国百姓的重要性。

南齐诗人王融在《三月三日曲水诗序》中写道："设神理以景俗，敷文化以柔远。"⑤ 意思是用神权天理的理念来影响百姓，用深厚的文化底蕴怀柔远方的民族，这体现出文化的政治作用。

清末民初学者顾炎武在《日知录》中有言："自一身以至于家国天下，制之为度数，发之为音容，莫非文也。"⑥ 这句话的意思是，从个人的行为表现到国家的各种制度，都属于文化的范畴。

---

① 爱德华·泰勒著，连树声译：《原始文化》，上海：上海文艺出版社，1992年版，第1页。
② 冯天瑜、何晓明、周积明：《中华文化史》，上海：上海人民出版社，1990年版，第22页。
③ 陈江风：《中国文化概论》（第三版），南京：南京大学出版社，2014年版，第2页。
④ [晋]束皙：《补亡诗·由仪》，载丁福保：《全汉三国魏晋南北朝诗》，北京：中华书局，1959年版，第319页。
⑤ 罗国威：《敦煌本〈昭明文选〉研究》，哈尔滨：黑龙江教育出版社，1999年版，210页。
⑥ [清]顾炎武著，[清]黄汝成集释，秦克诚点校：《日知录集释》，长沙：岳麓书社，1998年版，第241页。

由此可见，在中国古代，文化的含义更多地表示"文治教化"的意思，更多体现了精神内涵。而中国现代所使用的"文化"一词，是从日语翻译而来。梁启超在 1901 年发表的《义和团运动与中国前途》一文，首次使用了"文化"这个词："当往昔文化未开之代，争城争地，草菅人命，流血成河，曾无停晷，此所谓春秋无义战者，审其时势，度其人心，亦不深怪。今也轮船、铁路、电线之通道，而地球之面积日形缩小，渺沧海于一粟，视异邦若比邻。风教之盛，文化之隆，开亘古未有之新景，成人群进化之时期，正宜讲平和之人道。"他在文中阐述了文化的重要性，并强调了在现代社会中，文化的发展对于国家进步的重要性。①

中国台湾学者钱穆对文化的定义性解释颇为丰富，他从文化所包含内容的整体性、文化的本质特征和文化的精神终极性等不同的角度和层面对文化作了定义性解释。他认为：文化是人类集体、全体生活或民族生活之总称、总体或各部门、各方面之融合；文化即是人生，是大群之人生或人生之总体，如宗教、教育、政治、文学、艺术等文化体系是由各方面配合而成；文化是一个生命，一个大生命，是一种精神共业，具有传统性和传承性。②

《辞海》中对文化的定义是从广义和狭义两方面来讲的。广义的"文化"是指人类社会历史实践过程中所创造的物质财富和精神财富的总和。狭义的"文化"指社会的意识形态以及与之相适应的制度和组织机构。文化随着社会物质生产而发展，并与之相适应，同时又是社会政治经济的反映，并反过来影响政治经济的发展。文化伴随着民族产生和发展，具有民族性和连续性。③

在现代汉语中，文化有三个层面的含义。其一，"文化"指的是人

① 刘象愚：《文化观念的演化》，载《学术界》，2006 年第 3 期，第 7—24 页。

② 徐国利：《钱穆的历史本体"心性论"初探——钱穆的民族文化生命史观疏论》，载《史学理论研究》，2000 年第 4 期，第 39—51 页。

③ 《辞海》(下)，上海：上海辞书出版社，1989 年版。

类社会物质财富和精神财富的总和，这一含义是从宏观方面来讲的，具有"文明"的意思，比如大汶口文化、古罗马文化等。其二，"文化"指的是人类精神生产能力和精神产品，这一含义是生活中最常用的，包括自然科学、教育、艺术等方面的知识和设施。其三，"文化"专指文学艺术财富的总和，这一含义范围较窄，包括文化和旅游部、国家广播电视总局等部门的业务范围。①

全世界关于文化的定义可谓众说纷纭，据季羡林先生统计，共有500余种。②

3. 马克思主义文化观

马克思主义认为，文化是人类在长期的生产生活实践中所累积产生的精神财富和物质财富的总和，即人类在实践活动中形成的一切现实产物和思想产物的集合。文化是人们在实践活动过程中的产物，是人在客观世界中的具体体现。

根据马克思主义哲学界的观点，文化涉及以下四个层面的含义。③

第一，文化是人类社会特有的现象，具有属人性、历史性和多元性。人类在与自然相处的过程中从大自然中获取生活资料，不断调节人与自然的关系，使环境更适合自身的生存。人类在改造自然的过程中，在不同时期和不同区域，创造出有价值的物质财富和精神财富，形成不同的文化。在人类历史的长河中，文化呈现出多样性，代代延续。

第二，文化来源于人类社会的生产和实践。人类社会是一个动态的发展进步的过程，只有先进的文化才会被社会选择和传承。因此，文化与社会发展同步，不断地趋于科学性和理性，以适应社会的需要。

---

① 于鹏飞：《新时代中国特色社会主义文化强国建设研究》，东北电力大学硕士论文，2022年6月，第10页。

② 吴桂韩：《文化及其相关概念阐释与辨析》，载《江苏省社会主义学院学报》，2013年第3期，第62—68页。

③ 马克思主义文化观详参王彬玮：《马克思主义哲学中的"文化"定义探析》，河南大学硕士论文，2012年6月，第11—21页。

社会在不断发展和进步，只有进步的、先进的文化才会被历史所选择，从而被继承和发展。

第三，文化源于实践，又反作用于实践。文化是一种精神力量，它可以在具体的现实中以物质的形式呈现，对人类社会发展产生深远的影响。例如，紫禁城位置的选择、朝向的设计、每个建筑的尺度等方面，都展现了清代的建筑文化。优秀的文化对于丰富人的精神、培养人的健全人格，意义重大。

第四，文化是人类创造的特有的生活现实，纯粹自然的东西不能称为文化。比如，敦煌壁画、万里长城、风俗人情等属于文化，而亚马逊原始森林、九寨沟自然风光等则不属于文化。文化是精神的，而不是政治和经济的，比如宗教活动、道德观念等属于文化的范畴，而监狱、警察、企业等则不属于文化的范畴。

（二）文化强国

"建设社会主义文化强国"的目标，在党的十七届六中全会上首次被明确提出。随后，在十九届五中全会上，这一目标被进一步明确为"建成社会主义文化强国"。

"强国"一词具有两方面的含义：一是作为名词，指国力强大的国家；二是作为动词，即使国家变得强大。[①] 在此，我们主要探讨其作为名词的含义。什么样的国家可以被称为强国，尽管目前没有统一的评价标准，但一般来说，在国际关系中拥有话语权、在国际决策中发挥决定性作用、在全球有一定的政治影响力，以及在特定区域具备掌控能力、军事力量较为突出的国家，往往会被认为是强国。此外，在科技、经济、政治、军事、文化等某个或某些领域特别突出的国家，同样可以被称为强国，如科技强国、军事强国、体育强国、工业强国等。事实上，一个国家的各个领域是相互渗透、相互作用的，一个领域的

---

① "文化强国"概念详参于鹏飞：《新时代中国特色社会主义文化强国建设研究》，东北电力大学硕士论文，2022年6月，第10—11页。

强大往往会带动其他领域的发展。因此，一个真正的"强国"应该是一个在经济、政治、军事、科技等各方面都强大的"强国体系"。

"文化强国"同样具有两方面的含义。作为名词，它指的是在文化上强大的国家；作为动词，它指的是通过文化发展使国家变得强大。这两者实际上是相互关联的，因为文化的发展可以促进国家的强大，而当一个国家成为文化强国之后，又会进一步推动文化的繁荣，提高国家的文化软实力。在这里，我们主要探讨作为名词的文化强国。

文化强国对内表现为强烈的文化自信，即国民对自己国家的历史文化充满自信自豪，对外则表现为对其他国家产生强大的吸引力，以自身先进的文化引领时代潮流，推动人类文明的发展。中国的文化源远流长，对世界发展产生了重要影响：中国的四大发明曾领先世界，推动了科技进步；隋唐文化的繁荣吸引了日本、朝鲜、韩国等周边国家竞相学习，对世界各国特别是亚洲国家产生了深远的影响；汉文化的博大精深至今仍受到全世界的广泛关注；中国提出的共建"一带一路"、构建人类命运共同体理念等中国方案，为解决当前世界难题提供了重要思路。

综上所述，文化强国基于本国丰富的历史文化创造出推动社会发展的资源，同时通过文化展现了本国在科学技术、价值观念、政治经济、社会制度等领域的创新，对其他国家产生了深远的影响力和吸引力。文化强国拥有发达的文化产业，文化实力和国际竞争力强劲。其文化产品兼容并蓄，以民族文化为主体，同时吸收他国优秀文化，为我所用。

文化强国重视教育，能为民众提供优质的教育资源，有效提升了民众的道德素质和科学文化素质；并将科学、民主、法治等现代意识融入文化创作之中，丰富了民众的精神世界，引领先进文化的发展方向。

文化强国注重文化软实力的提升，文化事业繁荣，公共文化服务覆盖面广泛，趋向于标准化、均等化。科学文化与人文文化协调发展，不断涌现出适应民众需求的经典文化产品。

（三）社会主义文化强国

要定义"社会主义文化强国"，首先要明确"中国特色社会主义文化"的内涵。中国特色社会主义文化首先是一种文化，它具备文化的特征和属性，遵循文化发展的基本规律，是对中华民族五千年优秀历史文化的传承；其次是社会主义文化，与资本主义文化有本质的区别，是中国人民在历经血与火的考验、长期追求自由与解放的革命历程中锤炼而成的；最后是具有中国特色的社会主义文化，是中华文化在当代中国的传承与创新，在中华民族社会主义建设中不断丰富并发展。[①]

为了更清晰地阐述其构成，我们可以将其概括为"一个指导、两个目标、三个面向、四个培育"："一个指导"是以马克思主义为指导。自以毛泽东同志为主要代表的中国共产党人将马克思主义基本原理同中国具体实际相结合，领导中国革命取得了胜利以来，历代领导人不断根据中国国情丰富和发展马克思主义。从毛泽东思想到中国特色社会主义理论体系（邓小平理论、"三个代表"重要思想、科学发展观），再到习近平新时代中国特色社会主义思想，每一次理论创新都是马克思主义中国化新的飞跃。"两个目标"是指文化惠民和文化强国。"文化惠民"是指繁荣中国特色社会主义文化，提高国民素质，满足人民群众对精神文化生活的新期待，体现了以人民为中心的思想；"文化强国"是指创新发展并弘扬中国特色社会主义文化，提升我国的文化软实力和国际影响力，建设文化强国。"三个面向"是指中国特色社会主义文化必须面向现代化、面向世界、面向未来。这意味着文化的创作与传播要紧跟时代步伐，反映现代化建设的成就与需求；要积极吸收世界优秀文化成果，展现中华文化的开放性与包容性；更要面向未来，为子孙后代留下丰富的文化遗产和精神财富，确保文化的持

---

① 于鹏飞：《新时代中国特色社会主义文化强国建设研究》，东北电力大学硕士论文，2022年6月，第11页。

续繁荣与发展。"四个培育"强调文化产品在精神教育和人格塑造中的重要作用,以文化人、以文育人、以文塑人,用文化的力量铸魂育人,为中华民族伟大复兴培育"立大志、明大德、成大才、担大任"的时代英才。[①]

中国特色社会主义文化的定义是基于中国国情作出的科学的、创新性的概括。其一,从形成过程来看,它是在中国人民长期的社会实践探索中形成的,又作为社会的一部分参与社会实践。在这一过程中逐渐转化为深厚的文化底蕴和力量,潜移默化地影响人民,推动社会发展。其二,从产生的时代背景来看,它是中国人民在经历近代百年屈辱,历经革命、建设、改革后,经历了多种外来文化的冲击,坚持将马克思主义基本原理同中国具体实际相结合、同中华优秀传统文化相结合,逐步发展为具有中国特色的社会主义文化,并参与到世界文化交流中,逐步走向世界舞台的中心。其三,从社会性质来看,我国的文化从本质上与资本主义文化不同,中国特色社会主义文化依据中国国情,具有本土化、科学化的特点。其四,以历史发展的角度来看,它是对中华优秀传统文化、革命文化和先进文化的传承,继往开来,焕发出蓬勃的生机与活力。其五,着眼于未来,在中华民族伟大复兴的进程中,我们必须以中国特色社会主义文化为实践指南,牢牢把握文化发展方向,才能建设具有深厚底蕴的社会主义文化强国。[②]

二、文化强国建设的内容

文化是一个国家、一个民族的灵魂。习近平总书记指出:"中国特色社会主义文化,源自于中华民族五千多年文明历史所孕育的中华优秀传统文化,熔铸于党领导人民在革命、建设、改革中创造的革命文

---

① 于鹏飞:《新时代中国特色社会主义文化强国建设研究》,东北电力大学硕士论文,2022 年 6 月,第 12 页。

② 徐晗:《中国特色社会主义文化发展规律研究》,南京师范大学硕士论文,2021 年 6 月,第 14—16 页。

化和社会主义先进文化，植根于中国特色社会主义伟大实践。"①

中华优秀传统文化历史悠久，中华文明是世界上唯一未曾中断、未曾被遗弃的文明。华夏文明灿若星河，一代代先贤圣哲的光辉思想彪炳千古。从战国时期的孔孟老庄，到宋代的二程和朱熹，再到明朝的王阳明等，这些先贤的进步思想影响了一代又一代人；楚辞、汉赋、唐诗、宋词、元曲、明清小说等经典作品流传至今，既蕴藏着中国人民的智慧，也承载着中华民族的基因和血脉。这些宝贵历史文脉共同谱写了华夏文明的篇章，见证了五千年的中华文明史。

中华优秀传统文化所蕴含的先进思想、人文精神、道德规范，不仅折射出中华民族独特的精神标识，更散发着永恒的价值和魅力。②

中华优秀传统文化深深植根于中华文化的沃土之中，生生不息，承载着中华民族几千年的历史传统。这种文化积淀着中国人独有的精神追求，是中国人特有的文化基因，代代延续，并随着时代的发展而不断进步。

借鉴中华优秀传统文化，可以为把我国建成富强、民主、文明、和谐、美丽的社会主义现代化强国提供丰富的思想源泉和坚实的理论支撑。这种文化不仅是我们民族的宝贵财富，更是我们面向未来、走向世界的重要精神支柱。

（一）中华优秀传统文化为建设富强中国提供了启示

中国的农耕文明拥有五千年连续的历史记载，中国的农耕文化是世界上最早的文化之一。远古时期，早期人类通过刀耕火种、聚族而居的方式，在原始丛林中展现出特有的智慧，他们顽强地生活并创造了自给自足的生活方式、井然有序的管理制度、和谐统一的农政思想，以及日渐丰腴的文化传统，从而孕育了领先于世界的农耕文明。

---

① 《习近平在中国共产党第十九次全国代表大会上的报告》，http://cpc.people.com.cn/GB/http:/cpc.people.com.cn/n1/2017/1028/c64094-29613660.html。

② 李冉、刘翔宇：《建设文化强国》，北京：中国青年出版社，2022年版，第3—4页。

宋朝时期，丝绸之路的形成和海上贸易的发展，极大地推动了宋朝的经济繁荣、文化兴盛、科技发达和人民富裕。中国古人在创造物质和精神高度文明的同时，也逐步完善了经济思想体系。

1. 古人在治国方面有着"强国必先富民"的深刻认识

《管子·治国》有言："凡治国之道，必先富民。民富则易治也，民贫则难治也。"这句话明确指出了治国之道在于富国强民的重要性。孔子也提出了著名的"治国三部曲"，即"庶之、富之、教之"。其中，"庶"指的是人口众多，"富"指的是经济发展，而"教"则指培养正确的价值观。这些思想放到当今社会依然具有深远的参考意义。

基于治国必先富民的认识，党的二十大报告中强调："发展是党执政兴国的第一要务。没有坚实的物质技术基础，就不可能全面建成社会主义现代化强国。"① 这句话进一步强调了经济发展在治国理政中的核心地位，以及对于实现建成社会主义现代化强国目标的决定性作用。

2. 中国自古以来就有"共同富裕"的美好愿望

儒家主张"不患寡而患不均"，法家主张"论其赋税以均贫富"，墨家强调"分财不敢不均"，道家则提倡"损有余而补不足"。这些思想的闪光点在于，它们并不简单地倡导平均主义，而是强调国家有权利和责任平衡贫富差异，实现"富而能夺，贫而能予"的理想状态。

在党的二十大报告中，也强调了"中国式现代化是全体人民共同富裕的现代化"②，这体现了自古以来中国人民对于共同富裕的深切愿望。这一理念的提出，不仅是对中华优秀传统文化中共同富裕思想的继承与发展，也是在新时代背景下对全体人民过上美好生活的新期待和新要求。

---

① 习近平:《高举中国特色社会主义伟大旗帜 为全面建设社会主义现代化国家而团结奋斗——在中国共产党第二十次全国代表大会上的报告(2022年10月16日)》,载《人民日报》,2022年10月26日,第1版。
② 同①。

3. 共同富裕，反对奢靡，是中华优秀传统文化所蕴含的深刻哲理

《墨子·辞过》云："俭节则昌，淫佚则亡。"《群书治要·政要论》指出："历观有家有国，其得之也，莫不阶于俭约；其失之也，莫不由于奢侈。"基于对历史规律的深刻总结，党中央提出了杜绝奢靡之风的倡议。党的二十大报告更是明确提出在全社会弘扬节俭精神，号召领导干部率先垂范，以实际行动践行这一传统美德。

（二）中华优秀传统文化为建设民主中国提供了重要参考

中华民族自古以来就秉持着"民为贵，君为轻""水能载舟，亦能覆舟"的民主思想。近百年来，革命先辈的政治主张，一是民族独立，二是民主自由。中国人民经过百年的浴血奋战，实现了民族独立。新中国成立后，随着经济的发展，民主已经成为我党自觉追求的执政理念。建设社会主义民主，不仅有利于增强党和国家的活力，还能调动人民群众的积极性、创造性，进而促进经济发展和社会进步。

1. "天下为公"的思想是国家民主建设的重要前提

《礼记·礼运篇》中"大道之行，天下为公"描述了古人憧憬的民主和谐的社会场景。《孟子·梁惠王上》中"老吾老以及人之老，幼吾幼以及人之幼"的思想，与孔子的大同世界理想一脉相承。《尚书》《左传》等典籍中提出的"公家之利，知无不为""以公灭私"等理念，不仅体现了极高的个人修养，更彰显了高层次的社会公德。顾炎武提出的"天下兴亡，匹夫有责"，激励着无数志士仁人为民族独立奋斗不息。康有为在《大同书》中描绘了"公天下"的理想社会。由此可见，"天下为公"的思想是中华民族优秀传统文化的重要组成部分。党的二十大号召在全社会形成奋斗精神、奉献精神，这一号召正是建立在包括"天下为公"在内的优秀思想文化基础之上的。

2. 广泛听取群众意见是民主的重要表现形式

古代诸多帝王将相虚怀若谷，非常注重听取忠臣的建议。"拭面容言""谏鼓谤木"等都是君主广开言路的典故。唐太宗重用敢于直言

进谏的魏征，魏征去世后，唐太宗悲痛地感叹："以史为镜，可以知兴替；以人为镜，可以明得失。"诸葛亮在《出师表》中上书幼主："诚宜开张圣听，以光先帝遗德，恢弘志士之气，不宜妄自菲薄，引喻失义，以塞忠谏之路也。"司马光在《资治通鉴·唐太宗贞观二年》中写道："兼听则明，偏听则暗"，强调了广泛听取意见的重要性。《群书治要·潜夫论》中说："治国之道，劝之使谏，宣之使言，然后君明察而治情通矣。"古代先贤意识到，只有倾听人民的呼声，才能实现国泰民安。

党的二十大报告强调全面发展协商民主，完善民主监督机制，让各党派、各级组织、社会各界和人民群众能够通过多种渠道表达意愿，从而保障了人民民主的实现。

3. 古人在人才选拔中深刻体现了民主制度的精神

西周时期的人才选拔实行"选贤贡士"制度，将"敬天、保民、重德"作为治国指导思想。周成王的老师周公认为，重用贤才能造就盛世，而压抑贤才则可能导致亡国丧邦，这体现了他作为杰出思想家的高瞻远瞩和深谋远虑。周公为了选拔贤才，甚至"一沐三捉发，一饭三吐哺"，正是有了这种"周公吐哺"的精神，才造就了"天下归心"的局面。

"任人唯贤"是儒家选拔人才的指导思想。荀子在《王制》中说，"贤能不待次而举"，即选拔贤能之人不应拘泥于常规次序。刘备的三顾茅庐，也是礼贤下士的典范，充分展现了古代对人才的尊重和渴求。

我们党高度重视人才的培养、团结和成就，积极支持各方面人才为国家发展建功立业。党的二十大报告明确指出，人才是富国之本，要坚持"人才是第一资源"，实施"人才强国战略"，这充分体现了党和国家在选拔人才方面的民主制度和重视人才的理念。

（三）中华优秀传统文化为建设文明中国提供了借鉴

中华文明源远流长，中华民族自古以来就被誉为"文明古国""礼仪之邦"。其中一个重要的原因就是中华优秀传统文化本身所具备的教育作用。

1. 重视规范道德行为，用礼义传承文明

中华民族自古就有懂礼、习礼、重礼的传统。《左传·隐公十一年》阐述了古人对礼的作用的认识："礼，经国家，定社稷，序民人，利后嗣者也。"这句话包含了古人对天地的敬畏、对和谐的追求、对社会秩序的协调，以及对美好生活的期待。《左传·昭公二十五年》中对"礼"的定义是："礼，上下之纪，天地之经纬也，民之所以生也。"这指出了礼是社会的法则和秩序。

在中国传统文化中，"义"是指道义，是人的道德修养和人格境界。孔子说："君子喻于义，小人喻于利。"孟子则认为，"生"和"义"不可兼得，应舍生而取义。自古至今，诗书礼乐的代代传承，使得中华文明绵延不绝。

习近平总书记汲取了传统文化中"文以载道""以文化人"的内涵，指出："没有先进文化的积极引领，没有人民精神世界的极大丰富，没有民族精神力量的不断增强，一个国家、一个民族不可能屹立于世界民族之林。"① 这强调了中华文化的繁荣兴盛、人们道德水平的提升和精神文明的发展，是实现中华民族伟大复兴的前提。②

2. 重视文明交流互鉴，将中华文化远播世界

中国古人注重与四方各民族进行广泛的交流，张骞通西域开辟了通往欧洲、非洲的丝绸之路，甘英出使大秦增进了亚洲国家之间的友好往来，玄奘为中印文化交流作出了贡献，鉴真则促进了中日文化的交流。正是因为中国人民与世界各国保持着广泛的交流，兼容并蓄，在将本国文化传播到世界各国的同时，也积极吸收优秀的外来文化，使得中华文化博大精深、精彩纷呈。

---

① 习近平：《在文艺工作座谈会上的讲话》，载《人民日报》，2015年10月15日，第2版。
② 刘余莉：《中华优秀传统文化：建成社会主义现代化强国的历史根基与文化底蕴》，载《甘肃社会科学》，2023年第2版，第14页。

新时代，中国共产党胸怀天下，提出了共建"一带一路"的合作倡议，为构建人类命运共同体贡献了中国智慧和中国方案。党的二十大报告指出，要推进国际传播能力建设，讲好中国故事、传播好中国声音，向世界展现真实、立体、全面的中国，提高国家文化软实力和中华文化影响力。

（四）中华优秀传统文化为建设和谐中国提供了方法

和谐，体现在幼有所育、壮有所用、老有所养、病有所医、住有所居的人与社会之间的和谐；体现在普及伦理道德教育、倡导和睦相处的人与人之间的和谐；体现在崇尚修身养性、平衡身心的人与自身的和谐；以及体现在生生不息的可持续发展之中。

1. 人与社会的和谐

古代思想家非常重视人与社会的和谐统一。《礼记·礼运》中所描绘的理想社会便是："大道之行也，天下为公，选贤与能，讲信修睦。故人不独亲其亲，不独子其子，使老有所终，壮有所用，幼有所长，矜、寡、孤、独、废疾者皆有所养。"这段文字生动地勾画出一个自由、舒适且和谐的社会图景。

《荀子·王制》则明确指出："人之生不能无群，群而无分则争，争则乱，乱则穷矣。"这强调了人需要融入社会，合群才能协调一致，避免纷争和混乱。晏子的思想也体现了和谐社会的理念。他提出："齐之以味，济其不及，以泄其过，君子食之，以平其心。"这展现了在同一个社会中，人们应持有"和而不同，美美与共"的平和处世心态，尊重差异，和谐共处。

当前，"中华民族共同体意识"的提出，正是对古人和谐社会思想的发展和升华。它号召各族人民互相尊重、互相包容，凝心聚力，共同为中华民族伟大复兴贡献力量，并共享发展成果。这不仅体现了对古代和谐思想的继承，也彰显了其新的时代内涵。

2. 人与人的和谐

在古人看来，伦理道德教育是实现社会和谐的重要手段。儒家思想主张"仁爱"，并倡导建立"友爱、平等、融洽"的人际关系。《孟子·公孙丑下》中指出："天时不如地利，地利不如人和。"这句话强调了和谐人际关系的重要性。而在《孟子·离娄下》中，孟子又言："爱人者人恒爱之，敬人者人恒敬之。"这进一步说明了人的品德修养对于建立和谐人际关系的重要性。《三字经》中则有："父子恩，夫妇从。兄则友，弟则恭。长幼序，友与朋。君则敬，臣则忠。"这段话清晰地展现了人与人之间以礼相待、和睦相爱的规则。

新时代倡导的家风建设、立德树人的教育理念、明大德守公德的道德修养，正是对古人和谐人际关系理念的继承与发展，是建设和谐社会的具体表现。

3. 人与自身的和谐

古人崇尚的修身、齐家、治国、平天下，是对自我修养的不懈追求，旨在平衡个人物质追求和精神追求之间的关系，从而促进个人身心的和谐。《论语·尧曰》中倡导"欲而不贪"，告诫人们要节制欲望，保持心态的平和。《孟子·滕文公下》中所说的"富贵不能淫，贫贱不能移，威武不能屈"，体现了一个人极高的内心修养和坚定的道德信念。《礼记·大学》中的"大学之道，在明明德，在亲民，在止于至善"则揭示了从自我修养到服务他人，最终达到完美境界的哲学思想。个人身心的和谐不仅是个人发展的基础，更是社会和谐的重要基石。

（五）中华优秀传统文化为建设美丽中国提供了重要理念

古人主张"天人合一"，强调人与自然的和谐平衡，提倡人类应尊重自然规律，保护自然，有节制地、合理地开发和利用自然资源，避免无限制地索取。《老子·道德经》中的"人法地，地法天，天法道，道法自然"强调了人与自然和谐共处的理念。《庄子·齐物论》中的"天地与我并生，而万物与我为一"则强调人类应遵循自然界的规律。

《论语·述而》中孔子提出的"钓而不纲，弋不射宿"表达了对自然的热爱和对生态的保护。《荀子·天论》中的"天行有常，不为尧存，不为桀亡……故明于天人之分则可谓至人矣"则指出，人应在不违反自然规律的前提下，合理利用自然资源。

党的二十大报告进一步阐明了中国式现代化是人与自然和谐共生的现代化，强调要推动绿色发展，促进人与自然和谐共生，用最严格的制度保护生态，打造"青山常在、绿水长流、空气常新"的美丽中国。这一理念，不仅是对中华优秀传统文化的借鉴和传承，也体现了中国在新时代对生态文明建设的深刻理解和坚定追求。

第二节　文化强国建设的意义

在国际竞争日益激烈的时代，文化软实力已成为提升一个国家综合国力、增强国际影响力和话语权的重要组成部分。加强文化建设，不仅有利于我国向国际社会传达中华民族的思想观念和发展理念，还有助于增强民族凝聚力和创造力，推动社会主义文化繁荣发展，进而促进社会政治、经济等各方面的协调发展，创造文化新辉煌，实现中华民族的伟大复兴。

一、有利于增强民族凝聚力和创造力

（一）有利于增强民族凝聚力

文化是民族的血脉，是一个国家的精神标识。五千年的中华文明，持续不断地传承着文化基因，形成了华夏儿女深厚的文化认同和价值认同。这种一脉相承的文化，能够汇聚成磅礴的力量，使我们在面对困难和挫折时，能够万众一心，共同创造奇迹和辉煌。

1. 文化是引领一个民族前行的旗帜

文化滋养着民族精神，塑造着祖祖辈辈的思维方式，凝练着共同的价值观念和行为规范，对民族的发展发挥着不可替代的作用。华夏文明是各族人民共同创造的，是民族团结的精神纽带。秦始皇统一六国，开创了"书同文，车同轨，量同衡，行同伦"的先例，开启了中国统一的多民族国家发展的历程。

在几千年的历史长河中，各族人民发挥自己的聪明才智，共同谱写了中华文化灿烂的篇章。胡琴、腰鼓、琵琶等民族乐器和民族歌舞，汇聚成中华民族多姿多彩的艺术形式，丰富着人们的精神生活；突厥族医学家和哲学家法拉比、门巴族诗人仓央嘉措、蒙古族数学家明安图、满族文学家曹雪芹等，为中华文化的宝库增添了丰富的内容；赵武灵王的胡服骑射、北魏孝文帝的汉化改革、"洛阳家家学胡乐""万里羌人尽汉歌"等历史事件和典故，描绘了一幅中华各民族之间相互学习、水乳交融的美好画卷，正是这一优良传统让中华文化焕发出蓬勃的生命力，成为56个民族共同的精神命脉。

2. 文化是一个民族的信仰

一个民族的文化一旦形成，就会塑造出鲜明的民族精神，涵养独特的民族品格，形成坚定的价值观，成为长期保持民族稳定性的力量。封建王朝虽经历了多次改朝换代，但不论哪个民族统治中原，都竭尽全力维护领土的完整和民族的统一，都以中华文化的正统自居。近代中国被帝国主义的铁蹄践踏，无数仁人志士以"我死国生，从容就义"的壮举，拯救国家民族于危难之中。中华人民共和国的成立开辟了中国历史新纪元，实现了中华民族站起来的理想。改革开放以来，尤其是中国特色社会主义进入新时代以来，我们党带领全国各族人民艰苦奋斗，实现经济突飞猛进，人民生活水平明显改善，综合国力持续增强，实现了中国从富起来到强起来的愿望。一批批科技工作者深藏功名，创造了领先世界的科技成果；一位位边防战士以身做界碑，守护祖国的安宁；一拨拨干部心系贫困百姓，奔走在脱贫攻坚的路上……各行各业的工作者默默耕耘，共同守护着中华民族的"根、魂、梦"，共同肩负着创造中华民族现代文明新辉煌的使命。

3. 文化是实现中华民族伟大复兴的精神力量

习近平总书记指出："一个民族的复兴需要强大的物质力量，也需要强大的精神力量。没有先进文化的积极引领，没有人民精神世界的极大丰富，没有民族精神力量的不断增强，一个国家、一个民族不可能屹立于世界民族之林。"[①]在实现民族复兴的伟大进程中，既需要本国人民的价值认同和前景认同，也需要世界人民对我国发展理念的认同。因此，我们必须弘扬优秀的文化，传播中国声音，提高国际影响力。

中华优秀传统文化中蕴含着强大的精神力量。传统文化孕育着中华民族的价值取向，岳飞、杨家将精忠报国的时代担当，屈原、文天祥舍生取义的英雄气概，愚公移山、卧薪尝胆的拼搏精神，还有"宁为玉碎，不为瓦全"的浩然正气、"秉公执法，铁面无私"的刚正不阿……传统文化源源不断地为我们提供精神食粮。传统文化中还包含着先进的理念，有"以人为本"的执政理念，有"先天下之忧而忧，后天下之乐而乐"的君子品格，有"天下为公"的世界情怀，为我们吸取治国理政的智慧、树立担当作为的责任感提供价值指引。

（二）有利于提升民族创造力

中国是一个拥有九百六十万平方千米土地、十四亿人口的大国。在漫长的历史长河中，中国经历了两千多年的封建王朝统治，以及近百年列强的侵略和屈辱。新中国成立以来，我国政府高度重视文化建设，极大地提高了科学文化的普及程度和人民群众的文明程度。然而，由于幅员辽阔，在文化发展过程中，城乡文化、中西部文化、沿海与内地文化等方面存在着不平衡的现状。

为了满足人民群众日益增长的精神文化需求，丰富人们的精神文化生活，提高公民的文化素养和创造力，我国政府采取了一系列措施

---

① 习近平：《在文艺工作座谈会上的讲话》，北京：人民出版社，2015 年版，第 5 页。

来提升文化建设水平。这些措施旨在推动文化的均衡发展，确保每个人都能享受到文化繁荣带来的益处。

1. 实施文化惠民工程，平衡区域文化发展

文化惠民工程坚持公益性、均等性的原则，对基础文化设施薄弱的地区加大投入，加强管理，提供丰富的文化资源和服务。特别是加强农村和西部地区的网络建设，提高文化产品的供给能力，以解决城乡、区域发展不平衡的问题，保障人民群众的文化权益。

文化惠民工程的一系列举措，推动了城乡公共文化服务均等化的实现。县级图书馆、乡镇文化站、村文化室，成为基层文化建设和服务的重要阵地；文化信息资源共享工程，推进了公共文化数字化建设；农家书屋工程，将适合农民阅读观赏的图书配送到自然村寨。这一系列文化惠民措施，极大地丰富了人民群众获取文化产品的途径，有效促进了文化的普及与发展。

2. 进一步繁荣哲学社会科学

哲学社会科学作为文化软实力的重要组成部分，具有传承文明、服务社会、资政育人的作用，在构建社会主义核心价值体系，增强国家凝聚力，树立人民群众正确的人生观、世界观、价值观等方面发挥着不可替代的作用。

新中国成立以来，特别是党的十八大以来，我国哲学社会科学取得了显著成就。马克思主义哲学的地位日益提高并不断发展，为党和政府提供了强有力的理论支持；学科体系趋于完善，涵盖了历史、政治、经济、社会、文化、军事、生态等多个领域；研究成果逐渐丰富，整理、出版了大量中国传统文化典籍，翻译出版了一批外国理论、文史著作；人才队伍逐步壮大，培养了一批理论功底扎实的学者，涌现出众多名家大师；同时，对外学术交流不断扩大，中国社会科学院与100多个国家和地区建立了合作关系，[①] 我国哲学社会科学在国际上的

---

① 《社科院：将推动世界各国哲学社会科学界之间的交流与合作》，https://www.toutiao. com/article/6416528591034695937/? wid=1710837205641。

学术话语权和影响力显著增强。

3.发展文化产业

文化产业大致可以分为三类：一是出版图书、报刊、影视、音像制品等文化产品的行业；二是演出、娱乐、体育、策划等文化服务行业；三是提供文化附加值的行业，如装潢、设计、文化旅游等。文化产业不仅为人民群众提供图书、报纸等实物产品，还提供文化服务和娱乐服务，以及文化管理和研究等服务。此外，文化产业还涉及文化、娱乐产品所必需的设备和材料的生产和销售活动。文化产业具有巨大的发展潜力，有望成为国民经济的支柱性产业。

由此可见，发展文化产业对于促进文化资源的丰富和繁荣具有重要意义。这不仅有利于人民群众享受更多的文化成果，提高文化素养，还能激活创新的活力，推动文化产业的持续健康发展。

二、有利于提高我国的影响力和国际竞争力

文化具有强大的生命力，是推动社会发展、促进社会团结、维护社会稳定的重要力量。历史证明，一个国家若拥有强大的文化软实力，有利于提高国际影响力，在竞争中掌握主动权。

（一）文化兴国运兴，文化强民族强

纵观人类历史，能够永垂不朽、跨越时空让世人永远铭记的，是一个国家和民族的文化与文明。一个国家若失去文化传承，便失去了文化根基，难逃衰亡的命运。因此，文脉与国脉紧密相连。

欧洲的文艺复兴解放了欧洲人的思想，激活了创造力，推动了社会的发展。中国在近代以前，依靠文化的吸引力和影响力，对世界尤其是周边国家产生了重要影响。每一个太平盛世，都伴随着文化的高度繁荣和发展。如唐朝时期，文教复兴，诗歌创作达到巅峰，李白、王维、杜甫等卓越诗人荟萃；艺术创作空前繁荣，画圣吴道子，书法家颜真卿、柳公权等留下了宝贵的文化遗产；科技水平高度发展，天文学家僧一行测量出子午线的长度，药王孙思邈的医书和医术广为流传，印刷技术、纺织技术等均世界领先；同时注重对外交流，与朝鲜、日本等周边国家相互学习，文化的兴盛与国力的强盛，使唐朝对世界产生了深远的影响。

我国宋朝在理学、史学、文学、艺术、科学技术等领域硕果累累，涌现出了欧阳修、苏轼、司马光、沈括等享誉世界的大家。宋朝仁宗盛治、乾淳之治、咸平之治等鼎盛时期，呈现出边贸红火、经济繁荣、国家管理日益完善的局面。明朝洪武之治、永乐盛世、仁宣之治，以及清朝的康乾盛世，都出现了文化繁荣、社会进步的盛况，对我国和世界文化产生了重要的影响。

新民主主义革命时期的新文化运动、五四运动，促进了文化的传播和思想的进步，推动我国迈向民族独立的新纪元。新中国成立后，我国在政治、经济、科技、文学等方面均取得了举世瞩目的成就。特别是进入新时代，在习近平新时代中国特色社会主义思想的指导下，文化繁荣发展，社会凝聚力增强，我国的国际影响力不断提高。

（二）推动中华优秀传统文化创造性转化、创新性发展

习近平总书记指出："对历史文化特别是先人传承下来的价值理念和道德规范，要坚持古为今用、推陈出新，有鉴别地加以对待，有扬弃地予以继承。"[①]

随着社会的发展和科技的进步，人们的思想与时俱进，传统文化中的一些内容与时代产生了距离，逐渐变得陌生。然而，我们不能否认，中华传统文化中的一些礼义文化、人生哲理、处世之道等蕴含着先进的思想，对当代具有很高的启示和教育价值。因此，我们应采取多种形式，对中华优秀传统文化进行挖掘与弘扬。

在文化多元化的时代，对传统文化进行创造性转化、创新性发展，

---

① 《跟习近平总书记学中华文化传承之道》，http://www.qstheory.cn/zhuanqu/bkjx/2019-06/24/c_1124664336.htm。

赋予其时代特色，使其符合时代精神、适应社会发展的潮流，有助于中外文化交流，扩大国际影响力。对于古籍文献的保护与传播，有利于中华传统文化的传承和发展。现代年轻人对古籍的阅读兴趣较低，我们可以以现代人喜爱的讲故事的形式，挖掘古籍背后有趣的人物和故事，通过社交媒体、短视频、网络直播等新媒体形式进行传播；或者提取古籍中的文化元素，开发具有时代感的文创产品，让古籍鲜活起来，实现文化的传承。

将中国人的爱国主义精神、顽强拼搏的精神、保家卫国不怕牺牲的精神，体现在现代题材的电影中，可以产生润物细无声的教育效果。如《流浪地球》《金刚川》《战狼2》等作品，都是对中国精神的创新性呈现。博物馆也多次举办展览，守正创新，将传统文化和新时代精神紧密结合起来，如"千里江山——历代青山绿水画特展"，倡导人与自然和谐共生，与新时代"绿水青山就是金山银山"的理念相契合。在参观的过程中，观众能够受到传统文化的熏陶。①

对传统文化进行深入挖掘，有利于提高中国人民的文化自信，增强国家的文化软实力。

（三）讲好中国故事，传播好中国声音

中国曾经对世界作出过重大贡献，未来也必将继续为人类作出重大贡献。但是由于中国人一贯秉持谦虚、低调的品格，埋头苦干，不事张扬，目前，很多国家并不了解中国，甚至对我们存在误解，特别是自党的十八大以来，中国日益走近世界舞台的中央，"中国威胁论"的论调进一步诋毁中国。

在这样的国际形势下，亟须加强国际传播体系建设。我们以讲故事的形式来传播我们的祖国和人民的文化。我们要讲好中国人的故事，讲好中国优秀文化的故事，讲好中国梦的故事，讲好中国和平发展的

---

① 赵婷玉：《新时代中国特色社会主义文化建设的内容及其意义研究》，黑龙江大学硕士论文，2019年5月，第33页。

故事，并将中国精神、中国道路、中国智慧寓于其中。讲好中国故事，传播好中国声音，展示真实、立体、全面的中国，这样才能让世界真正尊重中国。

第一，中国是一个爱好和平的国家。中国文化博大精深，涵盖了文治和武略两个方面。"武"字，由"止"和"戈"两个字合并而成，即"止戈为武"。这里的"止"意味着停止，而"武"则通常指武力或武术。由此可见，在中国人的意识里，武并非用于侵略，而是作为一种抵抗侵略、停止战争的手段。即如古语所云："害人之心不可有，防人之心不可无。"

汉武帝时期，我国北方饱受匈奴骑兵的侵扰之苦。为了解除这一困扰，张骞肩负起国家民族的重任，踏上了出使西域的征途。他一路与大月氏、乌孙、大宛、安息等西域各国建立了密切关系，开辟了丝绸之路，为汉朝和西域各国的贸易和文化交流作出了巨大贡献。

明朝 1405 年至 1433 年间，郑和七次下西洋，不仅开拓了海外贸易，还加强了中外文明的交流，促进了明朝和东南亚政治体系的建立。这些壮举都充分展现了中国人民热爱和平、睦邻友好的光荣传统。

自 20 世纪 90 年代以来，中国先后派出维和人员 5 万余人次，参加 25 项联合国维和行动，[①] 为世界和平与稳定作出了积极贡献。新时代，我国高举和平、发展、合作、共赢的旗帜，指出构建人类命运共同体理念。特别是共建"一带一路"倡议提出后，我国与 150 多个国家和 30 多个国际组织签署了 20 余份合作文件，[②] 共同谱写了和平发展的新篇章。

第二，中国是 个有责任、有担当的国家。自古以来，中国传统文化就强调"天下为公，民为邦本，讲信修睦，亲仁善邻"的理念，

---

① 《第 22 个联合国国际维和人员日｜维护世界和平的中国力量》，http://www. mod. gov. cn/gfbw/jsxd/rdjj_214095/16312297. html。

② 《携手同心，推进高质量共建"一带一路"》，http://news. youth. cn/gj/202408/ t20240804_15424859. htm。

中国人始终以大格局构建理想社会，以宽广的胸怀拥抱世界。

1921年，毛泽东将"改造中国与世界"作为新民学会的宗旨，展现出了崇高的国际主义情怀。在新民主主义革命时期，中国共产党担负起反对帝国主义的国际使命，明确提出"中国革命是世界革命的一部分"，充分显示出其广阔的世界视野。

新中国成立以来，中国始终坚持多边主义，加强团结，共同应对全球发展中的难题。在政治上，我们坚持协商对话，促进世界持久和平；在安全上，我们追求共建共享，努力建设一个普遍安全的世界；在经济上，我们倡导合作共赢，坚持共同繁荣的原则；在文化上，我们主张交流互鉴，秉承开放包容的理念；在生态上，我们注重绿色低碳，致力于建设一个美丽的世界。

大道之行，天下为公。中国为人类文明肩负起了大国的责任，充分体现了大国担当。

第三，中国发展和理念影响世界。一是中国对全球经济发展影响深远。中国是世界第一大贸易国、第一大制造国、第一大外汇储备国和第二大经济体、重要的资本输出国。自2008年全球金融危机以来，中国倡导开放的经济体系，拉动了世界经济的发展，促进了世界经济稳定均衡发展。

二是中国的可持续发展观对世界影响深远。中国传统文化重视人与自然的共生，强调"天地者，万物之父母也"，这是对"天人合一"思想的表达。在全球环境恶化、城镇化等发展因素的冲击下，全世界需要高度重视人与自然的关系，确保可持续发展。中国"天人合一"的理念为全球环境治理提供了现实意义。

三是"和而不同"的世界观对各个国家具有重要的启示作用。中国传统文化讲求"和而不同""海纳百川，有容乃大"，这一思想超越了西方"同，方能和"的局限，为全球治理提供了价值引导。它鼓励尊重其他国家的文化，接纳不同文化的差异，消除民族冲突，促进世界各国和睦共处。

习近平总书记指出："提高国家文化软实力，关系'两个一百年'奋斗目标和中华民族伟大复兴中国梦的实现。"① 文以化人、文以载道，让中华民族的文化理念走出国门，让文化自身说话，使其成为不同语种、不同地域、不同国家和平交流沟通的媒介；"把跨越时空、超越国度、富有永恒魅力、具有当代价值的文化精神弘扬起来，把继承优秀传统文化又弘扬时代精神、立足本国又面向世界的当代中国文化创新成果传播出去。"② 中国通过一系列纪录片，如《敦煌》《复兴之路》《海上传奇》《美丽中国》《故宫》等，将中国推向世界。《这就是中国》以新颖的样式和国际化的视野，用中国话语解读中国奇迹，赢得了海内外观众的欢迎和认同。

我们要以多样化的形式、丰富的素材，展现中国优秀的文化和文化自信，扩大我国的国际影响力，向全人类展示正在崛起的中国。

三、有利于实现中华民族伟大复兴的中国梦

中国梦是和平、发展、合作、共赢的梦。③ 它代表着国家富强的追求、民族复兴的期许，以及人民幸福的美好夙愿。

（一）伟大梦想需要伟大精神来支撑

在文化建设中，我们应积极培育民众的社会主义核心价值观，以巩固全国人民团结奋斗的思想基础，进而凝聚起实现中华民族伟大复兴的磅礴力量。同时，我们还需在文化建设中实现人民精神生活的共同富裕，培育人们对理想信念、伦理道德、思维习惯、审美情趣的认同感，形成中华民族伟大复兴的广泛价值共识。

---

① 《习近平在中共中央政治局第十二次集体学习时强调 建设社会主义文化强国 着力提高国家文化软实力》，载《人民日报》，2014年1月1日，第1版。

② 陈玉福、程琦、任玲：《张掖传：千年丝路八声甘州》，北京：新星出版社，2022年版，第11页。

③ 中共中央文献研究室编：《习近平关于社会主义文化建设论述摘编》，北京：中央文献出版社，2017年版，第3页。

通过文化建设，我们推动"两个文明"（物质文明和精神文明）的协调发展，使精神文明贯穿政治、经济、文化等社会活动的各个方面，为中华民族伟大复兴的实践提供正确的方向指引。①

（二）伟大复兴需要文化自信来支撑

1. 中国光辉的历史是民族复兴的根基

中国古代四大发明推动了欧洲文化的进程。18 世纪以前，中国被誉为"中华大帝国"，综合国力、文化软实力及其影响力位于世界各国前列。中国哲学对法国卢梭、伏尔泰、孟德斯鸠，德国康德、莱布尼茨等产生了巨大的影响，这些影响在当时被称作"东学西渐"。18 世纪，欧洲人视中国为文化楷模，美国史学家肯尼迪认为："在近代以前的所有文明中，没有一个国家的文明比中国更发达、更先进。"②

自古以来，中华民族就是一个强大与兴盛的民族。复兴，即意味着中华民族再度崛起与兴盛。

2. 中国智慧是文化自信的依据

中国的文化自信源于其优秀的传统文化，其中博大精深的儒家、道家和法家文化，充满了智慧和深度。中国的文化自信还源自革命文化。中国共产党成立后，领导全国人民推翻了"三座大山"，建立了新中国。在漫长的革命历程中，红船精神、井冈山精神、长征精神、延安精神等革命精神彰显了中国人的强大精神力量。

自信同样来源于社会主义先进文化。新中国成立后，我们历经社会主义建设、改革开放直至新时代，中国从贫穷落后走向繁荣富强，这离不开社会主义先进文化的引领。70 多年来，中国人民继承和发扬了中华优秀传统文化和优良传统，用中国智慧创造了中国奇迹。

---

① 詹小美：《中华民族伟大复兴的文化意蕴与精神动力》，载《人民论坛》，2023 年第 13 期，第 106 页。
② 保罗·肯尼迪著，王保存等译：《大国的兴衰：1500—2000 年的经济变迁与军事冲突》，北京：求实出版社，1988 年版，第 7 页。

当前，我国社会发展进入关键时期，文化建设在国家发展中扮演着举足轻重的角色，对经济发展具有深远的影响。我们要正确认识文化建设的重要意义，妥善处理好文化建设与社会建设、政治建设、经济建设等要素之间的关系，以推动新时代中国特色社会主义的全面发展。

第三节　文化强国建设的机遇与挑战

党的二十大报告明确指出："不断提升国家文化软实力和中华文化影响力""推动中华文化更好走向世界"。[①] 这一论断不仅为我国的文化强国建设明确了方向，也深刻揭示了文化软实力和文化影响力在社会主义建设中的重要作用。社会主义文化强国建设既是时代赋予我们的机遇，也伴随着来自国内外的挑战。

一、文化强国建设面临的机遇

新中国成立以来，我国经济快速发展，为新时代文化强国建设提供了坚实的经济基础；教育的不断发展和文化产业的繁荣，为文化强国建设奠定了精神基础；互联网和信息技术的迅猛发展，为文化强国建设提供了技术保障；同时，我党提出的中心任务也为文化强国建设提供了广阔的舞台。

（一）我国综合国力显著提高

进入 21 世纪，中国在经济、政治、环保、科技等诸多领域取得了长足的发展，其全球影响力与日俱增，受到了世界各国的广泛关注。

---

① 习近平：《高举中国特色社会主义伟大旗帜　为全面建设社会主义现代化国家而团结奋斗——在中国共产党第二十次全国代表大会上的报告（2022 年 10 月 16 日）》，载《人民日报》，2022 年 10 月 26 日，第 1 版。

1．经济持续增长

2022 年 5 月 12 日，中共中央宣传部在"中国这十年"新闻发布会上指出，2021 年国内生产总值达到 114 万亿元，我国作为世界第二大经济体的地位得到巩固提升。①

2022 年 10 月 9 日，我国经济社会发展成就系列报告之十六显示，我国对外开放势头良好，对外贸易保持稳定增长，双向投资进一步发展，国际影响力显著增强。2013 年至 2021 年，我国累计货物贸易出口总额达到 144.7 万亿元，年均增长 5.9%；进口总额达到 117.6 万亿元，年均增长 4.7%。在 2017 年至 2021 年期间，我国始终保持全球货物贸易第一大国的地位。②

中国是拉动世界经济增长的主要力量，2013—2021 年，我国对世界经济增长的平均贡献率达到 38.6%，③ 可以说，中国是世界经济增长的第一引擎，是推动世界经济繁荣的重要力量。

2．科技创新能力不断增强

党的十八大以来，党中央提出"创新引领发展"的理念，我国科技事业快速发展。2022 年 9 月 29 日，世界知识产权组织发布的《2022 年全球创新指数报告》显示，中国的创新指数排名第 11 位，较 2021 年上升了 1 个位次，在全球 132 个经济体中，中国共有 21 个科技集群进入百强。④

3．节能环保建设成效显著

为应对气候变化，中国承诺在 2030 年前实现"碳达峰"，2060 年前实现"碳中和"。环保治污工作得到加强，生态环境治理效果显著。

---

① 熊丽：《我国成世界经济增长最大引擎》，载《经济日报》，2022 年 5 月，第 2 版。
② 《国家统计局：10 年来我国累计货物贸易进出口 262.3 万亿元，年均增长 5.4%》，https：//finance. sina. cn/2022－10－09/detail-imqqsmrp1956510. d. html。
③ 《综合实力大幅跃升 国际影响力显著增强——党的十八大以来经济社会发展成就系列报告之十三》，https：//www. stats. gov. cn/sj/sjjd/202302/t20230202_1896690. html。
④ 《〈2022 年全球创新指数报告〉：中国排名连续十年稳步提升》，https：//finance. sina. com. cn/roll/2022－10－08/doc-imqmmthc0100546. shtml？ finpagefr＝p_115。

2023 年 5 月 29 日，生态环境部发布的《2022 中国生态环境状况公报》显示：我国自然生态状况总体稳定。空气质量实现了"十三五"以来"七连降"，目前全国 339 个地级及以上城市的 $PM_{2.5}$ 平均浓度为 29 微克/立方米。地表水环境质量持续向好，水质优良断面比例为 87.9%，实现了"十三五"以来"七连升"。管辖海域海水水质总体稳定，近岸海域海水优良水质比例为 81.9%。土壤环境状况总体稳定。[①]

4. 国际影响力大幅提升

在国际事务中，中国树立了主持正义和负责任的大国形象，致力于推动世界和平、社会发展和人类进步。面对世界经济危机，中国积极探索应对经济危机的措施，寻求宽松的货币政策，扩大内需，有效缓解了经济发展中的矛盾，并为世界各国应对经济危机提供了宝贵经验。中国在世界变革中勇于为发展中国家发声，从金砖国家到二十国集团，为维护发展中国家利益、促进发展中国家经济发展，起到了引领作用。

由此可见，党的十八大以来，在党的领导下，全国人民砥砺前行，锐意进取，我国社会建设取得了举世瞩目的辉煌成就，综合国力显著提升，为社会主义文化强国建设奠定了坚实基础。

（二）我国文化事业和文化产业的发展

2002 年，我国首次提出了"文化事业"和"文化产业"的概念。这两者既有区别，又相互联系。

"文化事业"是指我国政治经济体制中存在的文化事业单位的集合名词。文化事业单位是由国家机关或其他组织利用国有资产举办，在文化领域从事研究创作、精神产品生产和公共义化服务的组织机构。这些机构包括但不限于文化和旅游部、国家广播电视总局及其附属文化单位、文联、工会、妇联等。

---

① 《〈2022 中国生态环境状况公报〉发布 全国生态环境质量保持改善态势》，https://finance. sina. com. cn/jjxw/2023-05-29/doc-imyvnaav5123879. shtml。

而"文化产业"则是指从事文化产品生产和提供文化服务的经营性行业，涵盖了文学艺术创作、摄影、音乐、舞蹈、设计等多个领域。

尽管文化事业与文化产业在性质、功能和运营方式上存在诸多不同，但两者都承载着文化价值的体现和担当，都是社会主义文化建设不可或缺的重要组成部分。

1. 我国文化事业的发展

（1）持续推进城乡公共文化服务标准化、均等化。自党的十八大以来，我国公共文化服务体系建设始终坚持以人民为中心，确立了以政府为主导、社会广泛参与的原则，致力于统筹城乡文化均衡发展。截至 2018 年年底，全国共有农家书屋 58.7 万个，向广大农村配送图书超过 11 亿册，截止到 2019 年年底，全国共有乡镇文化站 33 530 个。① 与此同时，各级政府高度重视服务质量的提升，积极推动县级文化馆、图书馆将优质的文化资源和服务延伸至乡镇和社区，极大地丰富了人民群众的精神文化生活。

（2）出台一系列政策措施文件，为文化建设提供指导。为进一步规范和指导文化领域的发展，党中央、国务院出台了一系列政策措施文件，为文化建设提供全面指导。这些文件涵盖了文化宣传、文化遗产保护、基层文化建设、旅游服务等各领域的制度和政策，仅在 2019 年，相关文件数量就达到了 44 份。② 这些丰富的文化政策为我国文化事业的繁荣发展提供了坚实的制度保障。

（3）公共文化投入不断加强。根据《文化建设蓝皮书：中国文化发展报告（2021）》发布的数据，2015 年至 2019 年间，全国文化事业费在国家财政支出中的比重呈现逐年上升的趋势。具体而言，2018 年全国文化事业费占国家财政支出的比重为 0.42%，而到了 2019 年，这

---

① 庞好月：《新时代我国农村基层文化建设研究》，山东大学硕士论文，2022 年 6 月，第 41 页。

② 江畅、孙伟平、戴茂堂：《文化建设蓝皮书：中国文化发展报告（2020）》，北京：社会科学文献出版社，2020 年版，第 2 页。

一比重上升到了 0.45%，提高了 0.03 个百分点。同时，全国文化事业费占国家财政支出的整体比重也呈现出逐年增长的趋势，从 2015 年的 0.39% 增加到 2019 年的 0.45%，共提高了 0.06 个百分点。[①]

资金投入力度的加大，充分表明了国家对文化事业的重视与支持，为文化事业的繁荣发展提供了坚实的保障。

2. 我国文化产业的发展

（1）优秀文化作品不断涌现。中国电影市场的崛起，是中华人民文化自信的缩影。据国家电影局统计，2023 年暑期档电影票房高达 206.19 亿元，创下历史新高。其中，国产影片的票房达到 180.57 亿元，占总票房的 87.58%，观影人次达到 4.35 亿。[②] 诸如《长安三万里》《八角笼中》《孤注一掷》等题材多样的国产影片受到了消费者的广泛称赞。中国的古装影视剧、科幻作品等也深受海外观众的喜爱。

文化市场的"国潮热"现象，进一步彰显了我国文化的魅力。2022 年 12 月，在中国（澳门）举办的首届国际高品质消费博览会上，融入十二生肖、九曲映月、大闹天宫等传统文化元素的国产手表深受消费者青睐。近年来，"冰墩墩""雪容融"等传统文化文创产品也备受消费者欢迎。

除此之外，我国的出版物、昆曲、京剧等也逐步走向世界。丝绸之路国际艺术节、中国文化年等形式多样的文化交流活动纷纷登台亮相，对传播中华优秀传统文化起到了积极的促进作用。

通过影视剧、文化交流活动、文创产品的开发等多种形式，我们让更多的国家了解中国，让中华文化走向世界，让可信、可爱、可敬的中国形象更加真实、全面地展现在世界面前。

（2）文化产业发展稳步复苏。《文化产业蓝皮书：中国文化产业发

---

① 《报告精读 | 文化建设蓝皮书：中国文化发展报告（2021）》，https://m.sohu.com/a/508651223_121123785/。

② 《2023 年暑期档电影票房创历史新高 "最强暑期档"强在哪?》，https://yule.sohu.com/a/717399903_162758? scm = 1102.xchannel:1553:110036.0.3.0~9000.8003.0.0.00。

展报告（2021~2022）》显示，2020年，全国规模的文化产业营业收入达到98 514亿元，与2019年相比增长了2.2%。2021年上半年，全国规模的文化产业营业收入为54 380亿元，与2020年上半年相比增长了30.4%。

从各细分行业来看，从2019年上半年至2021年上半年，文化传播渠道平均每年增长3.8%，文化辅助生产和中介服务平均每年增长4.4%，文化装备生产平均每年增长6.4%，文化投资运营平均每年增长8.6%，文化消费终端生产平均每年增长11.5%，创意设计服务平均每年增长17.4%，新闻信息服务平均每年增长20.3%。由此可见，我国的文化产业发展势头良好、稳中有进。①

（三）我国互联网平台的发展

1. 互联网为文化传播提供了技术支撑

互联网快速发展是信息时代的显著特征。中国高度重视互联网的发展，特别是在移动互联网诞生后，在国家政策的引导下，一批互联网企业搭乘时代的列车，快速成长壮大，并在全球范围内产生影响力。中国在互联网领域从跟跑到并跑，再到领跑，彰显了中国人民的创造力和发展潜力。

2022年，中国互联网络信息中心发布的第49次《中国互联网络发展状况统计报告》显示，截至2021年12月，我国网民数量达到10.32亿人，互联网普及率为73.0%；手机网民约10.29亿人，网民使用手机上网的比例高达99.7%；网络视频用户达9.75亿人，占网民整体的94.5%，其中短视频用户为9.34亿人，占网民整体的90.5%。②由此可见，互联网已经与我们的社会生活密不可分。随着时代的发展和进步，我国将会在互联网领域实现新的飞跃。互联网的发展为文化

① 《报告推荐｜文化产业蓝皮书：中国文化产业发展报告（2021~2022）》，https://www.pishu.cn/zxzx/xwdt/584368.shtml。
② 《第49次〈中国互联网络发展状况统计报告〉》，https://www.cfis.cn/2022-02/28/c_1128647003.htm。

传播提供了强有力的技术支撑。

2. 互联网拓展了文化传播的途径

随着互联网的发展，数字阅读逐渐取代了传统的阅读方式，拓宽了中华优秀传统文化的传播途径。

利用互联网构建文化传播平台，将优秀文化转化为图画、视频、音乐等形式，并通过微信、微博等媒体进行传播，这不仅解决了时间和空间上的传播障碍，使读者能够随时随地欣赏、阅读、学习，还扩大了文化的传播范围。互联网平台创新了文化表现形式，带给读者全新的阅读体验，让人们以喜闻乐见的方式感受其魅力与价值。①

同时，利用互联网也扩大了文化传播者队伍。自媒体的兴起使得人人都成为信息的传播者。一批热爱文化的人群，通过制作视频、编辑图文等方式，将自己喜欢的优秀文化上传至社交平台，进一步拓展了文化传播的途径。例如，在国外社交媒体上，中国竹编视频吸引了上千万外国网友的观看。他们看到竹子在中国手工艺人的手中，经过劈开、抽丝、编制、烧制等工序，变成精美绝伦的艺术品，纷纷称赞视频展示了神秘的"中国功夫"。媒体人用独特的方式，向全世界讲述着中国故事，拓宽了文化传播的途径。

3. 互联网加快了文化传播的速度

文化传播，或称"文化扩散"，是指文化从一个群体向另一个群体扩散，或者从一个地区向另一个地区辐射的过程。传统的文化传播方式，包括教育、文字记录、文化娱乐活动等，传播速度较慢，传播范围有限。

随着网络的发展，信息呈现出"裂变式"增长，传播速度极快，影响力巨大。例如，QQ、微信等社交平台加快了信息的交流与传递，为人们的工作、生产生活、信息获取提供了极大便利；网络新闻平台作为信息发酵的中心，能够瞬间将事件传遍世界各地，吸引亿万人的

---

① 陈爱爱、宫东红:《"互联网+"时代下中华优秀传统文化的传播策略探析》,载《新闻研究导刊》,2023 年第 6 期,第 46 页。

关注；抖音、快手等新媒体平台成为人们获取知识、加强交流的重要渠道，充满趣味性和知识性的短视频以惊人的速度在人群中广泛传播；微信朋友圈的信息也极易被关注和转发，以迅雷不及掩耳之势在人群中扩散，使得信息人人皆知。互联网的传播速度以越来越快的态势呈现，极大地满足了人们快速获取知识的需求。

4. 互联网引领着文化传播的新高度

中国的崛起，吸引了全球的目光，中国文化和东方文明对世界产生了深远的影响。

近年来，外国民众对中国的好奇与了解的意愿日益增长。《习近平谈治国理政》第四卷已翻译成法文、俄文、阿拉伯文、西班牙文、葡萄牙文、德文等八个文版，面向全球发行。国产影视剧如《山海情》《人世间》《三体》等在全球 50 多个国家播出，显示出强大的国际影响力。我国的网络文学深受海外读者的喜爱，访问用户超过九亿，覆盖了全球大部分国家和地区。借助互联网的力量，中国文化正以前所未有的速度走向世界，展示了中国人的智慧和文化自信，让中华文化走向全球舞台。①

（四）我国党和政府对文化的高度重视

党的十八大以来，我国政府把文化建设定位为"五位一体"总体布局中的重要一环，把文化自信列为中国特色社会主义"四个自信"的重要内容。在党的二十大报告中，明确提出了要"推进文化自信自强，铸就社会主义文化新辉煌"的宏伟目标。这充分体现了党中央对文化建设的高度重视和战略定位。

1. 大力发展文化产业

（1）规范文化产业的发展。国家建立了文化产业领域的法律法规，构建了科学的文化市场体系，并注重文化与科技的融合，通过一系列

---

① 刘阳、郑海鸥：《文化事业和文化产业繁荣发展》，载《人民日报》，2023 年 9 月 13 日，第 6 版。

措施确保了文化产业的持续、健康发展。

（2）统筹文化事业发展。文化产业和文化事业在文化建设中扮演着不可或缺的角色。我国通过完善公共文化服务体系、提高公共文化设施的利用效率、加强对公共文化设施的监管力度等措施，实现了文化事业和文化产业的协调发展，使文化设施在人民群众中得到充分利用，文化服务和文化活动如火如荼地展开。

（3）深入挖掘文化资源。文化为社会发展提供智力支持、思想保证、精神动力和凝聚力。文化资源虽然丰富，但也是有限的。只有加强保护、有效开发，才能充分发挥文化在社会发展中的作用。例如，我国的中医文化博大精深，它讲究"天人合一"，注重阴阳平衡，遵循自然规律，对某些疾病具有很好的预防和治疗效果，值得进一步发扬和推广；2022 年央视春晚舞蹈《只此青绿》，灵感来源于中国十大名画之一的《千里江山图》，向全世界展现了中国传统文化元素和东方美学，深受国内外观众的喜爱。

由此可见，中国文化在世界上具有独特的感召力和影响力。在文化建设中，我们应善于挖掘文化资源的当代价值，让文物"活"起来、让古籍"活"起来、让文化"活"起来、让文化产业"火"起来，创作出更多优秀的文化产品，满足人民群众日益增长的精神生活需求。

2. 加强国家文化政策和公共文化服务体系建设

近年来，随着国家和各省市一系列文化政策的出台，对公共文化服务体系的投入大幅度增加，文化发展呈现高度繁荣态势，为群众提供了日益丰富的文化产品。这些文化产品不仅丰富了群众的精神生活，而且越来越多地走出国门、走向全世界，为中国建设文化强国奠定了坚实的基础。

3. 积极推动中华文化走向世界

加强国际传播力是新时代文化建设的重要任务，也是中华文化走向世界的关键途径。通过打造文化精品，我们将中国文化、中国精神、中国理念展现给世界，旨在提高中华文化的感召力、中国形象的亲和力、中国话语的说服力，进而增强国家的文化软实力。

（1）利用全媒体手段传播中华文明故事，旨在向全世界展示可信、可爱、可敬的中国。这需要采用海外受众喜闻乐见的呈现方式和渠道。例如，借助《中国日报》《中国观察报》及其网站和客户端，推出更多文化精品；同时，利用脸书、推特、抖音国际版等海外社交媒体，多角度、全方位、深层次地宣传中国文明，推动中华文化走向世界。

（2）打造人才队伍，讲好中华文明故事。培养具备国际传播能力的高素质人才，研究传播规律，提高传播能力，扩大国际舆论朋友圈，有助于中华文化的有效传播。讲好中华文明故事主要有以下三条途径：一是从中国人视角讲中国故事。对内注重文化的传承，特别是推动传统文化的创造性转化和创新性发展，让传统文化与时代同频共振，焕发新的生机与活力，树立中华民族的文化自信；对外则探索中国文化与世界文化的契合点，寻找情感的共鸣点，确保中国"想讲的"与国际受众"想听的"有机统一，让更多人了解中国、爱上中国。二是从外国人的视角塑造中国形象。例如，中国日报社可以充分发挥外籍员工的作用，邀请他们讲述中国故事；同时，邀请"能言善辩"的海外专家，开展如"魔力中国""大美中国"等项目；并欢迎外国网红拍摄中国视频等，引发海外受众的共鸣。三是共同讲述中国故事。拓展中外合作文化交流项目，在活动中潜移默化地引导海外受众认识和认同中华文明。例如，中国日报社建设的"Z世代"工作室，以及举办的"一带一路"青少年英语演讲比赛、"中国让我没想到""少年会客厅"等栏目，让中外青少年共同讲述中国故事，取得了良好的传播效果。

（3）强化技术赋能，让中华文明故事触手可及。运用新技术和新手段，为中华文明故事创设立体的情境，使其可触可感，以达到最佳宣传效果。例如，2022年中国日报社实施的"文化+技术"赋能战略和"元"工作室建设，依托虚拟数字技术，推出了"考古中国""文博中国"等数字场景的国际传播精品，让国外受众能够沉浸式体验中华文化。

二、文化强国建设面临的挑战

党的十八大以来，我国政府高度重视文化建设，从思想、制度、行动三个方面采取了一系列措施，有序推进文化建设，成效显著。然而，不可否认的是，我国的文化建设也面临着来自国内外的双重挑战。在国内方面，文化体系建设尚不完善，这在一定程度上束缚了文化建设的发展；国民的文化传播意识和传播能力相对滞后，也阻碍了文化的有效传播。在国际方面，百年未有之大变局带来的国际形势不确定性也给我国的文化建设带来了极大的挑战。只有妥善应对并处理好这些挑战，我们才能推动文化强国建设更上一层楼。

（一）文化强国建设面临的内部挑战

1. 文化体系建构不足

（1）我国部分民众文化自觉、文化自信不足。一国民众对本国文化的认同程度会影响该国文化在世界上的被认同程度。近代西方列强的侵略不仅严重破坏了我国文化，还使我国部分民众从思想上倾向于崇尚西方文化，产生了崇洋媚外的心理。改革开放以来，我国在吸收发达国家现代观念和文化成果的同时，许多优秀的传统文化也在"现代化"的浪潮中逐渐淡化。市场化的冲击和娱乐至上的社会风气影响了中华文化的发展质量。同时，商业的崛起和经济的腾飞导致长期以来将经济作为衡量社会发展的重要指标，而对中华文化缺乏应有的尊重和保护。①

（2）文化发展不平衡、不充分。中国经济已经从高速发展转向高质量发展，与经济建设的辉煌成就相比，文化建设上的成果尚显不足。文化强国建设不仅需要文化数量的增加、文化质量的提高，还需要文化资源的平衡、充分发展，确保全体民众共享文化发展成果。目前的

---

① 李诗芹、张可荣、陈浩凯：《从软实力到影响力：社会主义文化强国建设机遇、挑战与战略举措》，载《长沙理工大学学报》(社会科学版)，2022年第6期，第15页。

文化建设依然存在一些问题，包括文化供求不平衡以及空间发展不平衡等。

一方面，文化供求不平衡是一个突出问题。随着生活水平的提高，人们对文化产品的质量和文化服务水平的要求也相应提高。然而，当前的文化产业发展尚不能充分满足民众的需求，文化体系还有待进一步完善，需要努力打造出更多文化精品。

另一方面，文化空间发展不平衡也是一个亟待解决的问题。从区域角度看，东部地区文化建设水平较高，文化产品质量也较高；而西部地区由于自然环境和资金的制约，产业发展和服务水平均有待提高。从城乡角度看，城市的文化设施和文化服务水平相对较高，而农村地区则因经济衰退、文化水平低、人才流失等原因逐渐被边缘化，这成为文化强国建设的难点。①

因此，我们需要采取有效措施来解决这些问题，推动文化建设的平衡、充分发展，为文化强国建设提供坚实支撑。

（3）地方政府重视程度、参与程度有待提高。地方政府对文化建设的重视程度有待提高。地方政府相对更重视地方经济的发展，而对区域文化发展的规划不足，对民众的精神生活有所忽视，这导致地方经济和文化发展出现不同步的现象。同时，对地方文化的挖掘不够深入，在地方品牌文化建设上缺乏创新。

此外，地方政府对文化建设的参与度也有待加强。地方政府参与文化建设的水平有待提高，政府内部专业的文化工作者较少，导致文化建设推进较慢，文化惠民工程实施困难，地方文化的保护落实不到位。政府参与地方文化治理的评估机制尚不健全，这导致了文化治理的积极性不高、规范性不强。

为了解决这些问题，地方政府应进一步提高对文化建设的重视程度，加强对区域文化发展的规划，增强对民众精神生活的关注。政府

---

① 梁志玲、蒋红群：《新时代社会主义文化强国建设的机遇、挑战与应对》，载《中共济南市委党校学报》，2021 年第 3 期，第 52 页。

还应加大对专业文化工作者的培养和引进力度，提高文化建设的推进速度，确保文化惠民工程的有效实施，并加强对地方文化的保护。同时，应建立健全文化治理评估机制，以提升文化治理的积极性和规范性。

2. 文化传播意识和传播能力相对滞后

传播力是媒体实力和从业人员传播能力的综合体现，通过报道新闻、传播信息，进而对社会产生广泛的影响力。

中国人受到儒家传统文化的熏陶，将谦虚视为传统美德，因此在自我展示和传播方面的意识相对较弱。中国在世界上的形象很大程度上仍是"他塑"而非"自塑"，同时还存在着信息流入流出的"逆差"、中国真实形象与西方主观印象的"反差"、软实力与硬实力的"落差"。①

从传播媒介的角度看，中华文化的传播目前主要依赖官方媒体，官方媒体、地方媒体、民间组织、自媒体等多渠道相结合的多样化传播路径尚未发展成熟，且文化传播人才储备不足。从文化传播内容来看，当前主要聚焦于茶文化、中国武术、中医文化、美食文化等传统文化，而对于中国当代文化、社会主义核心价值观等新兴概念宣传尚不充分。

在科技高度发达的时代，我们应充分利用现代媒体优势和人工智能技术，积极探索并形成规模化、系统化、分众化的文化传播方式，以满足不同国家对中华文化的需求，将中华优秀传统文化充分展现并传播出去，从而增强文化影响力。

（二）文化强国建设面临的外部挑战

世界正经历百年未有之大变局，国际环境日趋复杂，不稳定性和不确定性显著增强，这给我国文化建设带来了不小的挑战和障碍。

---

① 《周树春：全面开辟国际传播新境界》，http://china.chinadaily.com.cn/a/202107/21/WS60f77953a3101e7ce975ab1d.html。

1. 国家文化安全形势严峻

国家文化安全涵盖了语言文字的安全、风俗习惯的安全、价值观念的安全及生活方式的安全等方面。文化安全是国家安全的重要组成部分，直接关系国家的稳固、民族的团结和精神文化的传承。

我国文化安全当前面临诸多挑战。在价值观念领域，西方意识形态不断渗透，打着"民主、自由、平等"的幌子，扰乱他国秩序。一些不明是非的民众受其影响，为其摇旗呐喊，因此，引导民众树立正确的价值观至关重要。在文化话语权方面，西方国家凭借强大的文化产业，在输出文化产品的同时，强势输出他们的价值观、生活方式和风俗习惯等，贬低非西方国家的文化，使中华文化难以充分展现其魅力。为了加强中华文化的国际影响力，我们必须加强文化建设，努力让全世界听到中国的声音。

2. 多元化社会思潮的冲击

随着全球化进程的加剧，国与国之间的交流日益密切，自由主义、个人主义和所谓"普世价值观"等思潮涌入我国，形成了以社会主义核心价值体系为主流、众多非主流思潮并存的多元化趋势。

非主流思潮虽不占主导地位，但其对国家安全的潜在威胁不容忽视。部分非主流社会思潮干扰了年轻一代，尤其是大学生的"三观"。国外渗透势力从未放弃对我国大学生的思想侵蚀，大学生若缺乏深刻、理性、辩证的思考，便容易受别有用心者的煽动，从而丧失民族认同和理想信念。

非主流社会思潮还可能消解中国人民的"四个自信"。一些思潮通过诋毁中国历史、抹杀中国共产党的历史贡献、淡化中国取得的辉煌成就、放大改革开放进程中的不足等方式，让中国人民对社会制度和国家前途产生怀疑。

各种思潮的涌现，对社会主义核心价值观造成了冲击，不利于中国人民思想的团结。因此，我们必须保持高度警惕，积极应对这一挑战。

3. 西方世界的傲慢与偏见

受地理、历史等因素影响，中西方文化在语言、艺术、教育、思维、饮食等诸多方面存在差异。需要明确的是，文化本身并无好坏优劣之分，尽管如此，西方人却自诩为世界霸主，毫不掩饰地表现出傲慢的姿态，对东方文化带有极大的偏见。

以美国为首的部分西方国家，主导国际话语权。在对一些国际事件进行评议和裁决时，他们往往只考虑本国利益，不顾及国际社会所认同的道德与是非，干涉他国内政，抹黑、打压逐步发展和崛起的中国。西方国家强势地单方面输出本国文化，争夺文化阵地，在一定程度上削弱了中华文化在国际上的影响力。

西方世界自诩其文明更优越，长期推行霸权主义和强权政治，企图分化和西化中国，阻挠中华民族伟大复兴。他们宣扬"西方文明中心论""西方文化优越论"，试图消解发展中国家的文化自信，对中华文化在国际领域的传播和发展产生了负面影响。

正如习近平总书记指出的："中华民族拥有在 5000 多年历史演进中形成的灿烂文明，中国共产党拥有百年奋斗实践和 70 多年执政兴国经验，我们积极学习借鉴人类文明的一切有益成果，欢迎一切有益的建议和善意的批评，但我们绝不接受'教师爷'般颐指气使的说教！"①

第四节　文化强国建设的举措

文化强国建设面临国内国外的双重挑战。我们必须立足实际，加强自身文化体系建设，学习借鉴先进文化理念，提高对外文化传播的意识和能力，坚持正确的方向和立场，以应对复杂多变的国际形势。只有这样，我们才能建成文化强国。

---

① 习近平：《习近平谈治国理政》（第四卷），北京：外文出版社，2022 年版，第 11 页。

一、加快构建中华文化体系

构建中华文化体系，推动中国文化走向世界，我们必须坚守中华文化立场，深入挖掘传统文化中具有当代价值的文化精髓，彰显文化基因的精神标志。同时，要将这些传统文化与中华民族的革命文化、中国特色社会主义先进文化相结合，构建出独具特色的文化体系，并将其发扬光大。这样，我们才能在全球文化交流中展现出中华文化的独特魅力和时代价值。

（一）坚守文化立场，坚定文化自信

"中华优秀传统文化是中华文明的智慧结晶和精华所在，是中华民族的根和魂，是我们在世界文化激荡中站稳脚跟的根基。"[①] 只有深深扎根于我国传统文化的沃土，将弘扬优秀传统文化与发展当代文化相结合，在继承中寻求发展，在发展中不忘继承，我们才能真正树立文化自信，为世界文化的多样性贡献中华智慧。

（二）挖掘文化精髓，提炼精神标识

推动中华文化走向世界，不能仅停留在舞狮子、看花灯、表演茶艺等表层文化符号的展示上，也不能一味拘泥于万里长城、四大发明等老生常谈的话题。我们应当将中华民族的文化基因与现代社会发展相结合，"把跨越时空、超越国度、富有永恒魅力、具有当代价值的文化精神弘扬起来，把继承传统优秀文化又弘扬时代精神、立足本国又面向世界的当代中国文化创新成果传播出去"[②]。因此，我们需要深入挖掘优秀传统文化的精髓，提炼具有鲜明特色的精神标识。同时，要与中华民族的革命文化与社会主义先进文化紧密结合，并与马克思主义

---

① 《习近平在中共中央政治局第三十九次集体学习时强调 把中国文明历史研究引向深入 推动增强历史自觉坚定文化自信》，载《人民日报》，2022年5月29日，第1版。

② 《习近平在中共中央政治局第十二次集体学习时强调 建设社会主义文化强国着力提高国家文化软实力》，http://politics.people.com.cn/n/2014/0101/c1024-23994503.html。

深度结合，以激活传统文化的生命力，进而推动中华文化的繁荣发展。

（三）构建话语体系，树立中国形象

话语体系是思想理论体系和知识体系的外在表达形式，受思想理论体系和知识体系的制约。具体来说，有什么样的思想理论体系和知识体系，就会形成什么样的话语体系。话语体系不仅承载着一个国家和民族的思想文化和价值观念，而且是提高文化软实力、建设文化强国的重要组成部分。

关于"中国特色社会主义话语体系"的概念，学者从不同角度进行了阐述。有学者认为，它是表达毛泽东思想、中国特色社会主义理论体系的话语；有学者主张，其是在中国特色社会主义的基础之上衍生的有一定理论性、系统性的话语体系；还有学者认为，它是使用具有中国特色、中国风格的语言，目的是表述中国国情以及马克思主义思想。[①] 综合学者的观点，我们可以这样理解：中国特色社会主义话语体系是由中国共产党领导的，以马克思主义理论为指导的，在改革开放进程和社会主义现代化建设过程中发展起来的，以道路、理论、制度和文化为核心的话语体系。

为了构建中国话语体系，我们需要从多个方面着手。其一，我们要筑牢思想阵地，从中国化的马克思主义中提炼构建具有中国特色、中国风格、中国气派的学科体系。其二，我们要打造强大的软实力，从中国五千年的优秀文化中挖掘文化基因，从人民群众的历史实践中挖掘民族精神，以丰富和深化我们的话语体系。其三，我们还需要用中国声音讲述中国故事。在全球治理中，中国展现了大国风范，但世界上也不乏对中国的质疑和曲解，甚至是抵触。因此，我们要创新对外话语表达方式，用世界人民听得懂的"中国话"，向全球呈现中国思想，阐述中国智慧，从而在国际舞台上展现中国的软实力，为国际话

---

① 刘欣欣：《中国特色社会主义话语体系构建研究》，西北大学博士论文，2021 年 6 月，第 22—23 页。

语体系的建设贡献力量。

二、借鉴先进文化理念，强化政府责任

（一）借鉴先进文化理念

政府作为文化强国战略的组织实施者，在文化强国建设中发挥着中流砥柱的作用。各级政府需借鉴先进文化理念，强化责任担当，以推动我国文化建设迈向新的高度。

各级政府应积极学习发达国家和我国发达地区先进的文化理念。以英国为例。英国地方政府对地方文化采取了积极的保护和发展措施。他们重视文化艺术活动的开展，基层政府、社区及社会团体经常组织文化艺术活动，以满足社区群众的文化生活需求；英国政府尊重并积极保护和发展本国的传统文化，将地方文化视为民族文化不可分割的重要组成部分；英国地方政府还以文化建设促进旅游经济的发展，通过保护和发展地方文化，改善地方形象，增强文化吸引力，提高旅游竞争力，带来无形的收益。①

在国内，北京、上海、深圳等地区的文化建设走在全国前列。以深圳为例。深圳特区成立之初，经济发展是首要任务，文化建设相对滞后。然而，深圳政府率先解放思想，进入文化建设的新阶段，关注文化问题，建成八大文化设施，打造了具有先进性和现代性的文化样态，并积极探索文化市场。自 1992 年起，深圳确立了"文化立市"战略，出台了一系列文化发展规划和部署的重要文件，深入推进文化体制改革。从 2013 年开始，深圳注重社会主义核心价值观的建设，文化创意产业增速显著，成为深圳的支柱产业之一，公共文化服务体系日趋完善，实现了从"文化沙漠"到"文化绿洲"的转变，为深圳经济

---

① 陈宏彩：《英国地方政府的文化建设及其借鉴意义》，载《中国党政干部论坛》，2007 年第 4 期，第 48—50 页。

的高质量发展提供了坚实的精神保障和动力支撑。①

（二）强化政府责任

首先，各级政府要加大对文化建设资金的投入，以促进地方文化的繁荣发展。政府应持续完善公共文化服务体系，组建文化宣传团队，深入社区，走到人民群众中去，普及先进文化，并充分调动群众参与的积极性。

其次，政府要建设信息管理平台。政府需要建立健全的管理制度，明确信息管理平台的建设目标、功能以及管理机制，以确保平台的规范化和可持续发展。同时，要加强信息资源的整合，为公众提供全面的文化信息服务。此外，还需加强平台技术建设，提高平台的技术水平和安全保障能力，确保平台的稳定性和可靠性。为了促进信息共享和交流，应培养一支具备专业知识和技能的信息化人才队伍，为信息管理平台的建设和运营提供有力的人才保障。

综上所述，在文化强国建设中，政府应更新文化理念，树立地方文化保护意识，深入挖掘地方特色文化资源，大力发展文化产业；精准定位群众的文化需求，举办具有地方特色的文化活动，以增强地方文化认同感和凝聚力；完善文化建设激励政策，促进经济建设与文化建设的同步发展。

三、加强传播能力，提升传播效能

党的十八大以来，我国全面推进中国特色大国外交，积极参与国际文化交流，推进国际话语权建设，初步构建了对外战略传播体系。习近平总书记强调，"必须加强顶层设计和研究布局，构建具有鲜明中

---

① 常静：《改革开放以来深圳经济特区文化建设的发展历程及经验启示》，载《文化产业》，2022 年第 19 期，第 166 页。

国特色的战略传播体系"①。

（一）建立对外话语体系内涵认知

1. 从多元维度认识对外话语体系

构建国际战略传播体系，可以从以下几个方面着手：其一，形成对国际传播工作的共识，明确我国话语体系的核心价值观。从观念和机制两方面入手，有效地构建国际战略传播体系。其二，打造中国国际传播平台，以该平台为媒介，将中国故事与国外受众紧密联系起来。其三，构建对外话语体系的核心在于讲好中国现代化故事，并准确定位战略传播目标。其四，要构建实事求是的评价体系。

2. 保持与全球话语体系同步

我国对外话语体系需要紧跟并适应全球话语体系的变化趋势，以千年时间跨度的全局观审视、构建体系化、系统化和可持续的话语体系，积极参与全球话语体系的建设，并为世界贡献中国方案。

3. 从舆论战的角度审视对外话语体系建设

面对西方针对我国发起的舆论战，我们要有充分的准备迎接挑战。一是要培养国际传播专业人才队伍，重点培养具有政治敏锐性和跨文化交流能力的高素质人才。二是要加强我国制度优势话语体系建设，塑造政党与国家正面形象。通过传播中国故事、中国共产党的故事，赢得世界各国的理解和认同。三是要创新构建话语体系的路径和方法，巧妙利用智库和新媒体等手段，拓宽传播路径，以更有效地传播我国的声音和形象。

---

① 《习近平在中共中央政治局第三十次集体学习时强调：加强和改进国际传播工作 展示真实立体全面的中国》，载《人民日报》，2021 年 6 月 2 日，第 1 版。

（二）探索对外话语能力建设思路

1. 针对不同区域国别进行精准传播

目前，我国的话语体系建设存在传播队伍规模不足、传播方式落后等问题，与我们的传播需求不匹配。因此，在对外话语体系传播中，我们应力争实现一国一策的精准传播。在充分了解和尊重不同国家历史、文化的基础上，我们需要使我们的表达内容和方式契合他们的习惯和需求，真诚、友善、平等地展示中华文化，以形成情感共鸣。对于重点国家和地区的传播，我们应明确传播目标，把握重点方向，并调动中外"名嘴"、留学生、民间组织、媒体和"网红"的力量，给予他们发声的空间，同时注重引导、监督和激励。

2. 深化中外文明交流互鉴，推动文化传播

在中外文明交流互鉴中，我们应承认、尊重、维护世界文明的多样性，加强相互交流、学习和借鉴，深入挖掘中华人文精神，与世界进行对话。为了展现大国形象，中国不仅要传播中华文化，还要面向全球，积极参与国际事件的传播，树立人类命运共同体意识，关注全球教育、贫困等问题，关注全球公共事件，并在重要事件中发出中国声音。此外，我们还应积极推动文化产业的发展，提高影响力。以美国为首的西方国家能在全球话语体系中占据主导地位，与他们的跨国文化企业的发展密切相关。中国也需要打造具有国际竞争力的文化企业，以提升文化传播力和影响力。

3. 注重对外传播的道义和礼节

在对外传播中，我们应秉持诚实守信的原则，增强传播力，重视信誉建设。同时，我们应从受众角度出发，建立共情，让传播内容易被对方理解和接受，从而赢得国际社会的信任、尊重和响应。此外，我们还应增强话语的有效性，既要加强话语体系建设，提升传播水平，

又要针对一些抹黑中国的言行予以有效反击。①

（三）拓展对外话语体系实践路径

1. 加强宣传队伍建设，做好理论宣传

为了加强对外传播，除了培养专业人才，还需要充分动员各方面的力量。我们应将有影响力的出版社、新闻媒体机构联合起来，整合优质资源，打造一支素质过硬的宣传队伍，发挥他们的特色和优势，做好对外话语传播。同时，我们必须加强对宣传队伍的引导、管理和评价，特别是在语言、内容和形式的把关上，要注重其专业性和权威性。

2. 加强智库交流，创新话语体系

智库在对外话语体系建设中发挥重要作用。我们需要重视中国智库的作用，积极发声，以提升我国的国际话语权。

首先，推动智库话语体系建设要紧跟时代步伐，以习近平新时代中国特色社会主义思想为指导，以实践为基础，立足现实需求，创新话语体系，为重大命题提供科学的解释框架。

其次，要确保智库话语体系与政策、学术和媒体之间有机贯通，开展跨界交流互动，以更好地发挥其在政策建议和学术研究中的作用。

最后，推动智库话语体系与世界文明话语体系交流互鉴，智库专家应加强学术交流，吸收借鉴西方智库建设的先进经验，掌握国际话语风格，并运用国际学术界、智库界的新范畴、新表述来阐释中国方案、分享中国经验，从而建设具有国际影响力的高端智库。

---

① 毛伟:《学习党的二十大精神系列文章之七 构建中国话语体系 提升国际传播效能——"加强对外话语体系与能力建设"专题研讨会综述》,载《经济导刊》,2023 年第 1 期,第 48 页。

第二章　地方文化在文化强国建设中的意义

　　一方水土孕育一方文化，一方水土养一方人。地方文化是某一特定区域的文化，是该地区长期历史积淀和文化形态的具体体现，是人们在长期的生产生活中形成的社会习俗和行为范式。地方文化形态之间的差异，赋予了中华文化的多样性特征。地方文化也对当地居民的性格、生产方式、生活习惯等方面产生深远影响，并代代相传，如南方人的细腻、北方人的豪爽；南方经济文化活跃、北方政治文化活跃；南方更信奉无为而治的老子思想，北方多崇尚孔子的儒家学说等。由此可见，一个人自出生起，他的所见所闻、对世界的认识就深受当地文化和周边环境的影响，打上了地方文化的烙印。

　　地方文化对当地社会发展具有重要作用。它是当地人智慧的结晶，其形成受到气候条件、地理环境、生活方式和历史遗存等因素的影响，是当地人历经千年，在谋生存、求发展、不断创新过程中形成的，是中华文化的有机组成部分。地方文化是当地人的精神寄托，粗犷古朴的黄土高原文化、开拓进取的东北黑土文化、神奇灵动的巴蜀文化等，都是一方人民族凝聚力和进取心的源泉。地方文化还是当地经济社会发展的重要组成部分，如北京的天坛、故宫和长城，四川的三星堆和青城山-都江堰，陕西的秦始皇陵兵马俑，甘肃的敦煌莫高窟等，都是发展旅游、招商引资的文化名片。地方文化推动社会生产力的发展。

随着知识经济的兴起，地方文化成为带动地方文旅经济发展的重要途径，成为地方文化产业繁荣的重要资源，是推动地方竞争能力和社会发展的重要力量。

一直以来，地方文化都是学者们普遍关注的研究领域，其丰富的文献资料和人文精神是中国话语体系建设的重要来源，是中国故事的重要内容。地方文化的历史、文学、民族、政治、经济、考古、艺术等视角，都充分体现了它的人文特征和当代价值。本章将从以下六个方面阐述地方文化对社会发展的重要作用：弘扬地方文化，传承民族精神；传播地方文化，赓续中华文脉；依托地方文化，培育时代新人；挖掘地方文化，繁荣文化产业；植根地方文化，赋能乡村振兴；运用地方文化，助力经济发展。

第一节　弘扬地方文化，传承民族精神

民族精神是在长期的历史进程中形成的共同特质，包括民族意识、民族信仰、民族文化、民族性格、民族习俗、民族价值观念和价值追求等，它凝聚了民族传统文化的精粹，是一个民族生存发展的核心和灵魂。

中国的民族精神以爱国主义为核心，包括团结统一、和谐守礼、爱好和平、勤劳勇敢、自强不息等伟大精神。

一、传承地方文化中的爱国主义精神

爱国主义是一个国家的人民对祖国最深厚的情感，也是凝聚一个民族的重要精神力量。地方文化中蕴含着丰富的爱国主义精神，充分利用地方文化的地缘关系，可以迅速拉近人民群众与地方文化的时空、情感和心理距离，是进行爱国主义教育、培育社会主义核心价值观的重要途径。

（一）将地方抗战文化资源融入爱国主义教育

抗日战争爆发后，我国进入全面抗战、全民抗战时期。每个地方都涌现出抗日英雄的英勇事迹，孕育了光辉的抗战文化。

抗日战争时期，无数有名的无名的抗日英雄，面对残暴的日军、无情的炮火，将个人生死置之度外，展现了"恨不抗日死，留作今日羞"的宁死不屈的民族气节；面对山河破碎、民不聊生的局面，他们舍小家顾大家，用血肉之躯筑起钢铁长城，彰显了"愿与人民同患难，誓拼热血固神州"的英雄气概和大义博爱。在四川，有受尽酷刑，仍能大节不辱的巾帼英雄赵一曼；有"杀敌杀敌，抗战到底"的王铭章；有"敌军一日不退出国境，川军一日誓不返乡"的刘湘。在辽宁，有让敌人闻风丧胆的杨靖宇；有无视敌人高官厚禄的诱惑，抛弃生死之念、以身殉国的邓铁梅；有"誓扫匈奴不顾身"的杰出领袖苗可秀……在全民皆兵的抗日战争中，每个地方都有许许多多的抗日英雄值得我们缅怀。我们要铭记"一寸河山一寸血"的悲壮历史，今天的和平来之不易，我们要发挥抗日英雄的感召力，发挥抗战文化的影响力，将爱国主义精神发扬光大。

以下以四川为例，分析如何将地方抗战文化资源融入爱国主义教育。①

第一，选择有说服力的抗战资源，增加感性认识。抗日战争时期的川军演绎了一段感天动地的抗战史。抗战文化，是一部读不完的书，我们应深入挖掘、真实再现川军的特色，将抗战融入爱国主义教育。

抗战期间，四川参战人数最多、伤亡最大。每7个男子就有1人出川抗战，共计300多万人参战，数量居全国第一；伤亡和失踪人数近40万，伤亡总数和伤亡比例均是各省之首。"无川不成军""川人不负国"是四川人民顽强战斗不畏牺牲、坚定爱国主义精神的真实

---

① 川军在抗战中的贡献详参赖伟：《地方历史文化资源融入爱国主义教育的要义》，载《中学政治教学参考》，2017年第6期，第68—69页。

写照。

四川为抗战提供的物资居全国之首。抗战期间，四川提供了4400亿元的资金支持，占全国的30%；四川政府鼓励一日两餐、节约粮食，为全国抗战提供军粮，每年100 001 800万石，居全国第一。

四川人民抢修公路和机场，疏通了抗战动脉。抗战时期，四川通往周边各省的公路、铁路没有贯通，导致粮食和物资无法运往前线。四川人民组织250万人参与到修路运动中，确保了抗战物资的正常运输；太平洋战争爆发后，美国空军计划从成都起飞轰炸日本国土，150万四川人民借助简单的工具，半年就完成了修建机场的任务，为抗战胜利立下卓越功勋。

四川知识青年组建精锐部队，远赴日本等国参战。1943年，四川的大学生、公职人员四万余人经过艰苦的集训，成为一支有战斗力的队伍，被派往缅甸、印度、日本等国参战。

通过以上典型的川军抗战资源介绍，受众可以深刻感受到抗战的丰功伟绩。四川人民自古以来就有爱国主义情怀，我们应以川军为骄傲，将前辈的伟大精神在传承中发扬光大。

第二，开展川军抗战讲座，激发受众的爱国主义情感。讲座是一种有效的宣传方式，能营造浓厚的教育氛围。主讲人声情并茂的解说，可以迅速感染听众的情绪；主讲人还可以通过与听众面对面互动，进行高效沟通交流。

四川省图书馆开展的巴蜀讲坛系列讲座活动，以"抗日战争中的四川"为主题，每期讲述不同内容，如川军的抗战精神、川军出川回顾等。在一次次讲座中完美呈现了川军抗战史，将川军的爱国主义、家国情怀，尤其是大无畏精神淋漓尽致地展现了出来，感人至深。

川军后代讲述父辈抗战事迹，让听众站在亲人的角度感受真实立体的抗战英雄形象，体悟父辈们舍小家顾大家的情怀，由此更能激发受众的爱国主义情感。

第三，建立爱国主义教育基地，使受众身临其境地体验地方文化。

革命博物馆、党史馆、纪念馆、烈士陵园等爱国主义教育基地，记录着四川人民顽强不屈的革命精神，承载着川军舍生忘死的牺牲精神。这些基地对于弘扬民族精神、激发当代人的爱国热情、传承红色基因意义重大。可以从以下几个方面，发挥基地的作用：

讲好红色故事。爱国主义教育基地丰富的实物资源蕴含着深厚的历史文化，讲好每一件文物背后的历史故事、文化故事、革命故事，让教育基地的资源"活"起来。

建设网上展馆。中国网民数量庞大，网络成为重要学习生活空间，建设爱国主义教育基地网上展馆，实现线上线下融合，增强爱国主义教育的普及性和影响力。

搞好主题活动。依托爱国主义教育基地，有节奏地策划、组织、开展主题活动，定期组织企事业单位和大中小学生到基地参观学习，最大化地发挥基地资源的育人价值。

第四，观看川军抗战纪录片，铭记前辈的爱国主义精神。抗战纪录片再现了战争的残酷和无情，以直击人心的方式展现峥嵘岁月，让人们深刻感受到今天的和平来之不易，从而激发起民众的爱国热情，增强凝聚力和向心力。

展现川军抗战历史的纪录片和电影，如《不朽四川抗战记忆》《川军壮哉》《壮士出川》《国杖——川军抗战实录》等，生动地再现了川军抗战历史，塑造出川军的"川魂"。观众在观看这些激情澎湃的影视作品时，容易产生情感共鸣，迸发出强烈的爱国主义情感。

（二）用地方传统文化资源渗透爱国主义教育

地方传统文化是中华优秀传统文化的重要组成部分，承载着不同地域的优秀传统、道德品质，并折射出光辉的民族精神。优秀的地方传统文化能够潜移默化地激发当地人爱祖国、爱家乡的情感，是不可或缺的爱国主义教育资源。

五千年的中华文明史，九百六十万平方千米的中华大地，每个地方都积淀着内涵丰富、意蕴悠长的传统文化。例如，河南历史悠久，拥有三皇五帝的古老传说，以及岳飞、包拯等历史名人和吉鸿昌等抗战英雄的故事，更有洛阳、开封、安阳、郑州等四大古都，以及安阳殷墟、商城遗址等名胜古迹，处处彰显着厚重的传统文化。陕西西安是六朝古都，被誉为"中国历史名城，华夏精神故乡"，拥有被誉为世界第八大奇迹的秦始皇陵兵马俑，以及关中皮影、安塞腰鼓、陕北民歌等非物质文化遗产，这些都是爱国主义教育资源的重要内容。此外，四川的川剧文化、山东的儒学文化、江苏的工艺美术文化等，每个地方独特的文化都是中华民族的精神标识。我们可以在地方传统文化的传承中进行爱国主义教育。

用地方传统文化资源渗透爱国主义教育，可以从以下几方面着手：

第一，编写地方文化科普读物，在文化传承中融入爱国主义教育。这些读物应具有科学性、可读性、通俗性、娱乐性和普及性等特点，语言风格严谨中不失活泼和幽默，以吸引读者的阅读兴趣。各地可组织专业人士，面向大中小学生和社会人士等不同群体，编写传记型、故事型、探索型、历史型、纪实型、学习型、百科型等各类地方文化科普读物，既提升受众文化素质，又促进爱国主义教育的开展。

第二，创作文化宣传短视频，在文化传播中融入爱国主义教育。随着数字阅读的发展、移动终端的普及和网络的提速，短视频以其丰富的信息承载、活泼的语言风格、鲜活的直观表达和短小精悍的故事情节，成为民众喜闻乐见的传播形式。各地可精心拍摄以本地文化为题材、内容贴近地方百姓生活的文化短视频，使地方传统文化更易传播和弘扬。

第三，发挥政府的引导作用，培育群众的爱国主义情怀。政府应定期组织地方民俗文化活动，在活动中弘扬地方传统文化，丰富群众的精神生活；还应尽可能地为爱国主义教育基地等地方文化设施的建设提供政策、场地和经费等支持，促进文化设施的建设和维护。政府还可以聘请地方文化研究的专家，深度挖掘优秀地方传统文化的爱国主义内涵，形成有竞争力的文化产业，并培养专业文化研究工作人员，促进优秀地方传统文化融入爱国主义教育的可持续发展。

第四，利用学校的示范作用，让爱国主义精神代代相传。学校作为教育基地、人才培养的摇篮，具有发扬和传播地方传统文化的职责和使命，而教师作为人类灵魂的工程师，在爱国主义教育中发挥着重要作用。地方院校将传承地方传统文化作为不可或缺的课程，发挥人才优势、资源优势、环境优势，使每一名教师、学生都成为文化传播的"助推器"，将学校的理念和文化传递到家庭和亲朋中，实现文化和爱国主义精神的薪火相传。

（三）以地方特色文化资源深化爱国主义教育

地方特色文化，是某个地域在长期社会生产生活中形成的独特文化表现，包括该地的艺术文化、风俗传统、特色建筑、独特景观、杰出人物、非物质文化遗产以及精神理念等。

"天府之国"四川，历经数千年历史，孕育了底蕴深厚的地方特色文化。都江堰、东风堰等水利文化，彰显了四川人民尊重自然、造福后世的精神；李白、杜甫、郭沫若、苏轼等名人文化，展现了四川人民崇圣尊贤、热爱祖国、心系百姓的家国情怀；川剧、刺绣、根雕等丰富的非遗文化，则体现了四川人民的非凡智慧和严谨敬业的工匠精神。四川是多民族聚居的地区，汉族、彝族、羌族、藏族、土家族、苗族等各民族和睦相处，处处体现着尊重、团结、平等、和谐的优良风尚。从"蜀道之难难于上青天"到"天堑变通途"，这折射出了四川人民不畏困难、开天辟地的奋斗精神。

地方特色文化资源蕴含着丰富的爱国主义元素，可以通过以卜措施深化教育：

第一，优化环境。环境建设涵盖硬件设施和软件设施两个方面。在硬件建设上，可以建设纪念馆、博物馆等教育基地；开辟宣传专栏，张贴宣传标语和宣传画；在人流量集中的车站、交通通道、广场等地设置大屏幕，进行文化宣传。在软件建设上，组织民俗文化演出；充分利用本地广播、电视台进行宣传；开展文化讲座、活动比赛等，通过环境本身的育人价值，进行爱国主义教育。

第二，树立榜样。通过学习地方文化名人的优秀事迹，唤起受众的共鸣，提高思想觉悟；还可以寻找在地方文化研究和传承中有突出贡献的代表人物，进行宣传，提高受众学习地方特色文化的意识。

二、传承地方文化中团结一致的精神

中华民族自古以来就是一个团结的民族。党的二十大报告中 26 次提到"团结"，报告中提出的"中国共产党的中心任务就是团结带领全国各族人民全面建成社会主义现代化强国""坚持大团结大联合，动员全体中华儿女围绕实现中华民族伟大复兴的中国梦一起来想、一起来干"，体现了党中央对团结统一精神的高度重视。

在我国的地方民俗文化中蕴含的团结一致元素，具有较高的当代价值。赛龙舟是中华民族的传统习俗，这一习俗在全国各地尤其是南方地区广为流传。它早期是一种祭祀活动，寓意祛病、辟邪、消灾。同时，也是一种纪念活动，纪念屈原、曹娥、伍子胥等。后来经过不断地演变和发展，成为一项竞赛活动。赛龙舟时需要"心往一处想，劲儿往一处使"，步调一致、齐心协力，才能取得成功，彰显了团结一致的精神。

舞龙、舞狮也是凝结着团结一致精神的民俗文化。传统的舞龙，参与者少则两三人，多则上百人。热闹精彩的舞龙表演，是在一个个舞龙者的默契配合、紧密衔接中完成的。龙头在龙珠的引领下，带领着龙身、龙尾一起舞动，完成扭、仰、挥、跳、跪、摇等姿势，以及八字舞龙、穿腾跳跃、奔跑游龙等技术动作，诠释出龙的精气神。

另外，西安的安塞腰鼓、成都的"游百病"、黎族的竹竿舞等地方传统文化，也都体现了团结一致精神。

继承和弘扬地方文化，发扬团结一致的优良传统，对于凝聚爱国主义精神至关重要。地方政府应重视加强民族文化保护，建立民俗文化参观基地，宣传当地富有特色的、具有团结精神的文化，以增强地方荣誉感、归属感和自豪感。政府应有目的、有创新性地组织文化活动，通过活动团结民众、凝聚民心，让民众在活动中感受和体验团结的力量，从而在工作生活中发扬团结精神，为社会建设贡献力量。各大中小学校应加强地方文化课程建设，深入挖掘地方文化中的团结内涵，开展专题思想教育，组织专题活动，以培养大中小学生的团结意识和团结一致的精神。

三、传承地方文化中爱好和平的精神

爱好和平的精神，体现在一个民族在同其他民族的交往中，平等相待，友好相处，求同存异，团结合作，致力于促进共同发展。

中华民族自古以来就是一个爱好和平的民族。我国传统文化中"和为贵""协和万邦""亲仁善邻""讲信修睦"等观点，蕴含着丰富的和合思想，体现了中国人民崇尚和平的理念，培育了中华民族宽厚包容、热爱和平的性格。早在舜帝时期，就采用"以德化之"的和平治国方法。当"三苗"部落挑起战乱，导致长江流域的治水工程无法顺利实施时，禹想要讨伐，但舜帝认为："不可。上德不厚而行武，非道也。"于是修教三年，执干戚舞，终于使"有苗乃服"。[①]舜帝通过怀柔政策，以德化人，赢得了当地百姓心甘情愿地臣服，为中原带来了长治久安的稳定。

儒家中庸和平的治国理论是中国和平思想文化的主流。孔子以"仁"为核心，主张以"和"治国，辩证地提出了"以和为贵""和而不同"的观点。他倡导的人内心的和谐、人与人的和谐、人与社会的和谐、人与自然的和谐，至今仍然受到世人的认可。墨家"兼爱、非攻"的和平发展观，体现了质朴的"博爱"思想。墨子反对不义之

---

① 张丹:《先秦秦汉舜帝形象演变研究》,湘潭大学硕士论文,2017年5月,第33页。

战，期盼和平统一；主张以和平相处的方式与周边国家建立友好往来；面对社会矛盾，他提出"兼相爱，交相利"的解决策略。道家提倡"无为无争、贵柔守雌"的和平论，反对战争，主张"不以兵强天下"；推行"仁政"和"德治"。道家自然、和谐的处世之道，为当代社会和谐安宁和民族生存提供了借鉴。

中国热爱和平、反对战争的文学作品数量众多，反映了不同年代的中国人民对和平的追求与向往。屈原的《国殇》描绘了战争给人们带来的灾难；汉乐府中的《战城南》表达了战士对和平的向往。杜甫《春望》中的"烽火连三月，家书抵万金"表达了对战火的痛恨；杨炯《从军行》中的"烽火照西京，心中自不平"表现出战争带来的凄凉和人们的无奈。近代中国100多年的抗战史，涌现出了大量描写战争的文学作品，例如，老舍的《四世同堂》和张爱玲的《倾城之恋》，分别描绘了沦陷后的北平和香港；冯德英的《苦菜花》《迎春花》《山菊花》描绘了苦难的战争生活；另外还有《雁翎队》《铁道游击队》《新儿女英雄传》等一大批文学作品，都代表了中国人民对战争的控诉和对和平的渴望。

新中国成立后，中国派维和部队参加世界维和任务，为世界和平贡献力量；中国援建非洲，为发展中国家提供了可持续发展的解决方案，促进了世界和平与发展。

中国乡土文化充满了"和平""和谐"的理念与智慧。中国人的乡土观念较重，乡土文化具有传统、质朴的特质。在农村，经常可以看到这样的场景：东家做了番茄炒蛋，西家做了水饺，他们各自坐在自己门前边吃边聊天，或者两家合在一起吃饭；农忙时节，哪家缺人手，邻里主动帮忙，或者自愿组成团队一起收割庄稼；主动给邻居行动不便的老人或放学回家的孩子送吃送喝，邻里之间鸡犬相闻，守望相助，构成了一幅和谐的画面。

新时代，中国的共建"一带一路"倡议和构建人类命运共同体的倡议，以共商共建共享为原则，以和平合作、开放包容、互学互鉴、互利共赢的"丝路精神"为指引，为推动义明交流互鉴、世界和平发展贡献了中国智慧和中国方案。中国共产党心怀天下、推动世界和平发展的精神根植于中国的传统文化。我们要深入挖掘地方文化中爱好和平、和睦相处、和谐共生的元素，为促进全世界和平发展提供思想引领。

四、传承地方文化中勤劳勇敢的精神

勤劳勇敢，体现在一个民族在改造客观世界的实践中勤奋劳动、有勇气、有胆识、敢于攻坚克难。这种精神是中华民族坚不可摧的立业根基。

中华民族以勤劳勇敢著称于世。中国人民勤劳勇敢的美德，与中国独特的地理环境、经济模式和历史进程密不可分。从地理环境来看，中国处于半封闭性大陆，与开放的海岛国家相比，早期的中国人民生产生活局限在有限的区域内，与外界交流、学习的机会较少，他们依靠自身的艰苦奋斗和顽强拼搏的精神，在大自然中摸索前行，艰难生存。中国幅员辽阔，东北的寒冷、南方的酷热、西北的苍凉，造就了祖先极强的适应能力和勤劳勇敢、坚韧不拔地改造自然的优秀品质。

长期以来，我国以农为本的经济模式铸就了勤劳勇敢的中国精神。中国历史上长期以自给自足的农业经济为主，农民循环往复着"日出而作，日落而息"的农耕生活，培养了中华民族吃苦耐劳的美德。农业经济也孕育了中国人民英勇果敢的精神。土地是中国人民赖以生存的家园，当遭遇外族侵略时，他们会毫不犹豫地奋起反抗，保护领土的完整，保卫安宁的生活家园。

中国人民勤劳勇敢的美德历史悠久。中国进入封建社会比四方早了近一千年，因此没有现成的经验可以学习，只能摸着石头过河，在未知的世界中不断探索。就像神农氏尝百草的传说一样，在恶劣的环境中，中国人民靠着不怕吃苦、不怕牺牲的精神，迈向文明。中华民族的文明，是勤劳勇敢的中国人民在劳动中探索和创造的。青铜时代的辉煌、万里长城的雄伟、京杭大运河的壮阔、兵马俑的奇迹、四大发明的贡献，都是中国人民勤劳勇敢和智慧的体现。

我国的地方文化也充分体现了中国人民勤劳勇敢的精神品质。例如，甘肃的梯田文化，彰显着坚韧不拔、勤勉耕耘的陇原精神。面对黄土高原的贫瘠与干旱，甘肃人民筑就了层层叠叠、蔚为壮观的梯田景观；面对陡峭山坡的挑战，他们秉承愚公之志，一锄一铲，将荒芜之地变为丰收之田。这些梯田不仅是自然的奇迹，更是甘肃人不畏艰辛、勤劳勇敢精神的生动写照。

山东省沂蒙山区人民的勤劳勇敢精神享誉全国，特别是在抗日战争时期，他们用勤劳、质朴、勇敢的坚毅品格，践行了对党和国家的忠诚和热爱。沂蒙六姐妹、沂蒙母亲王换于、沂蒙红嫂明德英、"花木兰女子小车队""爱国拥军模范好妈妈"胡玉萍等，诠释了沂蒙人民不怕困难、不怕牺牲、勤劳勇敢的优良传统；《沂蒙山小调》等地方民歌，传颂着沂蒙山人用勤劳勇敢写下的辉煌篇章。

安徽省滁州市的传统歌舞艺术秧歌灯，取材于农事生产，用舞蹈将生产生活中的历史文化加以提炼，再现了勤劳勇敢的农民在田间辛勤劳作的场景。上海人民的骄傲、元代纺织革新家黄道婆是中国勤劳、勇敢、聪明、善良的女性的杰出代表。年幼时她因家庭贫困被卖作童养媳，生活的磨难造就了她顽强不屈、勤劳勇敢的品格。她不堪忍受非人的折磨，只身逃到海南黎族地区，虚心向当地人学习纺织技术。后来她把学到的先进技术带回家乡，并进行了改良与创新，推动了上海棉纺织工业的发展，成为棉纺织家、技术改革家。黄道婆勤劳勇敢的故事激励了一代又一代中国人。

中华儿女勤劳勇敢的故事遍布祖国的大街小巷。在地方文化中，体现中华民族勤劳勇敢的传说、故事、人物、作品还有很多。挖掘地方文化中的优秀品质，对弘扬地方人文精神、增强凝聚力有着不可忽视的作用。①

五、传承地方文化中自强不息的精神

自强不息，体现在一个民族所具备的独立自主、奋发向上、不断进取的精神。自强不息是中华民族儿女的内在气质，是中国人民开拓进取、不断走向新辉煌的精神力量。

自强不息是中华民族生生不息的力量源泉。从古代圣贤到近代革命先烈，再到当代的先锋模范，自强不息的精神薪火相传，从未间断。"自强不息"一词，最早出自孔子为《周易》所作的《乾卦·象传》——"天行健，君子以自强不息"，意为宇宙运转不息，君子应效法天地，永远自立自强。这种精神激励着志向高远、品德高尚的人，以勤奋进取、积极向上的态度努力奋斗。东晋文学家、史学家干宝也曾阐释过圣贤之人勤奋好学、勤于政务、奋发自强的精神。南宋名臣、文学家李光则在《读易详说》中强调了自强不息的精神是推动历史前进的动力。

近代中国遭受帝国主义的侵略，中国人民发出"如耻之，莫如自强"的呼喊。梁启超在《少年中国说》中呼吁"少年强则国强"。林则徐在虎门禁烟时立下"若鸦片一日未绝，本大臣一日不回，誓与此事相始终，断无中止之理"的誓言，展现了中国人民摆脱压迫、自立自强的决心和信心。

新时代，党和政府高度重视传承和弘扬自强不息的民族精神。习近平总书记强调："一个民族之所以伟大，根本就在于在任何困难和风险面前都从来不放弃、不退缩、不止步，百折不挠为自己的前途命运而奋斗。"② 由此可见，自强不息的民族精神在新时代具有重要意义。

---

① 杨先梅:《地方特色文化在乡村振兴中的价值与提升路径探究——基于对青岛市农民的调研数据》,载《青岛农业大学学报》(社会科学版),2021年第3期,第92页。
② 习近平:《在全国抗击新冠肺炎疫情表彰大会上的讲话》,载《新华日报》,2020年9月9日,第3版。

当代教育者重视对自强不息精神的传承和发展。清华大学以"自强不息，厚德载物"为校训，塑造清华学子奋发图强、勇往直前的品格。厦门大学、东北大学、塔里木大学等多所高校也将自强不息作为校训或校风，寄托着对青年一代的厚望。

自强不息是中华民族的文化基因，地方文化中同样渗透着自强不息的元素。浙江文化就充满了自强不息、坚韧不拔的特性。从治水成功的大禹到"卧薪尝胆"的越王勾践，都体现了自强不息的"浙江魂"。[1] 在艰苦的战争年代，延安人民响应毛主席"自力更生，艰苦奋斗"的号召，开展"大生产运动"，体现了自强不息的精神。黑龙江的"北大荒精神"也是自强不息、勇于开拓的集中体现。

自强不息精神是中华民族的伟大品格，是中华民族赖以生存和发展的精神支撑，具有极高的当代价值。其一，它为培育新时代青年的奋斗精神提供了精神养料，有助于唤醒青年的历史自觉，激发他们立大志、担大任的使命感，形成正确的奋斗观。同时，也有利于破除"躺平"思想的消极影响，引导青年勇于奋斗，实现人生价值。其二，从文化角度看，自强不息是中华民族的精神理念，是中国人民进取精神的集中体现，有利于增强民族自豪感和认同感，为筑牢中华民族共同体意识系牢精神纽带。从历史角度来看，中华民族的历史就是一部自强不息的奋斗史，这种历史记忆对于凝聚力量、推动国家发展具有重要意义。[2]

第二节　传播地方文化，赓续中华文脉

中华文化是世界上唯一一个长期延续发展且从未间断的文化体系。

---

[1]　厉孝忠：《传承和弘扬地方文化的精神价值——评〈浙江地方文化研究〉》，载《宁波经济》（三江论坛），2022 年第 10 版，第 32 页。

[2]　赵潜：《中华民族发展史视域下自强不息精神的当代价值与传承路径》，载《贵州民族研究》，2023 年第 1 期，第 195 页。

中华文明历经几千年风雨洗礼，依然光辉灿烂。中华文明历史是中华民族的根之所系、脉之所维，我们要传承中华优秀传统文化，立民族文化之根、铸民族精神之魂，用文化之火照亮民族复兴之路。

中华优秀传统文化中，蕴含着中国人民独特的价值体系和道德理念，为中国特色社会主义思想提供了源源不断的思想源泉。这一文化体系镌刻着中华民族的基因，其中的思想观念如"天下为公""民为邦本""讲信修睦""亲仁善邻""自强不息""厚德载物"等，代代传承，且与时俱进、创新发展，与科学社会主义价值观高度契合。

在中华优秀传统文化中，历史文化名人闪耀着智慧的光芒，对当代人的行为规范产生了深远的影响。走进名人故居，追寻他们的成长足迹，缅怀他们的丰功伟绩，与他们进行心灵的对话，能够积蓄前行的力量。聆听历史文化名人的故事，激励后人感受他们锲而不舍的奋进精神、追求真理的卓越风范、谦虚谨慎的高尚品质，将底蕴深厚的文化精神更好地传承下去。

中华优秀传统文化中，还有璀璨夺目的文化遗产。万里长城、三星堆遗址、红色革命旧址……这些丰富的文化遗产镌刻着社会发展的时代轨迹。这些文化遗产如同一颗颗珍珠，串联起中华民族的历史图谱，见证着华夏文明的辉煌。保护和传承文化遗产，有利于增强民族自豪感。

赓续千年文脉，共襄千秋伟业。我们要深入挖掘悠久灿烂的地方文化，精准阐释地方历史文化的内涵和价值，为传承中华优秀传统文化贡献自己的力量。

一、深刻领会党的二十大关于"传承中华优秀传统文化"的重要精神

（一）坚持把马克思主义基本原理同中华优秀传统文化相结合

1. 马克思主义以开放的态度吸收借鉴人类文明的一切优秀成果

马克思主义并非凭空产生，它是在借鉴德国古典哲学、英国古典政治经济学和法国空想社会主义的基础上诞生的。马克思主义不是教条的，不同国家有着不同的文化和历史。只有将马克思主义与本国的实际紧密结合，才能发挥其指导作用。在中国，20世纪初，李大钊率先将马克思主义传入中国，并在中国一批先进分子的宣传下广泛传播。100多年来，马克思主义指导中国的实践，并随着中国的发展不断得到丰富和完善，实现了马克思主义中国化的一次次飞跃。

2. 马克思主义根植于中国历史文化沃土

马克思主义传入中国后，逐渐扎根中国大地，逐步完善和发展。马克思主义中国化经历了三次飞跃，实现了马克思主义与中华优秀传统文化的有机结合，焕发出新的生机与活力。例如，马克思主义群众观与"民为贵，君为轻""民惟邦本，本固邦宁"等中国民本思想相结合；在倡导家国情怀时，汲取了古人"天下兴亡，匹夫有责""位卑未敢忘忧国"的爱国主义情怀，赋予了马克思主义浓郁的中国气息，使中华优秀传统文化得以继承和进一步发展。

（二）传承中华优秀传统文化，增强文化自信

党的十八大以来，我国政府高度重视中华优秀传统文化的传承和发展。我们党从民族精神追求的深度、国家战略资源的高度，以及社会主义现代化进程的角度，来看待、继承和创新发展中华优秀传统文化。

习近平总书记的文化足迹遍布大江南北，积极推动地方文化建设。2020年5月，习近平总书记考察山西省大同市云冈石窟，了解石窟历史文化遗产保护情况，强调，要深入挖掘云冈石窟蕴含的各民族交往交流交融的历史内涵，增强中华民族共同体意识。[1] 2020年10月，习近平总书记考察广东省潮州市时指出，"潮州文化具有百年的地域特色，是岭南文化的重要组成部分，是中华文化的重要支脉""要保护好

---

[1] 何星亮：《增强中华民族共同体意识 实现中华民族伟大复兴》，载《光明日报》，2020年6月12日，第6版。

城市历史文化遗存，延续城市文脉"。①

2022 年 6 月，习近平总书记考察了四川省眉山市的三苏祠，详细了解当地的历史文化遗产保护情况，指出，三苏祠反映了中华文化的博大精深，是我们坚定文化自信的重要例证。2023 年 10 月 10 日至 13 日，总书记考察了江西省的长江国家文化公园、景德镇陶阳里历史文化街区、婺源县千年古村石门自然村，强调了推动新时代文化繁荣发展、保护和传承非物质文化遗产、保护自然生态的重要性。

此外，习近平总书记还考察了山东省孔府，湖南省岳麓书院，甘肃省敦煌莫高窟，福建省三坊七巷、朱熹园等地，反复强调要把中华优秀传统文化传承下去。总书记还为《福州古厝》作序，推动林则徐纪念馆和冰心故居等遗迹的保护，领导编制了鼓浪屿景区规划等诸多文件，为保护好古建筑、保护好文物、保护好名城作出了表率。②

习近平总书记对中华优秀传统文化的传承提出的一系列前瞻性理念，为传承发展中华优秀传统文化提供了根本遵循。

二、保护文化遗产，守住民族根脉

我国的传统文化历经世代赓续绵延，是我们的祖先留给我们的宝贵遗产，我们要守护这些遗产，守住民族根脉。

文化遗产包括物质文化遗产和非物质文化遗产。物质文化遗产是具有历史、艺术和科学价值的文物，如遗址、石窟、壁画、建筑、艺术品、文献以及历史文化名城等；非物质文化遗产则是各族人民世代相传的各种传统文化表现形式，以及与之相关的实物和场所，如民间文学、传统音乐、民间舞蹈、传统戏剧、曲艺、杂技与竞技、民间美术、传统手工技艺、传统医药、民俗等。

---

① 《习近平的文化足迹 | 工夫潮州：延续千年文脉 古今相得益彰》，https://www.moj.gov.cn/pub/sfbgw/gwxw/ttxw/202308/t20230814_484375.html。

② 福建省委宣传部：《坚定文化自信 传承中华文脉》，载《思想政治工作研究》，2021 年第 6 期，第 53—54 页。

文化遗产是地方文化传承和保护的重点内容。据统计，我国有可移动文物藏品108亿件，不可移动文物76.67万处，列入联合国教科文组织非物质文化遗产名录的项目有42个，申报世界遗产56项。① 这些文化遗产遍布祖国各地，是彰显地方特色和地方人文精神的重要依据。陕西的秦砖汉瓦，见证了这座六朝古都曾经的辉煌和鼎盛；三星堆遗址，书写了天府之国丰富的文化内涵；二里头遗址，带我们探寻华夏文明的渊源；宁夏回族山花儿，唱出了浑厚的民俗文化内涵；蒙古族马头琴音乐，反映了游牧民族的生活形态……文化遗产是我国悠久历史文化的见证，蕴含着中华民族的精神价值和文化意识。保护和利用好地方文化遗产，对增进民族团结、维护国家统一、增强民族凝聚力具有深远的意义。

三、挖掘特色资源，激发时代活力

地方特色文化资源因其多样性、传承性、独特性和亲和性，在育人、文旅融合、文化产业繁荣、文化城市建设、乡村振兴和地方经济发展等方面，彰显出不可忽视的价值。近年来，各地政府高度重视地方特色文化的挖掘，在传承和弘扬地方文化的过程中，注重文化的创新性发展，并将其融入当地发展建设中。

例如，广东省汕尾市政府充分挖掘汕尾市的红色文化、民俗文化、村落文化、乡贤文化和饮食文化，将地域特色和文化风情融入乡村建设中，在乡村振兴中发挥了重要价值。② 湖南省永州市江永县是少数民族聚居区，政府重视对当地少数民族传统文化（如传统节日"洗泥节""过庙节"等）的保护与开发，促进了民族团结，实现了文旅融合发展。③

---

① 钟华论：《赓续中华文脉，光耀复兴之路》，载《人民日报》，2022年1月26日，第6版。
② 孙明霞：《地方特色文化助力乡村振兴的路径研究——以汕尾市为例》，载《广东开放大学学报》，2021年第6期，第55页。
③ 陈珂欣：《江永县民族文化传承委员工作室：挖掘特色文化资源 推动文旅融合发展》，载《永州日报》，2022年12月26日，第2版。

山东省临沂市的沂蒙山区作为革命老区，被誉为"两战圣地、红色沂蒙"，是与井冈山、延安并列的三大老革命根据地。当地百姓曾与刘少奇、罗荣桓、陈毅、粟裕等革命家带领的人民子弟兵并肩作战，形成的"不怕苦、不怕死"的沂蒙精神感动了无数人。红色影视作品如《沂蒙山》《孟良崮战役》《沂蒙六姐妹》《红嫂》等，成为开展党史学习教育、弘扬沂蒙山精神、实现地方文化育人、发展红色旅游的重要载体。

自党的十八大以来，各地人民对文化的创造性转化和创新性发展，激发出文化的时代活力，使地方文化成为各城市的独特名片。以山东省潍坊市为例，这座被誉为"鸢都"的城市，是国际风筝会的固定举办地。潍坊风筝文化已有 2000 多年历史，每年举办的大型国际风筝节，不仅塑造了城市形象，提升了城市竞争力，还吸引了大量外部资源。在 2023 年 10 月举办的民俗表演中，绘有《山海经》"神兽"图案的风筝飞上天，将古代神话中的奇幻文化展现出来，起到了文化传播的作用。

黄河作为中华民族的母亲河，孕育了灿烂辉煌的中华文明，滋养了勤劳勇敢的中华民族。甘肃省兰州市以黄河母亲雕塑、黄河母亲文化广场为文化地标，展现了兰州市的人文、自然和旅游资源，提升了城市形象。此外，深圳市的"拓荒牛"雕塑、东莞市的"虎门销烟"纪念地、淄博市的烧烤文化、景德镇的陶瓷艺术等，这些特色文化名片为城市形象的塑造、城市精神的展示、城市建设的发展注入了新的活力。

四、完善制度体系，形成保障合力

地方文化是我国优秀传统文化的重要组成部分，其保护与传承是一项长期且系统的工程，需要建立长远的、长效的保障制度。因此，要做好地方文化的挖掘、传承与发展工作，就必须在制度体系建设上下功夫。

（一）保护地方非遗文化的意义

我国各地的非物质文化遗产是珍贵的文化资源，是全国各族人民共同创造华夏文明的见证。

1. 非物质文化遗产赋予我们文化自信和尊严

非遗文化的形成，经历了千百年岁月的洗礼和考验，它积淀着我们祖先的智慧，传递着代代华夏儿女的光辉思想，是我们宝贵的精神财富，也是我们文化认同和文化自信的源泉。

一方水土养一方人，一手传承展一地情。中华大地 56 个民族各自拥有不凡的技艺，从传统服饰、特色饮食、手工艺产品等方面，向世界展示了绚丽多姿的文化瑰宝。

例如，苗族、瑶族、蒙古族的服饰，都是我国的非遗服饰。这些服饰"穿"越千年依然焕发时代光彩。苗族服饰款式近 300 种，色彩绚丽，服饰上绘有象征着氏族的徽章，展现族群的图腾，再现苗族历史的符号，被誉为"穿在身上的史书"。瑶族服饰则用青蓝土布制作，花纹精美、色彩鲜明，在衣襟、袖口等开口处绣有精美的图案或花纹，使瑶族服饰既鲜明又舒适。瑶族服饰的起源有两种美丽的传说，一种是"龙犬的传说"，表现了对图腾的崇拜；另一种是对瑶族祖先的纪念（服饰背后的方形图案，相传是皇帝赐给常胜兵马金马的印章，印章可化解灾难，保佑子孙后代平安），体现了瑶族人民对大自然的热爱和对美好生活的向往。

我国地大物博，不仅有鲁菜、川菜、粤菜、苏菜等八大菜系，各地还有令人垂涎的特色美食，如四川的跷脚牛肉、钵钵鸡；山东的周村烧饼、龙口粉丝；天津的煎饼果子、狗不理包子；湖南的长沙臭豆腐、栖凤渡鱼粉……美食是生活中不可或缺的一部分，它承载着丰富的文化内涵和意义。

非遗文化充满了祖先的智慧，是中华民族的宝贵财富。然而，随着社会的发展，非遗文化受到了一定程度的冲击。因此，加强我国非物质文化遗产的保护刻不容缓。

2. 非物质文化遗产有利于增强民族凝聚力

非物质文化遗产是各族人民世代相承的文化表现形式，具有联结民族情感的重要价值。

例如，泼水节是傣族、阿昌族、布朗族等多个少数民族共同的传统节日。在喜庆热闹的民俗活动中，各族人民经历相似的情感体验，更容易在心灵相通的文化氛围中产生强大的向心力和凝聚力。

3. 非物质文化遗产带给人们文化意蕴和美感

不同民族、不同区域的非物质文化遗产为我们展现了一个神奇、独特、迷人的文化世界，它们带给我们底蕴深厚、厚重绵长的文化意蕴和自然灵动、巧夺天工的美感。

栩栩如生的张氏面塑、惟妙惟肖的张氏糖画、活灵活现的剪纸艺术、精美绝伦的手工木作，无一不为我们带来视觉的盛宴。拥有3000多年历史的古琴，音域宽广，音色深沉；始于秦朝的琵琶，清脆圆润，优美婉转；来自唐朝少数民族的二胡，时而深沉悲戚，时而挥洒流畅；还有古朴典雅、纯净飘逸的古筝，清脆明亮、悠扬动听的编钟，都为我们带来听觉的享受。

塔吉克族的鹰舞以俊健、纯朴、粗犷的舞姿著称；傣族的孔雀舞轻盈灵秀、婀娜优美；民间集体舞蹈扭秧歌则舞姿丰富，场面热烈……如果生活中没有这些丰富多彩的非遗文化，我们的世界将会变得多么单调乏味。

（二）我国非遗文化保护体系的不足

我国的非物质文化遗产丰富，类型多样，地域特色和民族特色鲜明。提升区域保护水平是推进文化传承的有效策略。各地在非遗文化保护和传承工作上取得了显著成绩，但保护工作和保障体系中仍存在一些问题。

1. 非物质文化遗产的行政保护存在不足

一方面，行政保护力度不足，政府对价值较高的非物质文化遗产缺乏保护意识和有效措施，导致这部分文化遗产无法实现充分传承和发展。另一方面，监督和评价机制尚不健全，导致非物质文化遗产保护出现问题时，改进措施难以迅速落实。

2. 非物质文化遗产保护的刑法有待完善

破坏非物质文化遗产是违法行为，但执法中对此类犯罪的打击力度不够，许多犯罪分子心存侥幸，顶风作案。同时，刑法保护的可操作性存在问题，非遗文化传承的多样性导致非物质文化遗产项目的侵权行为难以明确界定，给立案和审判带来困难。[1]

3. 非物质文化遗产知识产权保护有待加强

现有与非物质文化遗产相关的立法，对知识产权的保护范围主要集中在文学、美术、工艺等领域，对技艺秘方、表演艺术等价值较高的非物质文化遗产保护力度不足。知识产权的长效保护机制也不够健全，如在非遗商标保护、专利保护等方面有待完善。

4. 非物质文化遗产保护的地方立法缺乏针对性

《中华人民共和国非物质文化遗产法》是针对全国非物质文化遗产保护的法律。由于各地非物质文化遗产类型的不同，需要的管理方案也有差异，各地应根据地域情况，制定有针对性的保护方案。例如，乐山大佛受损的原因大多来自风化和流水侵蚀，敦煌莫高窟受损的原因主要是当地的风沙危害，应根据当地的自然条件和气候条件采取相应的保护措施。

（三）构建切实可行的非遗文化保护体系

1. 明确政府的保护职责

地方政府应提高保护意识，明确保护职责划分，制定合理的保护策略，并建立完善的监督机制和评价机制。

---

① 常慧：《非物质文化遗产的法律保护》，载《文化产业》，2023年第24期，第119页。

2. 加强司法保护

政府应完善非遗文化保护的法律法规，法院应充分意识到非遗文化保护的重要性，加大此类案件的审理力度，严厉打击破坏非物质文化遗产的行为。各地政府应根据本地非物质文化遗产的类型，因地制宜、有针对性地制定相关法律法规，确保保护政策能够落地生根、实用有效。

3. 培养非遗文化保护队伍

一方面，应加强对非遗文化保护专业法官的培养，确保对非遗违法行为进行公正审理和审判；另一方面，应加强对非物质文化遗产专业维修维护人才的培养，及时修复受损遗产。

4. 建立非物质文化遗产损失与补偿机制

对非物质文化遗产受损的评估应科学合理，委托专业评估机构进行评估，确保受损程度和补偿金额的认定准确合理。同时建立专门用于非物质文化遗产修复、保护的补偿基金，专款专用，确保资金使用公开透明，便于监督和管理。

第三节　依托地方文化，培育时代新人

地方文化作为中华文化的重要组成部分，凝结着民族精神与民族情感，承载着中华民族的文化血脉和思想精华，是当代精神谱系中不可或缺的一部分。

传承好地方文化有利于充分发挥文化育人的作用，能够潜移默化地培养青少年对家乡和祖国的热爱情感。青少年从小在地方传统文化的熏陶下成长，他们对地方文化有着天然的亲和力和亲切感，这种情感与空间的天然联系为培养青少年政治认同感和道德素养提供了宝贵资源。

将地方文化转化为教育教学案例，有利于将枯燥乏味的理论转化为生动活泼、可感可触的教育素材，更容易激发青少年的探究兴趣和对家乡的认同感。在全面把握和理解地方文化的基础上，进一步学习中华优秀传统文化，有利于培养文化自信。

一、地方文化的育人价值

地方文化以其深厚的文化内涵和强大的亲和力，深深地影响着一方百姓的生产生活，在维系乡土社会的运行和发展中发挥着独特的作用。在当今社会利益至上观念和多元思潮的影响下，人文精神的缺失已成为社会发展中的突出问题。当代年轻人中流行的功利主义、实用主义思想，导致了青年一代社会责任感和担当意识的欠缺。[①]

当前，我国正处于现代化进程的关键时期，也是实现中华民族伟大复兴的关键时刻。此时，国家亟须一批具备历史使命感，能够担大任、成大才的时代新人。因此，弘扬中华优秀传统文化，培养年轻一代"心系家国天下事，身负民族未来"的人文情怀，显得尤为重要且不可或缺。

（一）地方文化有利于提高人文素养

地方文化是一个地区独特的文化遗产和智慧结晶，它涵盖了该地区的民俗风情、历史传统、文学艺术等多个方面，是人文精神的重要载体。通过学习和传承地方文化，人们可以深入汲取其中蕴含的人文精神，培养良好的道德品质，规范自己的行为习惯，提升自身的人文素养。

1. 弘扬传统文化，践行社会主义核心价值观

习近平总书记强调，培育和弘扬社会主义核心价值观必须立足中华优秀传统文化。牢固的核心价值观，都有其固有的根本。抛弃传统、

---

① 张勇：《地方文化融入地方高校人文教育的价值解读》，载《教学研究》，2017 年第 6 期，第 60 页。

丢掉根本，就等于割断了自己的精神命脉。① 这深刻阐明了中华优秀传统文化是社会主义核心价值观的重要源泉。地方文化历史悠久、内涵厚重，反映了区域内祖先的处世哲学和生存智慧。其古籍文献、民风民俗、文学艺术、道德信仰等，都蕴含着人们对真善美的价值追求。特别是乡规村约，体现了一代代人对文明、和谐、公正、友善的美好社会的追求和向往，与社会主义核心价值观高度契合。

河北省乐亭县在利用地方文化涵养社会主义核心价值观方面的做法值得学习。乐亭县政府积极挖掘当地优秀的红色文化、历史文化、传统文化和道德文化，坚持用这些优秀的地域文化来涵养社会主义核心价值观。通过将本地优秀的地域文化融入城市公园（广场）的景观、建筑风格、标语标识、文化设施中，乐亭县成功推进了社会主义核心价值观的落地生根，涵养了人们的思想情感。在潜移默化中提升了人们的精神境界，凝聚起了崇德向善的精神力量，同时又用社会主义核心价值观提升了地域文化的价值。

2. 弘扬根亲文化，坚定文化自信

根亲文化是以根为缘而产生和发展的一种追索族源、血脉相继的文化现象，包含始祖文化、姓氏文化和民俗文化等丰富内容。它具有情感特征、地缘特征与和谐特征等显著特点，追求仁爱、统一、和谐，是一种血浓于水的亲情文化，体现了叶落归根的思想。

地方百姓在追寻根亲文化的过程中，对地方文化有了更深入的了解，心灵的根脉得以归属，增强了民众的文化认同感，提升了民族凝聚力，从而坚定了文化自信。例如，河南省商丘市作为众多姓氏的发源地，是炎黄子孙人文始祖之根、中国古城之根、名人名家之根，被誉为中国历史文化名城。人们在这独具特色的根亲文化资源中，获得了宝贵的精神力量。根亲文化激发了人们对家族、民族的自豪感和荣

---

① 《习近平谈文化强国建设：抛弃传统就等于割断精神命脉》，http://cpc.people.com.cn/xuexi/n1/2016/1128/c385476-28901100.html。

誉感。

3．弘扬名人文化，树立正确的"三观"

名人文化是以乡贤为核心的地方文化和民族精神的体现，是长期以来围绕着当地乡贤名人的思想、事迹、著作、遗迹等形成的一种具有影响力和号召力的榜样文化。它根植于本土，体现了积极的信仰、道德和价值追求，发挥着引领和规范作用。

名人文化展现了一个地区真实、立体的风貌，是地方文化的有机组成部分，同时也是团结大众的有效形式，还是地方文化软实力的具体体现。创新发展地方名人文化，让群众以身边优秀人物的理想信念、道德观念、价值理念为榜样，有利于增强群众的情感认同，提高群众的思想觉悟、文明素养和道德水准，引导群众树立正确的国家观、民族观、文化观，从而培养出担当民族复兴大任的时代新人。

4．弘扬优秀文化，促进文化传承

优秀文化遍布祖国的各个角落，每个地方都有自己独特的历史故事、历史人物、文物古迹、风土人情和文化习俗。然而，近年来，很多优秀的民间艺术、传统表演等地方文化因各种原因逐渐失传、被人们遗忘。因此，政府应开展文化普查、建立档案、实施保护计划，保护和弘扬地方优秀文化，让一方文化惠及一方百姓。

（二）地方文化蕴含着爱国主义教育元素

第一，地方文化是民族文化的重要组成部分，是民族历史和民族精神的结晶。通过对地方文化的深入了解和积极传承，我们可以增强对民族文化的认同感和自豪感，进一步激发对祖国的热爱之情。

第二，地方文化中蕴含着丰富的历史知识和英雄事迹。通过广泛宣传这些历史知识和英雄事迹，我们可以培养人们的爱国主义精神和民族精神，激励人们为祖国的繁荣富强而努力奋斗。

第三，地方文化中还有许多具有地域特色的艺术形式和丰富多彩的文化活动，如民间音乐、舞蹈、戏曲等。这些艺术形式和文化活动独具地方特色和民族风格，通过欣赏和参与这些活动，我们可以增强对祖国的情感认同和文化认同。

第四，地方文化中还蕴含着许多具有现实意义的价值观念和精神追求，如勤劳、勇敢、诚实、守信等。这些价值观念和精神追求不仅在历史上发挥了重要作用，而且在现代社会中依然具有重要的现实意义。通过弘扬这些价值观念和精神追求，我们可以引导人们树立正确的世界观、人生观和价值观，为实现中华民族伟大复兴的中国梦而努力奋斗。

（三）地方文化的美育价值

地方文化丰富多样、各具特色，蕴含着语言美、心灵美、艺术美等审美特质，是美育建设的活水之源。

1. 语言美，强化身份认同

以广东省潮汕地区儿歌童谣为例，我们可以深入感受地方文化中浓郁的地方特色和乡土气息。潮汕童谣对仗工整，语言简练、节奏明快、富有韵律感和童趣；语音修辞押韵自由、叠音巧用，展现出对仗工整的声律美。[①] 例如《月亮光光》："月亮光光，星仔辉煌。轻轻松松，飞过山冈。"又如《排排坐，食果果》："排排坐，食果果，你一个，我一个，妹妹睡了留一个。"再如《落雨大》："落雨大，水浸街，阿哥担柴上街卖。阿嫂出街着买菜。分工不同，各展所能。"这些优美的潮汕儿歌，口口相传，不仅是潮汕人对地域身份的认同，也是对潮汕文化、乡土文化和民族文化的认同。

此外，地方方言的独特性，以及地方谚语和俗语的哲理性，既体现了地方特色，又增添了语言的韵律美感。

2. 形象美，激发榜样力量

地方文化中的形象美，主要通过各种文化载体来呈现。无论是物

---

① 林朝虹:《论潮汕歌谣的声律美》,载《韩山师范学院学报》,2010 年第 1 期,第 21 页。

质的如建筑、雕塑、文物，还是非物质的如民俗、技艺、传说等，都以生动的形式展现出地方文化的特色和魅力，给人以美的享受。

在地方文化中，历史人物、革命先烈、英雄模范或民间传说中的人物形象，都为人们树立了榜样。他们的事迹和精神，能够激励人们积极向上、奋发向前。

3. 心灵美，塑造审美人格

心灵美是人的精神世界美，包括智慧才能的美、思想意识的美、道德情操的美、精神意志的美。它集中体现了社会文明对人的要求，是行为美、语言美、仪表美的内在依据，是真善美的统一，也是审美的精髓所在。

地方文化中的心灵美，常通过文化艺术的形式来表现。例如，彝族服饰上栩栩如生的花鸟鱼虫，让人联想到心灵手巧、聪明睿智的彝族姑娘；五彩缤纷的彝族服饰，给人带来心情的愉悦。地方民谣、舞蹈、戏曲，以其独特的旋律、节奏和表演方式，给人以美的享受和精神的滋养。

4. 意境美，提升审美直觉

地方文化中的意境美，是指通过独特的艺术形式和表现手法呈现出的深远、幽雅的审美境界。这种境界能够触动人的内心深处，引发人的情感共鸣和思考，使人在欣赏的过程中获得一种难以言喻的美感体验。

陕西民歌高亢激昂的曲调、强烈的叙事性、丰富的情感表达，仿佛让听众感受到高原的辽阔、大地的厚重，以及人们在这片土地上的奋斗和追求。四川井研农民画，色彩明快艳丽、构图饱满匀称、线条流畅简练，无论是以自然风光还是人物形象，抑或是生产生活为主题，都充满乡土气息和民间特色，表现出一种和谐、自然、优美的意境。

二、发挥地方文化育人价值的举措

地方文化具有鲜明的地域特色，代表着地方历史的发展脉络，并蕴含着丰富的精神内涵。然而，当代部分年轻人由于受到外来思想的影响，对本国文化和地方文化的重视度及认知度有所欠缺。文化关乎国本、国运，为了实现国家的长治久安和社会的长期稳定，我们需要利用好地方文化与地方人民之间的精神联系，推进文化育人的工作。

（一）政府开展地方文化育人活动的举措

1. 组织文化活动

政府和社会各界定期举办大型文化活动，是实现文化育人目标的有效手段。这些大型文化活动往往受到社会各界的广泛关注，政府部门需要投入大量的人力、物力，精心策划，确保活动能展现出地方特色文化的高水平。因此，在中华民族传统节日期间，政府举办地方戏剧表演、民间艺术展示、传统民俗活动、历史文化讲座等，不仅能为群众提供丰富的文化体验，营造浓厚的社会文化氛围，还是传承民族优秀文化的重要途径。

2. 建立地方文化实践基地

地方文化实践基地有助于将知识与实践相结合，使群众在亲身体验中深入了解地方文化，提高文化素养和综合素质，感受地方文化的独特魅力。通过参观历史文化遗址、博物馆、传统村落等文化场馆，人们可以领略到地方文化的深厚底蕴；而传统技艺和民间艺术实践基地则能培养人的创新精神和实践能力。例如，四川省乐山市的郭沫若故居，作为四川省青少年革命传统教育基地和爱国主义教育基地，为青少年提供了研学参观的机会，有助于引导青少年弘扬爱国主义精神，坚定理想信念和文化自信。四川省夹江县的造纸研学基地、峨眉山市的扎染非遗研学基地等，让参观者在实践中感受传统技艺的魅力，从而促进地方文化的传承与发展。

3. 开展文化交流活动

政府和其他社会组织举办地方文化节、艺术展览、博览会等文化交流活动，邀请其他地区相关人员参与，促进不同地区之间的文化交流，形成开放、包容的文化繁荣局面，有利于文化的传播与创新发展。

4. 利用现代技术手段进行文化宣传推广

在数字时代，文化传播与推广呈现出多媒体化、个性化、社群化、互动性、实时性等特点。大数据技术能够精准分析用户喜好，优化文化传播的方式和内容；虚拟现实与增强现实技术为文化传播提供了全新的展示平台和体验方式，提高了文化传播的效果和质量。因此，政府可以利用网络平台，如微信公众号、短视频平台等，宣传和推广地方文化，让更多的人了解和认识地方文化，增强地方文化的社会影响力。

（二）学校开展地方文化育人活动的举措

1. 开展地方文化课程

学校应将地方文化融入学校课程资源，开发校本课程和课外阅读读物，旨在让学生深入了解当地的历史、传统和风俗，从而培养学生热爱家乡的情感，并增强他们的文化自信心。

2. 加强教师培训

学校应组织教师进行地方文化教育的培训和学术交流，以提升教师的专业素养和教学能力，使他们能更好地引导学生学习和传承地方文化。

3. 在校园文化建设中融入地方文化元素

学校应将地方文化融入校园环境布置、文化墙建设、校园道路命名和校园活动中，让学生时刻感受到地方文化的存在，从而增强对地方文化的认同感。

4. 加强地方文化研究

学校应鼓励和支持对地方文化的研究，深入挖掘地方文化的深层内涵和价值，为地方文化的传承和发展提供理论支持和实践指导。同时，建立地方文化教育资源库，收集、整理地方文化资源，为教师和学生提供丰富的教学和学习资源。

5. 建立地方文化教育评价体系

学校应将地方文化教育纳入学校教育评价体系中，以激励学生更加积极地学习和传承地方文化。

（三）家庭开展地方文化育人活动的举措

1. 提高文化意识与自觉

家长应树立"家庭是最好的学校，家长是最好的老师"的教育理念，了解文化的重要性和育人价值，提高对地方文化的认知度。在家庭教育中，应积极培养孩子热爱祖国、热爱家乡的情感。

2. 参与地方文化研学活动

家长可以利用周末或节假日，带领孩子开展亲子研学游或组织家庭成员参观当地的传统村落、历史遗址等。共同体验地方文化的独特魅力，加深对地方文化的认识和理解。让当地优秀人物的品格引导孩子形成正确的人生观和世界观，用地方文化中的生态观培养学生的环保意识，以传统工艺的美提升孩子的审美水平。

3. 组织阅读与讨论

家长应该选择一些关于地方文化的图书、文章或纪录片，与孩子一起阅读或观看。随后展开讨论，分享各自的看法和感受。在讨论与交流中，了解孩子对事物的看法与见解，培养孩子从传统与现代、理解与包容、传承与发展等多角度看待问题的能力，提升孩子的文化素养和道德品质。

4. 创造文化氛围

家长可以在家中添加地方文化的元素，如悬挂传统装饰品、摆放民间艺术品等，营造一个富有地方特色的家庭氛围。在节庆日，鼓励孩子制作具有地方文化元素的手工作品，送给亲朋好友，让地方文化得以代代相传。

第四节　挖掘地方文化，繁荣文化产业

地方文化是文化产业可持续发展的基础，也是文化产业创新发展的根本动力。

挖掘地方文化，繁荣文化产业，需要人才培养和资源整合齐头并进。一方面，文化产业的发展离不开人才的支撑。我们要根据文化产业数字化发展的现状，积极培养专业技术人才，以推进数字文化产业的发展，让文化产业取得更大的成就；另一方面，专业的文化人才能够深度挖掘地方文化中的文化遗产、特色文化、历史名人等资源，为文化产业的繁荣提供源源不断的创作源泉。

地方文化的传承与文化产业的发展相辅相成。地方文化的开发有利于文化产业的发展，而文化产业的发展也必将促进地方文化的传承，从而实现地方文化与文化产业的互利共赢。

一、文化产业的数字化发展趋势

2022年8月，中共中央办公厅、国务院办公厅印发的《"十四五"文化发展规划》明确提出："加快文化产业数字化布局"和"推动文化产业高质量发展"。数字化是文化产业转型升级的内在要求，是推动文化产业国际竞争优势的关键力量，是满足人民美好生活需要的重要途径，也是打造文化强国、实现文化产业高质量发展的"必选项"。[1]

文化产业数字化能最大限度地发挥文化的价值。一方面，数字化建设能催生新业态，提升文化产业效率。随着数字化技术的发展，新型文化业态如数字音乐、网络视频、网络文学、网络直播等应运而生，不仅丰富了文化产品的内容和形式，还拓展了文化产业的边界和发展空间。同时，数字化技术加速了数字平台建设，通过收集和处理海量的数字信息，尤其是将文化创意和文化服务信息转化为数字化文创产

---

① 赵伟：《文化产业数字化发展趋势及路径探析》，载《人民论坛》，2022年第19期，第107页。

品，吸引了更多受众的关注。此外，利用大数据、人工智能等数字技术建设的"云管理"和服务平台，提升了文化产业运营管理和技术服务的效率。

另一方面，数字化技术能够开拓新市场，提升附加值。数字技术拓展了消费市场，网络剧、网络文学等内容依托数字技术产生，深受文化消费者喜爱，释放出巨大的消费潜力。同时，数字技术活跃了文化产业，推动文化内容向场景式、体验式方向发展。高端可穿戴设备、智能互动服务平台等产品的出现，为高质量的文化内容提供了强大的驱动力。

数字化是未来文化产业的发展趋势。其一，社会和群众对"个性化"数字文化需求的日益增长，推动了文化产业的数字化发展。在数字技术飞速发展的背景下，文化产品的设计者能够精准把握消费者的文化需求，实现数字文化内容的精准化、个性化推送，满足受众的文化需求，使文化产业数字化发展成为必然。其二，文化数据资源作为文化产业的关键元素，其重要性日益凸显。数据资源为文化产品的开发和创新提供了重要依据，能有效提高文化产业的效益，实现经济与文化产业的深度融合。其三，随着数据资源重要性的提升，它将朝着市场化、资源化方向发展，在数字文化产业中发挥决定性作用。其四，在"数字文化+"的产业背景下，数字文化产业与工业、艺术、体育等多个业态深度融合发展，打造出具有时代性和创新性的文化产品，推动各类产业高质量发展。

二、文化产业人才培养

人才是文化产业发展的保障。随着社会的发展，我国文化产业正迈向高质量发展的阶段，高质量人才成为文化产业高质量发展的核心驱动力。随着大数据、人工智能等信息技术在文化领域的广泛应用以及我国数字化战略的深入推进，数字技术人才的培养成为文化产业繁荣的关键。

文化强国战略的提出，极大地促进了文化产业的蓬勃发展。然而，当前文化产业仍面临产业结构亟待优化、创新驱动亟须增强、国际竞争力亟须提高等问题。这些问题的解决有赖于高质量文化产业人才的培养。这些人才不仅应具备深厚的文化素养，还需掌握先进的数字技术和创新能力，以推动文化产业向更高层次发展。

（一）文化产业专业人才培养

1. 文化产业专业人才培养现存问题

（1）文化产业发展与专业人才的培养目标不同步。文化产业与数字技术的深度融合，对数字化人才和设计人才提出了更高的要求。理论上，数字化人才和设计人才的培养目标应该与文化产业的发展趋势保持一致。但是在实际中，高校的专业人才培养明显滞后于产业的发展速度。为了应对这一挑战，只有及时调整人才培养目标，促进人才培养与产业发展的同步融合，才能在平衡中稳步前进。

（2）文化产业专业人才培养体系尚不成熟。文化行业和文化产业的发展目标主要有两个：一是满足人民日益增长的精神文化生活需求，二是提升我国的文化软实力，建设文化强国。要实现这两个目标，就需要大量高水平的数字技术高端人才、数字平台研发人才以及数字产业创新人才。然而，现阶段培养的数字化人才和设计人才，在质量和数量上都无法满足文化产业的需求。

因此，当前迫切需要建立科学规范的人才培养体系，以确保能够培养出足够数量和质量的人才，为文化产业的发展保驾护航。[1]

2. 文化产业专业人才培养策略

我国文化产业近年来发展迅猛，为文化产业专业人才的培养提供了广阔的机遇。探索新形势下的人才培养策略，对于加快供给侧的转型升级，实现人才培养与产业发展的供需平衡具有重要意义。

---

[1]　梁存收、罗仕鉴、郑莉珍、吕中意：《支持文化产业数字化发展的设计人才培养策略》，载《艺术教育》，2022年第10期，第180页。

（1）树立产教融合发展的育人理念。2017年12月，国务院印发的《关于深化产教融合的若干意见》明确指出，产教融合不仅适用于应用型高校，也适用于研究性大学。[①] 当前，产教融合创新发展在企业和高校中都有所推进，但双方合作尚不够深入，互动不够频繁，成果不显著。在文化产业中，同样存在企业需求与教育供给不匹配的现象。因此，必须重新构建产教融合育人理念，完善校企合作育人体系建设，深化产教融合，协同育人，以满足文化产业对高质量人才的需求。

（2）构筑多元育人路径。随着我国"六卓越一拔尖计划"的启动，新工科、新农科、新医学、新文科建设全面推进，高等教育开始尝试打破学科壁垒，进行学科交叉融合教育改革。文化产业作为一个多专业交叉的学科，涵盖了信息技术、新闻传播、艺术学理论、设计学、语言文学、管理学、音乐与舞蹈、戏剧与影视学等多个专业。因此，必须采用交互、跨界、融合的多元路径，才能培养适应新时代文化产业发展的人才。这包括校企合作建立创业孵化园、工业设计中心等人才基地，以及文化产业企业、基地、平台与高校开展合作育人等多种形式。

（3）构建文化科技双轨育人模式。在信息时代，文化产业集成了云计算、物联网、区块链、大数据、人工智能等新一代数字化技术。因此，需要信息技术与文化创意并重，才能推动文化产业高质量发展。高等学校在文化科技双轨育人方面，一方面，要提升大学生的专业素养，使其牢固掌握计算机、电子工程、设计学等核心技术；另一方面，要拓展新闻传播学、艺术学、语言文学等方面的知识，同时增强实践能力。开展专业竞赛、社会服务、专业科研、社会实践等活动，将理论与实践相结合，知识与能力相贯通，从而提质培优，培养适应新时代需求的文化产业专业人才。

---

① 范周：《推动"十四五"文化产业新发展》，载《红旗文稿》，2020年第21期，第33页。

（二）文化产业创新人才培养

文化产业的发展，离不开高端创新创意人才的支撑。文化产业的竞争，本质上是人才的竞争。创新型人才能够创造出新颖、优秀的文化产品，提升企业的市场竞争力，占据更多的市场份额。同时，高质量的文化创意产品有助于传播中国故事，塑造中国形象，提高我国的文化软实力和国际影响力。

1. 文化产业创新人才培养现存问题

（1）实践课程不够系统深入。文化产业是实践性和应用型很强的行业，但目前高校的文化产业教学课程理论课较多，授课形式以教师讲解为主，教学形式单一；教学实践课程较少，学生深入企业的机会更少，教学与行业发展存在脱节。学生因缺乏系统的实践过程，实际操作能力较差，发现问题、解决问题的能力明显不足。

高校的竞赛主要包括"互联网+""挑战杯""建模大赛"等，每个专业的学生都可以参加，文化产业对口的竞赛较少，学生受到的设计、创意、策划等方面的训练不足，阻碍了创新创意成果的产出和转化。

（2）校企协同培养资源不足。高校的教师队伍建设多偏重于专业理论教师的引进，忽视了教学实践教师队伍的建设，缺乏具有实践指导经验的企业导师，导致学生掌握不到足够的企业实践技能，影响其创新能力的培养。

（3）对创新人才的考核评价机制不完善。文化创意的表现性具有多样性，难以量化评价，如文化理念的创新、文化技艺的改进、文化产品设计的改良等，都具有较强的主观性，如何界定因人而异。对学生实训过程的评价和考核体系不完善，影响了学生创新意识和创新能力的培养。

2. 文化产业创新人才培养策略

（1）以需求为导向，确定培养目标。文化产业人才的培养目标应以创新能力为核心，同时兼顾专业能力的深化、知识面的广泛拓展、综合素养的全面提升，以及激发创新意识和开拓精神。例如：知识层面，应涵盖扎实的专业知识、前沿的学科动态、跨学科融合的广泛知识；技能层面，需强化专业能力、创新能力与团队协作能力；情感与态度层面，需培养学生吃苦耐劳的精神、攻坚克难的勇气和持续学习的热情。

（2）以提高素质为关键，丰富教学内容和形式。课程学习应全面覆盖理论课程、技术应用、创新能力培养等多个维度，结合各种形式的讲座报告，以拓宽学生的视野和知识面。教学形式上我们应采用启发式、探索式的教学方法，鼓励学生主动思考与实践。增加实践课程的比重，为学生提供实训、实习机会，锤炼学生的实际操作能力和解决问题能力。

（3）以提升能力为根本，建立协同培养模式。高校应聘请文化产业资深专家参与高校的科研、教学和人才培养，以"师徒制"形式对学生进行实践指导。同时，邀请文化行业、研究机构的专业人员开展专题讲座和现场互动，答疑解惑，传授一线的工作经验，提高学生的学习能力。再组建创新团队，通过项目和竞赛，培养学生的创新思维和实践能力。[1]

（三）文化产业管理人才培养

随着数字技术的不断进步、互联网的广泛普及和移动终端的普遍使用，文化产业日益繁荣。文化产业涵盖了电影、游戏、动漫、数字创意、文化旅游、网络直播等众多领域，几乎触及了数以亿计的网民。随着文化产业的快速发展，企业对管理人才的需求倍增。然而，目前高校所培养的文化产业专业管理人才在数量和质量上均难以满足企业的实际需求。

---

[1] 袁丹、张陈梦悦、赫贝妮：《文化产业创新创业人才培养模式研究》，载《浙江工商职业技术学院学报》，2023 年第 3 期，第 4 页。

1. 文化产业管理人才培养现存问题

（1）课程设置缺乏实践。高校课程设置高度专业化，缺乏学科交叉融合。自 2004 年国内高校开设文化产业管理专业以来，主要开设公共管理、编导、新闻传播和主持等专业，侧重于管理学和艺术学，在学习内容上较少涉及大数据、互联网等前沿知识，导致学生数据创新能力不足。此外，高校课程设置以理论学习为主，缺乏实践环节。教学内容和形式多以理论知识灌输为主，考核也主要依赖于作品和试卷，导致学生进入企业后所学专业与岗位需求不匹配。

（2）培养模式缺乏合作机制。企业参与高校的人才培养是实现理论与实践相结合、学习与工作无缝衔接的有效方式。然而，企业由于以营利为目的，投入较大的财力物力进行校企合作时，会权衡投资能否为企业留住人才、是否能获得回报、是否有利于企业营利和发展等问题。这一系列不确定因素导致企业与高校合作的动力不足。

（3）教育观念陈旧落后。文化产业需要具备专业性强、创新能力突出、知识面广泛、实操能力强、思想先进的新型高素质人才。当前高校培养的文化产业管理人才虽然知识面广泛，但在各个领域都不够精通，出现了"广而不精""博而不专""眼高手低"等现象，无法满足现代文化产业对人才的需求。

2. 文化产业管理人才培养策略

（1）优化课程体系建设，强化实践锻炼。在教学课程设置方面，坚持专业知识、能力培养、职业道德、心理品质有机结合的原则，以促进人才的全面发展。课程中应强化数据检索、大数据分析等内容，以适应当前文化产业数字化发展的趋势。

在师资配备方面，应鼓励高校教师走进企业，以开阔视野，参加行业交流、学术研讨，以提升其理论水平，从而全面提高教师队伍的整体素质。同时，邀请企业管理者和技术人才参与课程设置和教学指导，以实现课堂理论与社会实践的有机结合。

（2）加强校企合作，形成长效合作机制。高校应从招生阶段就做好企业、学校、学生三方的调研工作，深入了解学生的就业需求、学校的培养模式以及企业的招聘需求，力求实现培养目标与培养结果的统一。同时，企业应积极参与到培养目标的制定、教育内容的设置、教学过程和实践环节的指导中，确保学生所学与企业所需高度契合，从而实现校企合作的有效性和长期性。

（3）更新教育观念，加强产学研一体化建设。高校应充分调研文化产业的管理模式、企业文化、人才需求以及发展趋势等信息，并根据企业需求调整培养方向、培养目标和课程设置，以实现企业、学校、学生三方需求的统一。此外，企业与学校应联合为学生打造实习基地，加强产学研一体化建设，共同培养出符合文化产业需求的高素质人才。

三、挖掘地方文化资源，促进文化产业繁荣发展

（一）地方历史名人助力文化产业发展

历史名人的概念包含广义和狭义两个方面。广义上，历史名人指那些被历史记载或大众所熟知的历史人物；狭义上，历史名人则特指那些对社会产生积极影响的历史人物。

历史名人文化产业，是"由来已久，建立在公众普遍文化记忆之上的文化经济活动，是为社会公众提供历史名人相关文化产品和服务，以及相关生产活动的集合"①。

在利用地方历史名人助力文化产业发展的过程中，我们主张选择狭义的历史名人。这样的选择不仅能传承和弘扬积极向上的历史文化，还能有效促进文化产业的发展。

1. 地方历史名人在文化产业中的价值

（1）积极的社会效益。地方历史名人的作品、精神、事迹符合社会主义核心价值观，对中华优秀传统文化的传承、民族精神的凝聚、

---

① 张辉辉：《历史名人文化产业创新发展路径研究——以杜甫为例》，载《乐山师范学院学报》，2022年第10期，第55—56页。

崇高精神和品格的弘扬具有积极意义。历史名人流芳百世,他们以突出的学术水平、先进的思想观念、高尚的人格魅力、伟大的事业成就,为社会发展作出了卓越的贡献,他们是主流文化筛选出的代表,对提高全民族的思想道德水平具有重要意义。

(2)良好的经济效益。地方历史名人是一笔宝贵的文化财富。对历史名人资源进行合理开发,能给当地带来旅游、体育或娱乐产业的发展,产生较大的经济效益。全国各地的名人故居旅游景点,如郭沫若故居、孙中山故居、孔林孔府孔庙等,为弘扬当地名人文化、促进经济发展起到了很好的推动作用。很多旅游景点,因名人题字或曾经的到访,吸引了大批游客,如"淡妆浓抹总相宜"的杭州西湖、"武松打虎"的景阳冈、"虎门销烟"的东莞等,因名人而兴,因历史而名,带动了地方文旅产业的发展。由此可见,地方历史名人对推动地方经济发展具有重要意义。

(3)促进文化交流。闻名全国或享誉世界的历史名人,始终充满旺盛的文化活力,在国际文化研讨、对外文化交流或多层级文明对话中发挥了积极作用。例如,四川省推出的系列地方历史名人专著,《大禹传》《李冰传》《扬雄传》《诸葛亮:智慧的化身》《杜甫:忧国忧民的诗圣》《苏轼:千古豪放第一人》等,不仅具有深厚的学术价值,还为弘扬地方文化作出了重要贡献。围绕这些文化名人举办的高水平理论研讨活动,如"东亚汉文化圈中的苏轼研究学术论坛",加强了历史名人文化的对外交流,提升了我国的国际影响力。

2. 文化产业中历史名人文化资源的开发与利用

(1)深化体制改革,多部门联动推动文旅融合发展。在历史名人文化助力文化产业发展的过程中,需要政府、文化事业单位、科研机构、企业等多方联动,共同为文化产业赋能,以有效促进文化产业的发展。政府应把握发展方向,制定产业相关的政策和法规,协调各部门之间的关系,做好宏观调控;各文旅单位、宣传部门应分工明确,通力合作;科研机构应深入挖掘研究地方文化,注重历史文化的创新,同时将其成果转化为优秀作品；企业应把握市场方向，开拓文化旅游及商贸等相关产业，充分发挥名人资源的品牌价值和能量。通过多方联动，共同打造符合时代需求的优质文化产品。

（2）用好历史名人 IP，打造文化大产业。每个省市都拥有若干历史名人资源。地方政府应充分挖掘这些资源，策划文化产业项目，打造多样化的文化产品。通过整合文化创意、文化科技、动漫游戏、艺术演艺、研学、文化旅游等多个领域，形成"组合拳"，推动历史名人文化产业实现大繁荣、大发展。例如，在游戏产业中融入当地历史名人文化元素，打造具有历史名人特色的品牌游戏；利用短视频、直播等新媒体技术给予地方历史名人更多展示空间，定期推出历史人物动漫作品或影视作品，以此打造文化强省或文化强市。

（二）地方风土民俗助力文化产业发展

地方风土民俗涉及一个地区民众在长期的生产实践和社会生活中逐渐形成的共同遵守的行为模式或规范，以及世代相传、较为稳定的文化事项，涵盖了该地区的习俗、礼节、习惯等。

"十里不同风，百里不同俗"，地方风土民俗具有显著的地域特色，一定程度上反映了某个区域历史和文化的精髓。深入研究和挖掘各地的风土民俗，不仅有利于传承和弘扬中华优秀传统文化，还能有效推动文化产业的发展。

1. 地方风土民俗在文化产业中的价值

（1）民生价值。地方风土民俗与民生紧密相连，它是当地民众生产生活、休闲娱乐、节庆活动、信仰崇拜的直观体现。民俗文化贴近民众生活，反映了民众的精神面貌。当民众安居乐业，物质生活和精神生活富足时，民俗文化也会相应地繁荣兴盛。发展民俗文化产业，不仅体现了以人民为中心的发展理念，还是增强当地民众凝聚力的有效途径。民俗文化的传承和弘扬，有助于加强民众的地域认同。共同的生活习惯、娱乐方式和婚丧嫁娶习俗，形成了独特的地域文化，将一方百姓紧密联系在一起。

（2）经济价值。民俗文化具有巨大的经济价值，能够激发文化创造潜能。我国地域辽阔，民俗文化丰富多样，包括饮食、礼仪、信仰、服饰、艺术等各方面。传承这些文化，并在文化的交流和碰撞中不断创新，将使地方文化产生巨大的吸引力，进而带动文化产业的发展，促进经济增长。民俗文化产业化还有利于增强国家的软实力和综合国力，如通过发展文化产业对外传播我国各地的风土民俗故事，让传统民俗的狂欢盛况惊艳世界，让传统技艺走向世界，展现中华文化的精彩，有助于中华文化的传播和文化强国建设。

（3）传承与创新价值。民俗文化是传统文化的精神内核，是各族、各地区人民的精神家园。它拥有广泛的群众基础，更具亲和力。在新时代，以社会主义核心价值观为引领发展民俗文化，弘扬其中奋发向上、合作包容、敬畏自然、勤劳坚韧等积极意义，有助于提高精神文明高度，增强民众的精神富足感和幸福感。同时，民俗文化具有引领行为范式和道德规范的作用，能够帮助民众形成正确的世界观、人生观和价值观。

2. 文化产业中风土民俗资源的开发与利用

（1）开发风土民俗资源，促进文化服务行业发展。根据民俗资源的特点，开发音乐舞蹈演出、体育项目、娱乐活动，以满足现代休闲旅游的需求。例如，彝族"阿惹妞"风情实景剧受到观众的热烈欢迎，成为大凉山地区的文化名片；徽州借助"黄山"旅游品牌，发展了民俗体育，举办了"黄山国际登山节""国际传统武术节""黄山国际山地车节"等体育活动，进一步提升了徽州文化的内涵和魅力。此外，依托民俗文化资源，修建民俗博物馆，开展民俗节日体验活动，打造系列民俗景点等，都为文化服务行业市场注入了新的活力。

（2）利用风土民俗资源，丰富文化产品行业的内容。民俗文化是地域的独特标识，是文化产品行业不可或缺的内容资源，通过挖掘民俗特色，我们可以丰富图书、报刊、影视剧、视频短片等文化产品。

在新媒体时代，利用抖音、快手等新媒体平台开展直播带货，不仅促进了民俗产品的销售，还推动了民俗文化产业的高质量发展。拍摄并推出高质量的民俗文化影视作品，如《开场前的猴戏》《百鸟朝凤》《花腰新娘》《可可西里》等，是宣传民俗文化、展现其独特魅力的有效途径。这些作品不仅让国内观众深刻感受到民俗文化的深厚底蕴，更通过国际传播，使全球观众能够深入了解并欣赏到中国丰富多彩的民俗文化，从而有效提升了文化产品行业的国际吸引力和文化影响力。

（3）挖掘风土民俗资源，拓宽文化产业的发展路径。民俗文化孕育出具有地方特色、独具魅力的艺术资源，在城市品牌形象设计、文创产品设计、平面设计等方面具有独特的价值。例如，新年民俗主题装饰图画、民俗手工艺品、文创产品设计等，成为文化产业繁荣发展的新生力量，受到世界各国人民的喜爱。这些资源的挖掘和利用，为文化产业的发展提供了更广阔的路径。

（三）地方文化艺术助力文化产业发展

民歌、戏曲、音乐、舞蹈、剪纸、面塑、乐器等地方文化艺术，以人们喜闻乐见的艺术形式和特有的趣味性，历经几千年而不衰，长期焕发着蓬勃的生机与活力。文化艺术具有再生性，它能够与现代元素相结合，催生符合时代需求的作品，实现文化的创造性转化和创新性发展，对文化产业的发展产生重要影响。

例如，渔歌艺术是源远流长的地方特色文化艺术，描绘了充满诗情画意的渔民生活。粤东、粤西的渔歌都已入选非物质文化遗产，广东省政府将两地渔歌与文化产业融合，打造了具有地方特色的渔歌文化产品和文化活动，产生了良好的经济效应和社会效应，拓宽了产业融资渠道，推动了民族艺术和文化产业的共同发展。

四川省成都市在2023年举办的第八届国际非物质文化遗产节，充分展示了中国传统器乐的魅力。古琴、琵琶、壮族天琴、箫、羌笛等非遗乐器令人目不暇接，为传统器乐、数字音乐等文化产业的高质量发展注入了新动力。

另外，山西民歌、少数民族地区的民间舞蹈等，也都为文化产业的发展带来了生机与活力。这些地方文化艺术不仅丰富了文化产业的内容，还促进了文化产业的创新和发展。

（四）地方历史文物助力文化产业发展

历史文物是历史文化的遗存，包括文物保护单位和散存文物两大体系。文物保护单位，主要是指革命遗址、革命纪念建筑物、古代墓葬、古代遗址、古建筑、石窟、石刻等不可移动的文物；而散存文物，则是指可以移动的文物，包括石器、玉器、金属器、织绣、玺印、书画、文献等古代文物，1840 年以来的革命遗物，以及古代、近代和现代由外国传入中国的文物等。

文物是我国祖先智慧、劳动的结晶，是我国悠久历史和灿烂文化的见证，因其重要的历史、艺术和科学价值而被保护和传承。每一件文物都代表着一个鲜活的故事、一段历史的记忆。因此，我们不仅要"让文物活下去"，保护文化；还要"让文物活起来"，利用文物传播文化。近年来，各地博物馆纷纷挖掘自身潜藏的文化宝藏，通过开发数字 IP、制作小程序与应用软件、开发文创产品等新颖的方式，吸引了众多游客；历史文化景区开展研学旅行、体验旅游等活动，都是发挥地方历史文物价值、促进产业发展的成功案例。

第五节　植根地方文化，赋能乡村振兴

乡村振兴是我国发展的重要战略之一，涉及促进农村经济的蓬勃发展、生态环境的持续改善以及社会文化的全面繁荣。在乡村振兴的过程中，地方文化作为重要的资源，在乡村环境建设、精神引领、产业带动等方面发挥着不可替代的作用。

一、地方文化在乡村振兴中的作用

（一）有利于提升乡村环境品质

1. 利用地方文化，优化乡村环境设计

地方文化中蕴含着丰富的历史、民俗、艺术等元素，这些元素可以为乡村环境增添独特的魅力。在乡村道路、广场、公园等公共空间的设计中，可以巧妙地融入当地的历史建筑、传统工艺、民俗活动等元素，从而打造出具有鲜明地方特色的乡村环境。

2. 挖掘地方文化，促进乡村生态保护意识

地方文化中往往包含着生态保护的智慧与理念。挖掘和传承这些传统文化，有助于引导村民树立生态环保意识，共同保护乡村生态环境，实现生态振兴。在现代乡村环境设计中，倡导使用生态环保材料和高科技手段，以减少对自然环境的破坏和污染，从而打造出绿色、生态、宜居的乡村环境。这一实践不仅传递了生态环保观念，还有利于树立群众的环保意识。

（二）有利于发挥精神引领作用

1. 地方文化具有地域认同的特性

地方文化是乡村居民共同的精神寄托。传承和弘扬地方文化，可以强化乡村居民的认同感和归属感，进而激发乡村活力，推动乡村社会的和谐稳定。

2. 地方文化具有强大的地方凝聚力

文化根植于特定的社会历史和自然环境，归属于一定的地域。地方文化绵延数千年，拥有独特的价值体系，潜移默化地影响着当地人的思想方式、行为习惯乃至自我认同。地方文化资源因其直观性、形象性、鲜活性和接地气的特性，在价值引领、情怀涵养、心理暗示、

行为调适、环境熏陶、能量传递等方面具有不可替代的特殊功能。① 因此，地方文化能够促进形成强大的向心力和凝聚力。

3. 地方文化能够激发乡村可持续发展的活力

通过举办艺术展览、音乐会、民俗表演等活动，可以弘扬地方文化，吸引游客前来观赏和参与，从而带动乡村的经济发展。此外，地方非物质文化遗产、历史文化遗址等文化元素，能够增强乡村的文化底蕴，为乡村的可持续发展提供有力支撑。

（三）有利于促进乡村文化产业发展

1. 为乡村发展提供丰富的文化资源

地方文化中的历史遗迹、民俗风情、传统工艺、民间艺术等，具有独特的地域特色和文化价值，是乡村文化产业的核心资源，为文化产业的发展提供了源源不断的创意灵感。

2. 塑造乡村文化品牌

每个乡村都有自己独特的文化特色，其历史、民俗、艺术、美食等文化资源，可以打造出具有地域特色的乡村文化品牌。例如，某乡村可能拥有古老的祠堂、传统手工艺作坊、节日期间独有的习俗以及特色小吃等。通过深入挖掘这些资源，结合现代元素进行创新，并拓宽传播途径，吸引人们前来参观体验。

3. 带动相关产业发展

乡村文化产业的发展不仅可以增加村民的收入，还可以带动旅游、餐饮、住宿、交通等相关产业的发展，促进乡村经济的繁荣，提高乡村的整体发展水平。例如，成都的"耕读有机农场"和"瓜呱家庭农场"，紧紧围绕当前的亲子游、劳动体验项目，开展插秧、摸鱼、采摘、挖藕等活动，并添加特色的小游戏或手工艺活动，吸引了众多游客前来体验劳动的乐趣和收获的快乐。在这个过程中，游客会用餐、

① 胡艺华：《充分发挥地方历史文化资源育人价值》，载《南京日报》，2022 年 10 月 26 日，第 A11 版。

住宿、购买有机农产品，从而带动了各项产业的兴旺发展。

二、地方文化在乡村振兴中的价值

（一）红色文化在乡村振兴中的价值

乡村振兴视域下，红色文化资源在精神引领的基础上，不仅能厚植乡村振兴文化底蕴、增强文化自信，更能推进文旅融合，带动乡村文化产业发展，赋能乡村振兴。

1. 促进乡村治理体系的完善

红色文化倡导的社会主义核心价值观和革命精神，可以引导村民树立正确的价值观和道德观，从而促进乡村社会的和谐和稳定。例如，红色文化是四川省地方文化的重要组成部分，四川省遂宁市融合红色革命文化，传承发展红色精神，为乡村振兴注入精神力量。遂宁市政府带领当地群众发展红色文化旅游业，开辟了连接外界的红色之路——"天南路"，慕名而来的游客络绎不绝，村民也热情洋溢地投身乡村振兴事业中。遂宁市充分利用当地文化资源，促进乡村可持续发展，因此成为全省乡村振兴示范区。

2. 提升村民的综合素质

通过学习和传承红色文化，村民可以更好地了解和认识自己的历史和文化，增强文化自信和归属感，进而促进个人素质的提高。例如，组织村民参加红色文化学习班，学习革命历史、革命精神和社会主义核心价值观等内容，增强他们的思想觉悟和文化自信。开展红色歌曲演唱、革命故事讲述、红色文化展览等主题活动，让村民在参与中感受红色文化的魅力，提高他们的文化素养。建立红色文化教育基地，将当地革命历史遗址、纪念馆等作为教育基地，让村民在实地参观中了解历史，增强他们热爱家乡、建设家乡的意识。

3. 推动乡村文化产业的发展

红色文化资源具有丰富的文化内涵和历史底蕴，可以开发出具有特色的文化产品和服务。例如，许多乡村地区利用当地的红色文化资源，建成了革命历史遗址、纪念馆、博物馆，吸引游客前来参观学习，促进了当地经济的发展和文化的传承。一些乡村地区通过打造手工艺品制作工坊、艺术工作室等，吸引了一批对文化感兴趣的人前来学习和创作，进一步推动了乡村文化产业的发展。

4. 增强乡村地区的吸引力

红色文化代表了一种革命精神和文化自信，通过传承和弘扬红色文化，可以增强乡村地区的吸引力和影响力。例如，井冈山的红色文化是中国革命历史的重要组成部分，它所蕴含的革命精神和红色文化传统，为当地乡村振兴提供了强大的精神动力。当地政府和村民积极挖掘和利用红色文化资源，通过开展红色文化主题活动、建设红色文化教育基地等方式，将井冈山打造成红色革命旅游胜地，弘扬革命精神，传承红色基因，吸引全国各地的人前来参观学习，引领乡村振兴。

（二）民俗文化在乡村振兴中的价值

优秀民俗文化能够凝聚民心、教化人心，是情感的纽带。发挥传统民俗文化的正能量，将传统道德约束与现代管理方式有效结合，有利于促进社会的和谐稳定。民俗活动是当地流传已久的公共活动，是文化传承和凝聚地方群众的载体。在传承民风民俗的基础上，发展现代农业、生态农场和特色小镇等，有利于推动当地经济发展，使乡村成为宜业宜居的新家园。

1. 推动乡村文旅融合发展

民俗文化与旅游密切相关。将民俗文化与旅游相结合，开发出具有地方特色的旅游线路和产品，吸引更多游客前来参观体验，从而推动乡村文旅的深度融合。例如，苗寨是黔东南地区乡土文化传承与发扬的重要载体，这里的居民保留了世代相传的习俗和技艺。在乡村振兴的过程中，苗寨成为一个充满活力的旅游目的地。游客们可以欣赏到苗族独特的服饰、歌舞和建筑，还能参与到刺绣、酿酒、制作腊肉等民俗活动中。这些活动不仅带动了当地经济的发展，也为村民提供了就业机会。四川省自贡灯会作为点亮夜经济的重要活动,每年春节期间都会吸引大量游客前来观赏。这些绚丽多彩的灯组不仅美化了城市环境,也为当地创造了就业机会,并带动了餐饮、旅游纪念品销售等相关产业的发展,进一步促进了地方经济的繁荣。此外,自贡市作为中国的盐都,拥有丰富的盐文化资源。当地政府通过举办盐文化节、盐雕艺术展等活动,将传统盐业与现代文化产业相结合,为乡村振兴注入了新的活力。四川省乐山市开发的乐山大佛民俗文化主题产品、都江堰市的熊猫主题文化产品等,深受游客喜爱,成为地方的文化名片。而四川省凉山地区的民俗表演、民俗手工艺品、民俗美食等,也丰富了旅游产品的内容和形式,提高了旅游产品的吸引力和竞争力。这些活动不仅为当地带来了经济收入,也丰富了居民的文化娱乐活动,促进了社区的和谐发展。

2. 推动乡村产业多元化发展

民俗文化可以与乡村产业相结合,开发出具有地方特色的文化产业,为乡村振兴提供多元化的经济增长点。开发具有地方特色的民俗餐饮、民俗住宿、民俗旅游等,可以推动乡村服务业的发展;开发特色花卉、特色蔬菜、特色水果等农产品,既具有观赏价值又可供食用,是乡村振兴的重要途径。

(三) 地方传统建筑在乡村振兴中的价值

地方传统建筑是当地历史文化的重要载体。保护这些建筑,不仅能让村民更加深刻地了解自己的文化,还能提升乡村的整体形象,增强乡村文化的自信。

1. 传统建筑承载着地方义化的精髓

一方水土、一方人文孕育了一处建筑,凝结了一处灵魂。① 一代代华夏儿女,守着祖祖辈辈流传的土地,与父老乡亲共同建设家园。在

---

① 陈晶淼:《乡村振兴中地域建筑文化符号的活化传承——以和顺县夫子岭村为例》,载《文物鉴定与鉴赏》,2023 年第 10 期,第 170—173 页。

子承父业、"香火"延续中，农村独特的长幼尊卑、伦理道德秩序文化，渐渐融入乡村建筑的功能和布局中。例如，南方村庄中的祠堂，在建筑风格上沿袭了明清特色，采用传统木结构，注重细节雕刻和彩绘，彰显出精致的工艺和华丽的装饰。在文化内涵上，南方祠堂不仅是家族文化的象征，还是家族议事、决策的重要场所，体现了家族的凝聚力和权威。祠堂内供奉着祖先的牌位，是家族成员祭祀祖先、传承家族文化的重要场所。在历史价值上，祠堂见证了家族的发展和变迁，对研究当地历史、文化、民俗等方面具有重要价值。而在云南、贵州等省的一些少数民族地区，如侗寨村庄的鼓楼，既是民俗活动、节日庆典和族中长辈开会议事的场所，也是侗寨人交流、对歌、休闲娱乐的场所。这些具有地方特色的建筑，对当地历史文化研究和乡村振兴具有重要意义。

2. 传统建筑对乡村经济发展具有促进作用

传统建筑是地方品牌的象征和标志，能够代表当地的形象和特色。保护和传承传统建筑，可以提升当地的品牌形象，促进当地的经济发展。例如，安徽省黄山市的宏村和西递，作为中国古代村落建筑的代表之一，吸引了大量游客前来参观，这些古村落的古建筑、山水风光、民俗文化等，帮助游客了解了中国古代村民的生活方式。同时，福建土楼、安徽古村落、陕西窑洞、云南吊脚楼、贵州石板房等传统建筑，也成了当地的特色地标，为当地乡村振兴和经济发展提供了重要支撑。

（四）传统饮食文化在乡村振兴中的价值

饮食文化是非物质文化遗产的重要组成部分，在乡村振兴中具有独特的价值。

1. 有利于传承与弘扬地方文化特色

许多传统饮食的制作需要精湛的技艺和独特的配方。保护和传承这些传统技艺，可以将当地的非物质文化遗产发扬光大。饮食文化融合了该地区的自然环境、历史背景、社会生活等多个方面，体现了文化的地域特点。传承和弘扬地方饮食文化，不仅可以弘扬地方文化，还能为乡村经济的振兴提供新的动力。例如，乐山美食作为四川省的一道亮丽风景，吸引了众多游客。俗话说："玩在四川，吃在乐山。"每到周末，外地人纷纷前往乐山美食街打卡，品尝如苏稽米花糖、犍为豆腐干、沐川腊肉、峨眉鳝丝、马村鱼头、马边抄手、牛华麻辣烫、乐山跷脚牛肉等色香味俱全的美食。这些美食已成为乐山乡村振兴中重要的经济增长点。

2. 推动产业融合发展

饮食文化可以与农业、旅游业等产业进行深度融合，推动产业的多元化、特色化发展。例如，通过开发农家乐、观光农业等项目，游客在品尝美食的同时，还能了解和体验乡村的生产和生活方式，从而促进产业的融合发展。

在乡村振兴的道路上，特色小吃无疑是一个重要的推动力量。地方特色小吃通常具有独特的制作工艺和风味，代表了当地人的饮食习惯和口味特点。推广这些小吃，可以吸引游客前来品尝，进而传播了乡村的文化和历史。这种文化交流有助于提升乡村的知名度，为乡村旅游的发展打下基础。以福建省沙县为例。沙县依据自身优势，不断探索并开辟了符合自身发展的乡村文化建设新路径。一方面，立足自身生态资源优势，将沙县森林生态的优势转化为康养产业发展的优势，同时将乡村文化产业融入全域生态旅游发展，形成了沙县菁英茶业茶旅融合、夏茂龙峰溪漂流、柱源生态赏花等一批特色产品，不断扩大文化带来的经济效益。另一方面，创新宣传营销方式，策划"沙县小吃寻味记"主题活动，推出沙县十大旅游景点以及一系列具有当地文化特色的文化产品。通过拍摄文旅创意广告并在互联网平台播放，达到宣传效果。例如，《来福建享福味》这条视频广告在全网收获了近5000万的浏览量，在推广金牌小吃的同时也让受众产生来沙县游玩的想法。这条短视频从某种程度上可以说是开启了沙县打造"美食＋文旅"绿色消费新业态的篇章。

因此，在乡村振兴战略中，应该充分挖掘和利用饮食文化资源，发挥其在乡村振兴中的重要作用。

三、地方文化助力乡村振兴的举措

（一）乡村文化助力乡村振兴

党的二十大报告指出，"中华优秀传统文化源远流长、博大精深，是中华文明的智慧结晶"①。新时代，我党发出推动中华优秀传统文化创造性转化和创新性发展的号召，使中华优秀传统文化的意蕴和价值逐渐得到彰显，成为推动乡村经济、文化和社会发展的重要资源。

1. 挖掘乡村文化的多元价值，助力乡村振兴

其一，弘扬乡村文化有利于提高当地居民的幸福感。中国人常常把家乡视为自己的根和魂，对家乡的土地和人民怀有深厚的感情，形成了中国人民独特的乡土情结。乡村文化本身所具有的地域性、独特性和差异性，迎合了当地居民对本土文化的接受和传承心理。共同的文化记忆和文化事项有利于凝聚和团结当地群众，提升幸福指数。其二，乡村文化的繁荣有利于满足村民的多层次需求。挖掘地方文化元素、规划文化项目、开展文化活动、改造文化环境、创新文化产品，能够创设本土特色的文化环境，营造有温度的文化氛围，满足村民日益增长的文化生活需求。其三，开展乡村文化活动有利于乡村精神文明建设。乡村文化娱乐活动能够让群众在健康活泼的文化氛围中感受本土文化的魅力，创造具有时代特色的地方文化活动，丰富群众的精神文化世界。

2. 重塑乡村文化生态，助力乡村振兴

其一，统筹多方力量，凝聚乡村文化在乡村振兴中的发展合力。政府应协调乡村之间的合作机制，消除拥有共同文化的村镇之间的壁

---

① 习近平:《高举中国特色社会主义伟大旗帜 为全面建设社会主义现代化国家而团结奋斗——在中国共产党第二十次全国代表大会上的报告（2022 年 10 月 16 日）》，载《人民日报》，2022 年 10 月 26 日，第 1 版。

垒，并统筹规划共同发展新格局。村镇文化管理部门和村民委员会应发挥桥梁作用，调动当地村民的积极性，让人民群众了解乡村文化融入乡村振兴的长期利益。家庭应肩负起培养青少年热爱乡村文化的教育职责，引导孩子积极参加文化活动，以乡村文化涵养优秀品格。其二，以科技引领文化发展。在乡村振兴中引入乡村文化，要以新理念、新思想为指引，融入新科技手段，让乡村传统文化与现代文明相结合，生发出新的活力。其三，加强专业人才培养。在乡村文化助力乡村振兴建设中，需要技术创新、文化管理、品牌运营等方面的人才，以促进乡土社会高质量发展。

3. 统筹城乡融合发展，激发乡村振兴活力

其一，建立城乡之间的情感联系，实现城乡文化双向互动。每个乡村都培养了一批批走向城市的优秀人才，他们对故乡有着难以割舍的情怀。城乡居民对地方历史文化、生活情感有共同记忆，容易形成城乡文化的有机结合体。其二，深入了解城乡群众的生活诉求，让城乡融合更加"接地气"。以人民需求为导向，将人民对美好生活的需求作为地方文化助力乡村振兴的落脚点，确保在文化助力乡村振兴的过程中保留人情味和历史文脉，而不是与群众生活脱离、异想天开。[1]

（二）地方高校助力乡村振兴

2018 年年底，教育部发布的《高等学校乡村振兴科技创新行动计划（2018—2022 年）》强调，要发挥高等学校在人才培养、科学研究、社会服务等方面的重要作用。因此，高校应发挥人才优势和资源优势，主动服务、深度参与乡村振兴，自觉担负起时代的使命。

1. 人才培养

人才振兴是乡村振兴的关键，高校作为人才培养的主阵地，要肩负起培养乡村文化建设生力军的重任。一是地方高校可根据乡村振兴

---

[1] 陈晶淼：《乡村振兴中地域建筑文化符号的活化传承——以和顺县夫子岭村为例》，载《文物鉴定与鉴赏》，2023 年第 10 期，第 170—173 页。

的需求，调整和优化专业设置和课程体系，培养适应农业农村现代化需要的高素质人才。同时，通过定向培养、订单式培养等方式，为乡村输送各类专业技术人才和管理人才。二是要发挥高校教师的专业优势，鼓励教师担任乡村振兴政策宣传员、顾问、技术指导、调研员等角色。还可以组织师生开展乡村文化研究、非物质文化遗产保护等活动，促进乡村文化的传承和创新。

2. 科技创新

地方高校应发挥科研优势，聚焦乡村产业发展中的核心技术难题，组织科研团队进行深入研究与突破，推动科技成果转化和应用。例如，电商平台为农产品畅销提供了渠道，但农民受文化层次和技术的制约，不能充分利用互联网平台进行营销。电子商务专业的师生可以发挥自己的专业特长，协助农民构建集生产、销售、品牌、体验、服务于一体的现代农业发展模式，推动一二三产业融合发展。地方高校可以通过建立农业科技园区、产学研合作基地等方式，促进农业科技创新和农业产业转型升级，为乡村经济的持续增长注入活力。高校还可以深入挖掘地方特色资源，通过现代科技手段，拓宽宣传渠道，讲好地方故事。例如，高校新媒体专业、设计学专业的师生为地方文化设计具有鲜明特色的文化符号或特色标识、拍摄宣传片，在抖音、快手等关注度较高的平台进行宣传推广，提高知名度与影响力，助力乡村振兴。

3. 社会服务

乡村振兴是一项长期、复杂的系统工程，地方高校助力乡村振兴，必须建立长效机制。一是坚持产教融合机制，在农村建立实习实训基地。师生将农村作为实践基地，立足基层开展调研与科研，为村民提供咨询与指导，为乡村振兴提供智力支撑。二是依托学校创新创业平台和创意孵化园，引导学生走向乡村，开展与地方文化、乡村振兴相关的创业活动，让学生看到农村的发展前景，感受到乡村振兴的重要性，树立造福农村的崇高理想。三是实施帮扶机制，跟踪在乡村创业的学生，对他们面临的困难及时给予援助，对在乡村振兴中作出突出贡献的毕业生及成功案例进行宣传推广。

4．合作交流

地方高校可以与国内外高校、科研机构、企业等建立合作关系，共同推动乡村振兴事业的发展。例如，可以开展学术交流、人才联合培养、项目合作等活动，促进资源共享和优势互补。

（三）地方特色文化助力乡村振兴

地方特色文化是由传统节日、传统建筑、地方文化名人、红色文化、根亲文化、非遗文化、村落文化、饮食文化、语言文化、乡贤文化、民俗文化等诸多方面构成的多元文化体系。深度挖掘、开发利用地方特色文化，是赓续乡村文脉、发扬乡村人文精神、实施乡村振兴战略的必由之路。

习近平总书记指出："要推动乡村文化振兴，加强农村思想道德建设和公共文化建设，以社会主义核心价值观为引领，深入挖掘优秀传统农耕文化蕴含的思想观念、人文精神、道德规范，培育挖掘乡土文化人才，弘扬主旋律和社会正气，培育文明乡风、良好家风、淳朴民风，改善农民精神风貌，提高乡村社会文明程度，焕发乡村文明新气象。"[1] 由此可见，文化振兴对乡村振兴起到引领和推动作用。因此，我们要充分利用好地方特色文化资源，以文化振兴引领乡村振兴。

全面梳理本地特色文化，对开发文化资源、实现乡村振兴意义深远。其一，要挖掘和保护乡村历史建筑、传统手工艺、民俗活动等地方特色文化，避免失去其独特性和价值。其二，要开发文化旅游资源，打造具有当地特色的民宿、美食、手工艺品等，以提高乡村的知名度和影响力。其三，要培育文化产业，将地方特色文化转化为经济价值。例如，可以成立文化创意公司、设计工作室等，将当地的文化元素融入产品设计和开发中，打造具有地方特色的文化品牌。其四，要引导

---

[1] 习近平：《实施乡村振兴战略是一篇大文章（习近平讲故事）》，载《人民日报海外版》，2020 年 9 月 17 日，第 5 版。

社会资本参与，为乡村振兴提供资金支持。例如，通过政府引导、政策优惠等方式，吸引企业和社会组织投资乡村文化建设项目，引导村民积极参与文化建设，形成政府、企业、社会、村民共同参与的文化建设格局。

（四）乡村精英助力乡村振兴

乡村精英是农村社会中处于优势地位的社会群体，按照资源类型，可以划分为政治精英、经济精英、技术精英、文化精英四类。乡村精英能力出众，思维活跃，具有创新精神，拥有广泛的社会网络，熟悉本土情况。因此，在乡村振兴中发挥他们的积极作用，有利于推动乡村经济、文化、社会等各方面的全面发展，带领全体村民走向共同富裕的现代化道路。

1. 建立年轻乡村精英培育机制

这一机制主要包括两方面内容。其一，培育"在场"的年轻精英。近年来，随着城镇化进程的加剧，农村大部分年轻人进城务工定居，导致村里留守老人居多。因此，对留在村里有发展潜力的年轻人进行文体艺术、生产技术、经营管理、行政服务等方面的专业培训，有助于本土精英投入乡村振兴实践。其二，引入"不在场"的年轻精英。农村培养了一批批走向城市的优秀人才，政府部门可以建立与这部分人才的联络机制，鼓励他们在获得一定成就后助力家乡发展。同时，依据政策吸纳本村大学生回乡创业，以缓解人才断裂现象。[①]

2. 构建乡村振兴利益共同体

随着商品经济的快速发展，原有的小农经济模式已经阻碍了乡村振兴的步伐。因此，必须更新观念，强化协作，构建乡村振兴利益共同体。例如，建设"文化+"融合发展平台，拓展消费市场；发挥家族、民间文艺组织以及现代新型合作社等社会组织的力量，让普通村

---

① 陈一收、林心怡：《场域视角下乡村精英助力乡村振兴的机制与进路——基于泉州 L 村非物质文化遗产传承活化的实践观察》，载《莆田学院学报》，2023 年第 3 期，第 46—53、78 页。

民和乡村精英协作互助，实现乡村发展的良性循环。

3. 打造乡村良性发展轨道

在乡村振兴过程中，要加强党建引领，创新运作机制，完善制度建设，强化政府保障，以更好地发挥乡村精英的正向助力作用，推动乡村良性发展。

第六节　运用地方文化，助力经济发展

地方文化在区域经济发展中的作用日益凸显，已成为提升城市形象、开发旅游产业、推动地方经济发展的重要资源。合理利用地方文化资源，既是经济发展的需求，也是传承文明的需要。然而，在各地政府开发利用文化的过程中，也暴露出一些亟待解决的问题。只有心怀敬畏之心，尊重人文传统，保护文化生态，才能实现文化的可持续发展，并收获理想的经济效益和社会效益。

一、地方文化开发与利用过程中存在的问题

（一）忽视文化的内涵与价值

1. 歪曲和亵渎文化

文化不仅具有经济价值，还拥有不可忽视的社会价值。有些地方在开发利用文化的过程中，受到拜金主义的驱使，一味迎合受众的娱乐心理，调侃历史人物，甚至将传统文化低俗化、将传统民俗色情化，只为追求利益最大化。这种行为是对传统文化的歪曲和亵渎。

2. 对文化内涵的把握不到位

地方文化是民族精神的根基，是弘扬民族精神和时代精神的载体。有些地区在利用文化的过程中，对文化内涵的把握不到位，对民族精神的阐释不准确，对文化资源只是简单利用，甚至将高尚的文化庸俗化。长此以往，既不利于文化的传承，也不利于经济的可持续发展。只有深入挖掘文化内涵，才能推动文化经济的健康持续发展。

（二）相关法律法规尚待健全

1. 地方文化保护法律法规尚待健全

国家虽然已出台了一系列文化保护的法律法规，但考虑到地方文化的多样性和差异性，需要制定更加有针对性、可行性和细致完善的规章制度，以确保地方文化的科学合理开发和利用。

2. 地方文化开发制度尚待完善

文化的地域性特征复杂多样，各地在挖掘地方名人、界定文化资源地域时存在分歧，容易引发各自为政、抢夺资源的现象。这种无序开发不仅导致资源利用率低下，还不利于文化资源的整合。因此，需要完善文化开发制度，确保资源的合理开发和有序利用。

3. 地方文化修复制度尚待健全

在打造文化品牌的过程中，一些地区对文化与经济、社会协调发展的处理不够到位，导致文化在一定程度上受到破坏。为了确保文化资源的可持续发展，需要从制度层面出发，及时采取保护措施和修复措施，以保障文化资源的长期健康发展。

（三）资金投入不足，资源得不到充分开发

在经济不发达的地区，由于交通落后和思想封闭，优质资源无法得到有效的开发，文化资源也难以转化为文化消费产品和文化产业。这些地区仅仅依靠零散游客，难以显著提升当地的经济效益。

近年来，在个别地区的文化扶贫工作中，虽然依靠文化资源开发出了旅游景区，但由于缺乏宣传投入，这些景区并不为大众所熟知，往往成为仅面向当地人的小众旅游景点。而受到经济、时间和观念的制约，当地对景区的后续开发和维护工作不到位，往往导致景区逐渐萎缩。

（四）扎根基层的地方文化人才匮乏

1. 地方文化的研究人员匮乏

在地方，特别是基层贫困地区，从事当地历史文化、风土民俗、文物古籍等综合研究的人才稀缺，将文化成果转化为生产力的人员同样匮乏，导致部分优秀的地方文化得不到充分的挖掘和利用，目前仍处于原始状态。

2. 导游素质有待提高

导游是地方文化的传播媒介。优秀的导游应具有良好的思想品德、广博的知识、独立工作能力及创新能力，同时需要精通业务，具备较高的专业技能水平，以确保准确、生动地传递地方文化的精髓。

第一，提升道德素养。优秀的导游应具备良好的思想品德，如彬彬有礼、吃苦耐劳、乐于助人等，使游客在旅游过程中感到轻松愉快，力争成为当地文化的宣传名片。

第二，增强知识储备。导游的知识储备应涵盖社会文化、科学文化、人文地理等方面。由于文化行业是与时俱进不断发展的，导游需要具备持续学习的意识和能力，能够将当地的风土民情和自然景观向游客娓娓道来，成为一个真正的文化传播者。

第三，提高业务能力和创新能力。导游需要具备良好的语言表达能力、协调沟通能力、随机应变能力。在为一个旅游团队服务时，应主动关照老幼病残，为游客提供舒适的体验。此外，导游还应具备良好的组织能力，在休息时间策划小游戏，增加队员之间的互动，为大家带来参与感。同时，导游应具备创新能力，在介绍景点和文化的过程中进行创新，使解说更具吸引力和新鲜感。

第四，提升专业技能水平。导游要熟知当地民风民俗，深入了解一些民俗文化、规范、礼仪和仪式等，以便将当地文化全面、准确地传递给游客。此外，导游还应具备外语交流能力，以更好地服务于国外游客，将地方文化更好地向全世界传播。

二、地方文化助力区域经济发展的策略

（一）深入挖掘地方文化内涵，充分发挥文化价值

1. 加强文化内涵建设，打造文化品牌

在打造地方文化品牌的过程中，应因地制宜，形成特色鲜明的地方品牌。例如，四川省乐山市以峨眉山和乐山大佛为代表的佛教文化、甘肃省的黄河文化、陕西省的革命文化、吉林省的农耕文化、云南省的村落文化，以及少数民族地区的民俗风情文化等，都已发展成为独具特色的地方品牌，每一处都带给游客别样的体验。

2. 坚持社会效益，突出民族精神

地方文化是当地的历史记忆，是中华文化的重要组成部分，是传承中华优秀传统文化、凝聚民族精神的重要载体。我们应抵制消费文化和拜金主义倾向的影响，坚持经济、文化、生态协调发展，推动文化高质量发展。例如，四川省对"三苏"文化的挖掘和宣传、山东省对孔子文化的传播和弘扬，以及甘肃省对敦煌文化的研究和传承等，都注重文化的社会价值，成为民众坚定文化自信的力量源泉。

（二）建立健全相关法律法规

建立健全相关法律法规，能有效保护地方文化，促进地方文化的健康发展。

1. 完善地方文化保护相关规定

法律法规应明确地方文化保护的范畴和责任，详细规定各级政府、相关部门和公众在地方文化保护方面的权利和义务。对于在城镇规划中损坏文化建筑、破坏文化资源的单位和个人，应实施严厉的惩罚措施。同时，应制定科学的开发与保护政策，面对开发与保护的矛盾时，应以保护为主，在有效保护的基础上进行合理利用。

2. 完善地方文化开发与修复相关规定

法律法规应支持地方文化的开发，积极鼓励和推广地方文化产品

和服务的创新，以满足公众日益增长的文化需求。此外，法律法规还应明确规定地方文化修复的程序和标准，确保修复工作的质量和效果，使修复后的文化遗产能够真实地展现其历史和文化价值。

通过制定完善的法律法规，我们可以为地方文化的保护和发展提供坚实的法律保障，促进地方文化的健康发展。

（三）加大资金投入，实现产业化经营

加大对地方文化的资金投入，对于资源的保护和开发、实现文化资源的产业化经营，以及促进区域经济发展具有重要意义。

1. 政府应加大对地方文化的资金投入

创新能够赋予地方文化资源新的生机与活力，但也需要相应的资金支持。政府应加大对地方文化的资金投入，以支持地方文化创新和产业化经营。例如，可以打造文化专题区域，详细介绍地方历史和文化，配备专业讲解人员，以加深游客的理解和体验；打造主题文化活动，利用现代舞台的声光电技术，动态还原历史场景，让游客体验民俗活动等。此外，文化产业的产业化经营同样需要资金的投入。当前，文化产业经费投入不足已成为制约我国文化产业发展的一个重要因素。

因此，政府应设立专项资金或筹集各方资金，以助力文化产业的发展。在文化专业化过程中，对环境的保护投入也不容忽视。

2. 鼓励社会资本投资地方文化产业

引导社会资本流向地方文化市场，以促进地方文化产业的发展。例如，北京环球度假区是由国企和外企合作投资的大型文化旅游项目，包括主题公园、酒店和商业街等，该项目不仅为游客提供了丰富的文化娱乐体验，也带动了周边地区的发展。苏州园林文化旅游项目引进社会资本，对拙政园、留园等园林文化进行了保护和开发，不仅吸引了大量游客，也使其成为苏州文化的重要组成部分。

3. 建立地方文化产业的市场化机制

依托市场化手段，通过市场竞争，可以有效推动文化产业的产业

化经营，进而促进区域经济的发展。例如，自 2006 年起，中国（杭州）西湖国际茶文化博览会暨首届杭州国际茶文化旅游节正式拉开帷幕。杭州，这座拥有西湖这一世界文化遗产的城市，以此为契机，充分利用其独特的文化资源，通过市场化运作的方式成功举办了多届国际茶文化博览会。博览会期间，茶叶展销、茶艺表演、茶文化论坛等活动吸引了众多国内外游客和茶文化爱好者的参与，有效促进了茶产业的发展和茶文化的传播。深圳动漫节作为国内知名的动漫展会之一，也通过市场化手段聚集了众多动漫企业、创作者和粉丝。在动漫节上，新作品发布、版权交易、衍生品销售等活动十分活跃，有效促进了动漫产业的创意生成和商业化进程。

（四）培养地方文化研究人才和文化产业行业人才

1. 培养地方文化研究人才是推动地方文化发展的重要策略

地方政府和高校可以通过教育和培训的方式提升地方文化研究人才的专业能力和素质；还可以建立地方文化研究人才的引进机制，吸引国内外优秀人才参与地方文化研究；同时构建地方文化研究人才的激励机制，对作出突出贡献的研究人才给予相应的奖励和荣誉。

2. 培养文化产业行业人才对于推动区域经济发展具有重要意义

地方政府应积极推动高等院校、职业技术学校与文化企业之间的合作，加快培养文化传媒、软件设计、动漫游戏、工业设计、会展策划等文化创意专业人才，以促进文化产业的崛起，提升当地经济水平。

（五）发挥地方文化特色优势，带动当地经济发展

1. 带动旅游业的发展

游客往往对具有独特文化和深厚历史底蕴的地方充满向往，渴望探访古色古香的古城、领略丰富的文化遗产等。因此，地方应着力保护并深入发掘其独特的文化和历史资源，打造独具魅力的旅游景点，吸引更多游客前来，进而推动当地经济的繁荣。

2. 带动创意经济的发展

文化创意产业作为一种新兴且充满活力的产业形态，以创新和创造力为核心，涵盖设计、艺术、娱乐、媒体、广告、出版等多个领域。地方政府若能通过深入挖掘和合理利用其独特的文化资源，大力发展文化创意产业，便可以创造出新的经济增长点，为地方经济发展注入强劲动力。

3. 带动地方特色产品的生产和销售

地方特色产品不仅是地方文化的重要载体，也是地方经济发展的重要支撑。发展地方特色产品，可以提升产品的附加值和竞争力，进而推动地方经济的增长。

总的来说，发挥地方文化特色优势，不仅能够推动旅游业和创意经济的发展，还能促进地方特色产品的生产和销售，从而全面推动地方经济的繁荣。

近年来，各地在挖掘文化特色、促进经济发展方面取得了显著的成就。例如，着力打造乡村音乐文化、积极推广旅游文化、深入发掘历史文化、精彩呈现节庆文化、广泛宣传民俗文化、大力弘扬红色文化等，均取得了令人欣喜的成果。这些举措不仅丰富了地方文化内涵，也为地方经济发展注入了新的活力。

第三章　地方文化的传承与创新

推动中华优秀传统文化创造性转化、创新性发展，继承革命文化，发展社会主义先进文化，不忘本来、吸收外来、面向未来，更好构筑中国精神、中国价值、中国力量，为人民提供精神指引。[①] 地方文化是中华优秀传统文化的重要组成部分，传承和创新地方文化，是培育文化自信的有力推手。近年来，地方文化受到现代化和全球化的冲击与影响，在地方群众中的影响力、凝聚力和感召力有所减弱。如何实现地方文化的传承，使地方文化适应时代发展潮流并有所创新，成为学术界广泛关注的问题。

地方文化的传承与创新是文化发展的两个重要方面，传承是基础，创新是动力，两者相辅相成。在传承方面，我们应该注重保留和传播地方文化的独特元素，传承并保护地方文化艺术、文物古迹、传统技艺、风土民俗。组织开展文化活动、教育课程等，让更多的人了解和认同地方文化。在创新方面，我们应该注重将传统与现代相结合，深入挖掘地方文化的内在价值，利用现代科技手段和创意设计，创造出符合时代需求的文化产品和服务，打造具有地方特色的文化品牌，推动文化建设和文艺繁荣，进而推动地方经济的发展。

---

① 郭伟伟：《推动中华优秀传统文化创造性转化创新性发展》，载《学习时报》，2018 年 8 月 20 日，第 A1 版。

本章将从地方文化传承的内涵与价值、地方文化创新的内涵与价值、高校在地方文化传承与创新中的角色与功能三个方面，论述地方文化的传承与创新。

第一节　地方文化传承的内涵与价值

一、地方文化传承的内涵

（一）地方文化传承的含义

文化传承是指人类在社会历史实践过程中所创造的物质财富和精神财富在世代之间的传递和承接过程。文化传承不仅包括物质文化遗产、手工艺技能、语言、音乐、舞蹈、医药、哲学、宗教、道德和价值观等多个方面的传承，还涉及对历史和文明的保护，以及对人类文化多样性的维护。

地方文化传承则是将特定地区或民族的物质文化遗产、传统习俗、艺术形式、生活方式等通过各种方式传递给下一代，以保持文化的连续性和多样性。这一过程既包括对文化遗产的保存、传播和延续，也包括对新文化的接纳和创新。地方文化传承对于保持地方特色和身份认同至关重要，同时也对促进地方经济发展和社会的繁荣稳定具有积极意义。

（二）地方文化传承的内容

地方文化传承的内容非常丰富，主要包括以下几个方面。

1. 文化遗产

文化遗产包括当地的历史建筑、文物古迹、古文献等，它们都是当地历史和文化的重要见证，对于保持文化的连续性和完整性至关重要。历史建筑镌刻着地方文化及其发展历程，是祖辈智慧和汗水的结晶，反映了不同时代的生活方式、建筑工艺和审美取向。文物古迹见证了这一地区古代的社会政治、经济、文化、科技信息，折射出古人的智慧和创造力。一卷卷古文献里，记载着珍贵的史料，蕴藏着宝贵的思想，对于我们了解历史、研究文化、传承文明具有重要意义。

2021年4月25日，国家发展和改革委员会等七部门联合印发了《文化保护传承利用工程实施方案》，同年9月，中共中央办公厅、国务院办公厅印发了《关于在城乡建设中加强历史文化保护传承的意见》，为共同推进历史文化保护和传承工作提供了指南。保护和传承文化遗产，让现代人在历经风雨的城乡建筑和文化中，触摸先辈灵魂，感悟历史的变迁，从而激发其对家乡的热爱情怀。

2. 传统习俗

传统习俗是地方文化传承中非常重要的一个方面，包括当地的节庆活动、婚丧嫁娶等，这些习俗反映了当地人的生活方式和价值观，是保持文化连续性的重要因素。

地方传统婚丧嫁娶习俗，将有血缘关系和深厚情谊的人聚在一起，在庄重的仪式和规范礼仪的指导下，共同见证主人的悲欢，传递着团结与互助的优良传统。代代相传的农耕民俗，映衬出人与自然的和谐，日出而作日落而息的生活，演绎着劳动的幸福与收获的喜悦。

3. 民间艺术

民间艺术具有浓郁的地域特色和鲜明的民族风情，涵盖了音乐、舞蹈、戏曲、绘画等多个领域，反映了当地民众的精神追求和价值观念。

在这些艺术形式中，民族舞蹈尤为引人瞩目，它记录了不同民族的信仰、生活与爱情，展现不同民族迥异的性格特质，或热情奔放，或乐观豁达，或英勇强悍，或柔美细腻，共同绘制了一幅幅多姿多彩的民族风情画卷。民间工艺美术同样璀璨夺目，其中的剪纸、刺绣、泥塑、皮影等艺术形式，反映了人们对生活的热爱和对美的追求，散发着独特的魅力和生命力。

4. 传统工艺

地方文化中的传统工艺具有独特的艺术价值和实用价值，涵盖了陶瓷、雕塑、编织、织染、面塑、木工、造纸等传统手工艺技能及其制品。这些传统工艺不仅是文化的载体，承载着丰富的历史记忆与民族智慧，也是地方经济发展的重要资源，为当地社区注入经济活力、增强文化自信。

传统工艺在造型、色彩、材料等方面具有独特的艺术魅力，例如，在面塑艺人灵巧的双手里，经过几番捏、搓、压、揉、掀，各式各样的工艺品转眼间就出现在眼前，栩栩如生，令人赞叹。传统工艺的传承，既有利于丰富人们的审美体验，增强文化自信，也有利于弘扬民族文化，促进经济发展。

5. 语言和方言

地方文化中的语言和方言是当地文化的独特标志，通过传承当地的语言和方言，可以保留文化的多样性和独特性。

地方语言和方言中包含了大量的知识和智慧，如民间故事、传说、谚语等，对于知识积累和文明传承具有重要意义。地方文化中诗歌、戏曲、曲艺等艺术作品，具有独特的语言风格，如四川省的竹枝词、湖南省的山歌、江苏省的民谣等，这些都是当地的人民在长期的生产生活中创造出来的优秀语言类作品。地方语言和方言还是人类学和语言学研究的重要素材。

6. 地方美食

地方美食往往与当地的自然环境、历史背景、社会经济等因素密切相关，是地方文化的重要载体。

美食不仅满足了当地人民的口味需求，更成为当地特色文化的代表。例如，四川菜麻、辣、鲜、香；广东菜讲究清淡、原味、鲜嫩；湖北菜鲜香、醇厚、细腻；江苏菜清新爽口、用料考究。这些口味特点反映了不同地域的饮食文化特色。

7. 精神文化

在地方长期的社会发展中，形成了传统的道德规范和行为准则，包括当地的信仰、价值观、道德观等。民众通过遵循这些价值观来维护社区的秩序和稳定，通过遵守道德规范来维护社区的道德风尚。这些精神文化包含和谐、文明等符合社会主义核心价值观的优秀成分，值得传承和弘扬。

（三）地方文化传承的方式

习近平总书记指出："中华传统文化源远流长、博大精深，中华民族形成和发展过程中产生的各种思想文化，记载了中华民族在长期奋斗中开展的精神活动、进行的理性思维、创造的文化成果，反映了中华民族的精神追求，其中最核心的内容已经成为中华民族最基本的文化基因。"[①] 由此可见，中华优秀传统文化包含了先进的文化、优秀的思想、理性的思维和伟大的精神，传承中华优秀传统文化是中华民族永续发展的需要。

地方文化作为中华优秀传统文化的有机组成部分，承载了当地人民的智慧和创造，具有极高的历史和教育价值。地方文化的传承方式主要包括以下四个方面：继承与弘扬、挖掘与阐发、协调与适应，以及创造性转化与创新性发展。

1. 继承与弘扬

地方文化中包含着许多与中华优秀传统文化一脉相承的元素。例如，山东人民长期受到孔子儒家思想的影响，至今仍遵循着"仁、义、礼、智、信"的五常之道。他们重视礼仪和文化，强调忠诚和信义，将"厚德载物""讲信修睦""亲仁善邻"等优良传统代代相传。在"蜀道之难，难于上青天"的绵延群山中，四川人民勇于开拓，将四川建设成令人心生向往的天府之国，同时也涵养了"自强不息"的伟大

---

① 《习近平主持中共中央政治局第十八次集体学习》，https://www.gov.cn/xinwen/2014-10/13/content_2764226.htm。

品格。此外，中华大地上遍布的红色革命精神，地方工艺中蕴含的工匠精神，地方名人的爱国主义精神、严谨治学的精神，以及民间艺术彰显的创新精神等，都是值得我们深入学习和传承的宝贵财富。

对于文化的传承，其一，我们需要意识到中华优秀传统文化中包含的永不过时、具有普遍性意义的成分，这些成分能够为现代化建设提供丰富的内容和指导思想。其二，我们要在继承的基础上弘扬中华优秀传统文化，在实践中自觉地宣传先进文化思想、贯彻优秀文化政策、发挥文化的价值，将中华传统文化发扬光大。①

2. 挖掘与阐发

中华优秀传统文化从古代流传下来，大多以经典文本为载体，其中的思想主张、价值观念、文化命题、经典语句值得我们深入挖掘和阐发。

首先，要挖掘与阐发地方文化的时代价值。传统文化历经千年，随着社会的发展不断被完善和补充，已经沉淀出经世致用的思想。如果单从一个角度来看，也许某种思想已经过时，这就需要我们从新的角度和视野来挖掘与阐发，建立起传统文化与当代社会的联系，从当代的政治、经济、社会、科学、文化的需要出发，探寻传统文化的时代价值，满足当代社会文化的需要。

其次，要挖掘与阐发地方文化的深层内涵。在文化传承的过程中，我们不应仅停留在古代文本的表面意义上。相反，我们可以创造性地挖掘与阐发古代文化命题的积极意义，使其服务于当代社会的需要。通过对文本的总结、归纳、提升、提炼，揭示出文化的基因、民族的精神。例如，中华武术中"以德为先"的理念，注重武德修养、尊重对手、追求内心的平静等，这些理念在当代社会可以应用于青少年教育、心理健康、职场文化等领域。同样，古代文学中的"和合"思想，追求和谐、协调、合作，我们也可将其应用于国际关系、民族团结、

---

① 陈来:《中华优秀文化的传承和发展》,载《光明日报》,2017 年 3 月 20 日,第 15 版。

环境保护等领域。

最后，要挖掘与阐发地方文化的思想价值。我们要深入挖掘和阐发地方文化中"诚信""和睦""互助"的价值观，为涵养社会主义核心价值观提供思想根基；挖掘与阐发"先义后利""与人为善"等传统美德，为和谐社会建设提供道德源泉。同时，我们还要深度挖掘地方文化中的民族观、国家观、文化观，为培育社会文明风尚提供文化底蕴。

3．协调与适应

要使中华民族最基本的文化基因与当代文化相适应，与现代社会相协调。我们在传承地方文化时，需要取其精华、去其糟粕，有所选择、有所发展、有所创新地传承，同时必须与现代社会相结合。例如，对于古代文化中的"二十四孝"，我们在继承孝道的同时，需要对尽孝道的方式作出调整，与当代社会相适应。传统文化与现代社会的协调与适应，并不能简单理解为传统向现代妥协靠拢，而是要发挥优秀传统文化的引领作用。面对现代社会中的一些问题，我们要运用优秀传统文化的智慧，规范、引导、矫正现代人的思想和行为，以促进社会的健康发展。

4．创造性转化与创新性发展

习近平总书记指出："不忘历史才能开辟未来，善于继承才能善于创新……我们要善于把弘扬优秀传统文化和发展现实文化有机统一起来，紧密结合起来，在继承中发展，在发展中继承。"① 传承和发展密不可分，需要在传承中发展，在发展中创新。也就是说，我们在传承优秀传统文化的同时，还要学会古为今用、推陈出新，与时俱进地对传统文化进行改造、转化、发展、创新。

例如，古人憧憬的和谐社会，是"大道之行，天下为公"的其乐融融，是"和而不同，美美与共"的价值追求，是"生生之谓易"的

---

① 习近平:《习近平谈治国理政》(第二卷),北京:外文出版社,2017 年版,第 313 页。

平衡思想。现代社会对这些思想进行了传承、发展和创新，使其成为放之四海而皆准的真谛。我们党倡导的中华民族共同体意识、构建人类命运共同体理念，以及构建"兼容并蓄、和而不同"的人类文化等，都是在古代文化思想的基础上实现的创新与发展。

二、地方文化传承的价值

地方文化是一个区域内地理环境、风情民俗、生产方式和历史文化共同作用的产物。地方文化源远流长，深受区域内民众的高度认同。传承和创新地方文化，是培育文化自信的重要推动力。然而，当今社会存在民众对地方文化认识不足、传承意识不强的问题，这在一定程度上限制了地方文化发挥涵养文化自信的作用。因此，我们应积极挖掘和弘扬地方文化中契合时代发展潮流的优秀内容，以坚定文化自信，进一步增强民众的向心力和凝聚力。

（一）地方文化自信是实现中华文化整体自信的基础

在漫长的历史长河中，中华文化形成了以爱国主义和家国情怀为主体的精神内核，孕育了团结统一、勤劳勇敢、热爱和平、自强不息、不屈不挠、和谐守礼的民族精神。华夏儿女在共同的文化母体中成长，传承着共同的文化基因。地方文化在价值取向、行为范式和发展方向上，与中华文化具有趋同性、一致性和融合性。因此，要提升民族文化自信，就必须以培养地方文化自信为基础和前提。

（二）传承地方文化方能有效保护中华文化的根基

五千年的中华文化源远流长、绵延不绝，地方文化在其中起到了不可或缺的作用。中华文化经历过"焚书坑儒"的破坏、新旧文化的争议、战争的洗礼、外来文化的影响和工业浪潮的席卷，在历经多次冲击后，以自身的韧性完成文化生态的修复，并在传承中发展，展现出顽强的生命力。因此，传承、创新和弘扬地方文化，能够确保中华文化根基的稳固。

（三）　传承地方文化是时代发展的需要

在全球化不断加强的背景下，跨文化交流与融合的趋势愈发明显。中华文化面临着各种文化新形态层出不穷、外来文明冲击加剧等复杂局面。如何保持自身独立性、实现社会价值是中华文化当前面临的挑战。积极挖掘传统文化的当代价值，以开放包容的态度吸收人类文明的成果，推动中华文化契合时代发展潮流，才能实现传统文化的创新与发展。①

第二节　地方文化创新的内涵与价值

一、地方文化创新的内涵

（一）　文化创新与地方文化创新的含义

1. 文化创新

文化创新是指在继承前人文化成果的基础上，用新视角、新思想、新观念来重新审视和创造文化的过程。这个过程包括文化内容、文化形式、文化传播方式和文化体制等各个方面的创新。文化创新涵盖艺术、文学、影视、音乐、设计、时尚等多个领域，通过创新能够创造出具有新颖性、独特性和影响力的文化成果，推动文化的发展和进步，满足人们日益增长的精神文化需求，同时促进文化的传承与发展，增强文化的竞争力和影响力。

文化创新的实现需要多种条件。首先，文化创新是在继承的基础上，通过交流和传播实现的。通过文化交流，人们可以了解其他文化的特点和优势，吸收其精华从而丰富和发展本民族文化，在文化的碰

---

① 吕健:《地方文化的传承和创新》,载《人民论坛》,2018 年第 12 期,第 138—139 页。

撞中产生新的文化元素和创意，为文化创新提供源源不断的动力。

其次，文化创新离不开扎实的知识储备、较强的创新思维能力、丰富的想象力和敏锐的洞察力。扎实的知识储备为创新提供基础，社会学、心理学、自然科学等各领域的知识为文化创新提供新的视角和思考方式；较强的创新思维能力有助于打破思维定式，挑战传统的观念和做法，提出新的解决方案；丰富的想象力使人将抽象的思维转化为具体的艺术形式，创造出独特的角色、情节和场景，为受众带来全新的文化体验；敏锐的洞察力则帮助文化创新者更好地理解社会和受众的需求，创造出真正有价值的文化产品。

最后，需要以热爱、保护传统文化的初心，以及足够的文化自信来应对外来文化的冲击，平衡传统与现代的关系，保持文化的本土特色。

2. 地方文化创新

地方文化创新是指在特定地区内，在深入挖掘和利用地方特色文化资源基础上，融合新的元素和思想，进行创造性的转化和发展，以适应时代发展的需求，从而推动地方文化的繁荣。地方文化创新不仅有助于促进地方文化的传承，增强地区凝聚力，提高群众的文化自信，还能推动地方文化与经济、政治、社会的深度融合，进而促进地方社会的全面发展。

在地方文化创新过程中，需要注意以下几个方面：一是要立足于时代发展，用新的视角、思想和观念来重新审视和创造地方文化。例如，围绕庆祝中国的传统节日端午节，北京市在延续赛龙舟、抢鸭子、包粽子、佩戴香囊等传统习俗的基础上，开展了"网络中国节"活动，举办了"云上观景、云端诗会、线上讲解、科普微课、线上购买文创礼品"等活动，通过互联网技术让更多人了解和参与端午节的民俗活动，体验端午节的氛围和乐趣。[①] 另外，湖北、浙江、四川等多个省也

---

① 《市公园管理中心推出"云上端午"活动》，https://www.beijing.gov.cn/renwen/sy/whkb/202006/t20200624_1931688.html。

举办了别样精彩的"云上端午"活动。二是要尊重地方传统文化，继承和发扬优秀传统文化，避免盲目颠覆和破坏。在地方文化开发中，因保护不力导致文化古迹遭到破坏的例子值得我们反思，如山西省平遥古城城墙的坍塌、江苏省常州市历史文化遗产的毁坏等，这些都给我们敲响了警钟。三是要注重创新的实际效果和可持续性，避免文化创新成为一次性行为或短视行为。例如，有些地区为了发展旅游业，在缺乏历史依据和真实性的情况下仿造古城建筑、陈列赝品古董等，这种行为是地方文化发展中的短视行为，应予以避免。四是要注重跨文化交流和融合，吸收外来优秀文化成果，促进本地文化与外来文化交流合作。例如，东坡文化以其深厚的历史底蕴和丰富的文化内涵，成为全国各地学者研究的热点。全国性的东坡文化学术研讨会、文化艺术展览、文学创作交流等活动，有效推动了东坡文化的研究、传承和创新。世界各地围绕东坡文化的交流与对话，也增进了国际社会对东坡文化的了解和认同，弘扬了东坡文化的精神价值。

（二）地方文化创新的内容

地方文化创新的内容丰富多样，没有统一的定论。从不同的角度来划分，地方文化创新可以划分为不同的内容。从创新程度的角度，可以分为根本性创新和渐进性创新；从创新领域的角度，可以分为文化理念创新、文化形态创新和文化表达创新等；从创新主体的角度，可以分为政府引导型创新、企业主导型创新和社会参与型创新；从创新路径的角度，可以分为自主创新、引进消化再创新和协同创新等。

为了更具体地讨论，我们暂且从不同维度和层面将地方文化创新分为四个主要方面：内容的创新、形式的创新、传播方式的创新及文化体制的创新。这四个方面涵盖了文化创新的主要内容，有助于我们更深入地理解和研究地方文化创新的内在规律和特点。

1. 地方文化内容的创新

地方文化内容的创新是指对地方文化的内涵和价值进行深入挖掘、

整合和再创造，以适应时代发展的需要，满足人们日益增长的精神文化需求。以甘肃省为例，基于敦煌文化的文创产品设计就是地方文化内容创新的典范。其中，以九色鹿为创意元素的礼盒，灵感源自莫高窟壁画中的《鹿王本生图》，象征着忘我奉献、仁义助人的精神；弹琵琶形象的小夜灯，其创意则来源于敦煌壁画中的《反弹琵琶图》，充分展现了敦煌文化的深厚内涵和艺术魅力。此外，"飞天"系列的丝巾、T恤、装饰画等文创产品，均是以敦煌"长裙飘逸、面带微笑、手持乐器"的飞天仙女形象为灵感设计的，反映了人们超越世俗、向往美好的艺术追求。这些基于地方文化设计的文创产品，不仅是对地方文化的深入挖掘、整合和再创造，而且让地方文化在现代社会中焕发出新的活力，实现了文化的有效传播，同时也对地方经济的发展起到了积极的推动作用。

2. 地方文化形式的创新

地方文化形式的创新主要体现在艺术表现手法和技术手段的革新。陕西省西安市的大唐不夜城就是一个典型的地方文化形式创新的案例。陕西省政府精心打造了大唐不夜城，通过雕塑艺术生动呈现了唐朝时期的盛世帝王、英雄故事、历史人物以及经典艺术作品等丰富文化内容。同时，利用现代化的电影城、音乐厅、美术馆等文化场馆，全方位展现唐朝文化的独特魅力，反映出大唐在政治、经济、文化、艺术、科技等领域的风貌。大型实景演出《大唐追梦》，将唐朝的文化元素与现代演艺技术完美结合，为游客呈现了一场震撼人心的视听盛宴。

3. 地方文化传播方式的创新

地方文化传播方式的创新主要是指通过各种途径，将地方文化与现代科技、艺术等元素相结合，创造出新颖、独特且富有吸引力的传播形式。这些形式主要包括手机软件、微信小程序、数字媒体艺术、虚拟现实技术、社交媒体平台等。

地方文化相关的手机软件或微信小程序，融合现代科技，以更便捷、直观的方式向大众传播地方文化。例如，《与子同袍》手机软件帮助用户设计和欣赏汉服；《每日故宫》手机软件使用户每天都可以欣赏到故宫博物院的馆藏珍品；《诗词之美》手机软件不仅精选大量中国唐诗宋词，还深入挖掘了诗词背后的故事。数字媒体艺术将地方文化元素与现代艺术相结合，创作出具有地方特色的艺术作品，使观众在欣赏艺术的同时，了解地方文化的内涵。虚拟现实技术则为地方文化提供了沉浸式的体验方式，创造出具有真实感的虚拟文化空间。例如，傣族的泼水节民俗表演通过虚拟现实技术呈现在屏幕上，让人感受到现场的氛围和表演的精彩；贵州省的西江千户苗寨推出了虚拟现实民俗文化村服务，游客可以通过虚拟现实设备体验苗族的传统生活和民风民俗。

4. 地方文化体制的创新

地方文化体制的创新是文化组织和管理者对地方文化管理体制和运行机制进行的改革、完善、创造和推广，能有效激发地方文化的创新活力和发展动力。例如，文化产业园区的建设、文化创意产业的发展等，都是对文化创新机制的积极探索。

（三）地方文化创新的途径

1. 继承传统，弘扬特色

我们要树立文化保护理念，加强对传统建筑、历史文物、文化遗址等物质文化遗产和非物质文化遗产的保护，确保地方文化得以传承，实现可持续发展。我们还要热爱、深耕、传承地方文化，深入挖掘、研究本地历史、民俗、艺术等文化的独特性和价值，为文化创新提供丰富的素材和灵感。另外，我们要立足地方实际，打造特色文化品牌。通过创新文化节庆活动的内容和形式、加强地方文化宣传、设计特色文化产品等方式，提升地方文化的知名度和影响力。

2. 守正创新，与时俱进

文化反映了时代特征和价值观念，因此它随着社会的发展不断地演变和更新。地方文化唯有不断地守正创新，才能保持其先进性和引领性。否则，就可能成为过时的、腐朽的文化。

守正创新，涵盖内容和形式两个维度。在内容方面，我们要深度挖掘地方文化的当代价值，让传统的思想焕发出新的活力。例如，挖掘西安交通大学"胸怀大局、无私奉献、弘扬传统、艰苦创业"的西迁精神，引领年轻一代的价值观念；借鉴与发展《论语》《孟子》《史记》等古籍文献以及地方民俗文化中"民为邦本""革故鼎新""为政以德""任人唯贤"等传统理念，促进社会主义精神文明建设。这些都是在文化内容方面守正创新的重要体现。在形式方面，我们应利用现代科技手段传播地方文化，创造具有时代特色的文化产品，推动文化产业与旅游、科技、金融等产业的融合。在保持传统文化精髓的基础上，对地方文化进行创新性发展。

与时俱进，就是要及时了解和掌握时代发展的趋势和潮流，关注国内外文化动态，以便把握文化创新的正确方向。例如，当前中国处于风云变幻的国际环境中，国际竞争日益加剧，文化软实力成为提升国家综合国力的核心内容之一。我们党准确把握世界发展趋势，提出了"坚定文化自信""文化兴国运兴，文化强民族强""讲好中国故事，传播好中国声音""推动中华优秀传统文化创造性转化、创新性发展"等重要观点，将发展和繁荣文化公益事业、发展和壮大文化产业作为提高文化软实力的重要举措，这凸显了文化的重要性。

3. 面向世界，博采众长

新时代新征程，我们需要进一步树立全球视野，以开放、包容的态度对待世界不同文化的特点和差异。我们应学习借鉴其他文化的优秀元素，为地方文化注入新的活力。我们还要学习借鉴国际上成功的文化创新经验和发展模式，结合本地实际情况，为地方文化创新提供方向和思路。同时，我们应培养具有国际视野和跨文化沟通能力的人才，提高地方文化的创新能力和传播能力，让地方文化代表中国走向世界，深化文明交流互鉴。

例如，四川省举办峨眉山国际武术节，来自俄罗斯、美国、法国、墨西哥等 21 个国家的武术爱好者共聚一堂，以武会友，切磋交流。峨眉派武术展现了刚柔并济、虚实合一、动静结合、浑然天成的特点，其文化魅力吸引了许多国际友人的关注，并走进了世界各国人民的视野。

4. 培育人才，注重实效

在文化强国战略背景下，当前地方文化的传承与发展，以及地方文化产业的繁荣，需要拥有创新思维、擅长经营管理、掌握新媒体技术、熟悉多领域知识、具有国际视野的人才。然而，现有的地方文化人才队伍存在整体素质不高、地域分布不平衡、管理不科学等问题，因此，亟须加强人才培养，提升文化传播和创新效能。

为了培养这样的人才，需要形成一套科学完整的培养模式。其一，应建立完善的人才培养和引进机制，为地方文化创新培养和留住人才。其二，通过举办学术交流活动、组建文化创意团队等方式，帮助人才不断更新知识、拓宽视野，在地方文化创新实践中不断成长。再次，搭建创新平台，从硬件设施、技术支持、资金保障等方面，为地方文化人才发展提供施展才华的空间和机会。其三，建立有效的评估与反馈机制，将评估结果作为激励的依据，以激发人才的积极性和创造力。

二、地方文化创新的价值

（一）创新是地方文化的灵魂和生命力

创新是地方文化发展的内在要求。随着时代的变迁和社会的进步，文化必须不断地更新和发展才能符合时代需求，引领社会进步。创新能够为地方文化注入新的元素和活力，推动地方文化焕发新的生命力。

（二）创新有利于增强地方文化自信

文化创新是在挖掘和传承地方独特文化遗产的基础上进行的。文化创新能展现出地方文化的先进性和当代价值，使民众更加认同和热爱本土文化。文化创新的方式手段生动有趣，会吸引更多年轻人的关注和参与。这种对地方文化的传承、弘扬和关注，会逐渐内化为地方民众的文化自信，成为热爱家乡、建设家乡的精神动力，推动地方社会、经济、文化的全面进步。

例如，四川省成都市某历史博主利用短视频的形式在抖音平台摆起了古蜀文化"龙门阵"。他通过风趣幽默的解说和生动有趣的视频，介绍了蜀地的历史沿革、风土人情、戏曲艺术、美食、故事和传说，为观众打开了了解古蜀文化之窗，吸引了 120 多万粉丝的关注。他的介绍让观众深入地了解蜀地文化，为挖掘和传播地方文化作出了贡献。湖南省凤凰县政府依托当地的苗族文化资源，加强了对苗族文化的保护和传承。通过发展苗族特色的手工艺品、服饰、食品等文化产业，开发旅游产品，打造特色乡村旅游线路，凤凰县为乡村建设和经济发展作出了积极贡献。

(三) 创新有利于满足民众精神文化需求

随着社会的快速发展，民众对精神文化的需求日益增长。地方文化创新能够提供更加丰富、多元、有品质的文化产品和服务，满足民众的精神文化需求，进而提升生活质量。

例如，河北省张家口市张北县的草原音乐节，将音乐与自然景观、地方文化完美结合，打造出一个独具魅力的音乐节品牌。游客不仅能欣赏到知名歌手的精彩演出，还能感受到草原的壮美以及独特的风俗民情。特别是音乐节中的美食区、游戏区、文创市集等，让游客能够领略到本地特色地方文化的魅力。在四川省成都市武侯祠附近的"锦鲤"商业区，活跃着一些小型演出团队。游客可以在古色古香的商铺中，边品茶边悠闲地观看川剧变脸、茶艺表演、传统戏曲等演出。在美食区和文创区，游客可以了解当地的饮食文化，品尝地方美食，并欣赏到大熊猫、变脸等文创产品。这种传统文化与商业活动相结合的模式，既传承和弘扬了地方传统文化，又为商家带来了商业利益，极大地丰富了群众的精神生活和物质生活。

（四）创新有利于提升地方知名度和影响力

浙江省嘉兴市通过举办乌镇戏剧节，邀请国内外知名剧团和艺术家，举办各种戏剧演出、工作坊、论坛等活动，创新性地推出了一系列具有实验性和探索性的戏剧作品，极大地推动了戏剧艺术的发展，成功打造了一场独具特色的戏剧盛会。乌镇也因此从一个度假小镇升级为世界闻名的文化小镇。云南省丽江市通过保护和利用文化遗产，将一个古老的城镇打造成了一个国际知名的旅游胜地。城内的古建筑、古巷道、古桥，以及纳西族的传统音乐、舞蹈、手工艺品，无一不向游客讲述着这座城市古老的历史文化。丽江市还创新性地推出了具有民族特色的文化活动和旅游产品，融入了传统与现代相结合的元素，吸引了大量中外游客，提升了国际知名度和影响力。

第三节　高校在地方文化传承与创新中的角色与功能

地方高校与地方文化之间存在着密切的联系。地方文化对当地高校的办学理念、人才培养、校园文化建设等方面产生着深远的影响。地方高校植根于所在区域，肩负着人才培养、科学研究、社会服务、文化传承创新等多重使命，为地方文化的传承与发展注入了新的活力。

地方高校既具备大学的共性和功能，又承载着所属区域的个性特征。一方面，区域文化会融入高校建设之中；另一方面，高校在研究当地文化、服务社会发展的过程中，也会进一步认同本区域的历史文化。

一、高校作为守护者，发挥着地方文化守护功能

高校在长期的发展过程中，继承了学术自由、追求真理、独立思考的传统，形成了以创造精神、批判精神和社会关怀精神为本质特征的大学精神，展现了独特的气质和价值追求。面对当今社会多元文化的冲击，高校作为知识和思想的殿堂，成了坚定的文化守护者。

第一，高校凭借其丰富的学术资源和研究力量，通过学术研究和文献整理，对地方文化进行深入挖掘和系统梳理，发挥着守护地方文化的重要作用。大多数高校图书馆设立了地方文献专区，对地方的历史、地理、文化、民俗等资料进行整理和收藏，既方便了学者研究，也保护了地方文化的资料。同时，高校建立地方文化研究中心，为研究人员深入研究地方历史、文化和传统提供平台。例如，兰州大学成立了敦煌文化研究所，致力于敦煌学、西北历史、西北民族等方面的研究，并取得了丰硕的成果。兰州大学图书馆在敦煌文献收藏方面也做了大量工作，不仅建立了敦煌学专藏，还通过与敦煌研究院合作，共同整理敦煌学文献，为守护敦煌文化作出了重要贡献。

第二，高校通过教育培养人才，为社会输送了地方文化的守护者。高校开设的地方文化相关课程，让学生深入了解地方文化传统和历史背景，从思想和知识上做好了人才储备工作。此外，高校通过社会服务和实践教学等方式，为学生提供深入了解地方文化的机会，使他们在实践中更好地守护家乡文化。例如，太原师范学院开设了山西省地方戏剧鉴赏、山西民间舞蹈文化、山西民歌等课程，学生通过这些课程，能够深入了解山西地方文化的历史、特点和价值，并投身到文化实践活动中，成长为文化领域的人才。

第三，高校作为地方文化的守护者，积极参与地方的文化活动，致力于抢救和保护地方非物质文化遗产。例如，扬州大学在该地区的传统表演艺术、民俗活动、传统手工艺等特色地方文化的整理和保护方面作出了重要贡献，并通过展览、演出等形式向公众展示优秀的地方文化。贵州大学与贵州省文化厅合作，共同开展贵州省传统音乐、传统舞蹈、传统戏剧等非物质文化遗产的抢救与保护工作。

二、高校作为传承者，承担地方文化传承重任

高校与地方文化之间存在着深厚的联系。地方文化哺育、滋养地方高校，而地方高校则根植于地方土壤，彰显着地方文化的特色，并

承担着传承地方文化的重要职责。

地方高校汇聚了各类专业人才和学术资源，拥有强大的科研能力和教学实力。它们能够推动对地方文化的深入研究，发掘其内在价值，并通过人才培养和教育普及，激发更多人对地方文化的兴趣和热爱，进而促进地方文化的传承。

作为当地的文化机构，地方高校承载着服务地方、回馈社会的使命和责任。它们积极参与地方文化研究，投身于地方文化建设及文化保护工程，不仅为地方文化的繁荣发展贡献力量，也实现了自身的价值。

三、高校作为创新者，肩负着地方文化创新的使命

第一，高校具备显著的创新人才优势和资源优势。高校汇聚了大量科研人员和专业人才，他们凭借丰富的学术背景和专业知识，成为推动创新的重要力量；高校的开放性和包容性使得多元文化和多种思想在此交汇，为创新提供了肥沃的土壤。此外，高校在基础研究方面得天独厚的优势，为创新提供了源源不断的动力。

第二，地方文化为高校的创新提供了源源不断的灵感和动力。从文化领域来看，当地的古籍文献、民俗艺术、传统建筑、历史名人等，为研究地方的文化传统和历史演变提供了宝贵的资源；从经济领域来看，地方特色文化是发展旅游业、设计文创产品、繁荣文化产业、创作文艺作品的重要源泉，为推动经济可持续发展提供了创新智慧和创造思路；从教育领域来看，地方工艺、传统技艺、特色艺术等为职业技能教育提供了丰富的教学资源，地方人文精神的挖掘则为高校思想教育提供了宝贵的素材；从传播领域来看，地方文化为大学生提供了新媒体技术、社交媒体运营、创意策划、传播学理论的实践机会；从社会领域看，地方文化中的智慧为当地社会治理提供了重要的借鉴和参考。地方高校应增强角色意识，发挥文化自觉，通过学术研究和艺术创作深入挖掘、整合、提炼地方文化精髓，在传承中创新，在创新

中发展，担负起文化传播与创新的使命，使地方文化得以生生不息、源远流长。

四、高校作为传播者，承担着地方文化育人的任务

第一，高校是文化的传播者。高校作为文化传播的重要场所，通过教育教学活动，将传统文化和知识传递给下一代，为新思想、新文化的产生提供肥沃的土壤；高校是跨文化交流的平台，汇聚了来自不同地区、不同文化背景的师生，为文化的交流、融合与传播提供了广阔的空间和丰富的机会；作为文化传播的重要机构，高校举办的高质量文化讲座、展览、论坛等活动，能够启迪听众思维，提升全社会的文化素质和文明程度；高校是文化传播的先进载体，学校师生运用现代高科技，借助新媒体、网络等现代化手段，提升文化传播的有效性，扩大文化传播的覆盖面和影响力。

第二，文化具有育人功能。文化能够帮助人们开拓视野、启智增慧。在学习的过程中，人们不仅丰富了自身的学识，获得了知识和技能，还受到前辈理性思维和创新能力的启发，培养了正确认识世界、思考问题和解决问题的能力。文化还能够促进良好道德风尚的培育，对人的道德教化、品格涵养和价值引领有重要作用，有助于引导人们形成正确的价值观和人生观；文化还具有提高审美素养的作用，通过欣赏和创造文化艺术作品，人们能够培养审美情趣、提高审美素养、提升感受美和创造美的能力。高校应积极挖掘并充分发挥地方文化的育人价值，实现地方文化"文以载道""以文化人"的功能，促进人的全面发展。

五、高校作为践行者，为地方文化传承创新作出实际贡献

高校作为文化的践行者，始终脚踏实地，致力于地方文化的研究、传承与创新。高校师生深入地方文化基层，建立研究和实践基地，通过考察、访谈等调研活动，深入了解当地文化以及群众的文化需求。

他们与当地政府或文化机构紧密合作，举办各类文化活动，旨在弘扬地方文化，满足群众的文化需求。同时，通过课程建设和校园文化建设，不断提升高校学生的文化素养和道德水平，培养出具备高素质的文化传承者。这些高素质的人才在社会中发挥着辐射带动作用，推动了全社会对中华优秀传统文化的传承和对社会主义核心价值观的践行。

例如，陕西理工大学成立的汉水文化研究中心便是一个成功的案例。该中心以汉水流域为立足点，坚持学术研究与区域经济社会发展相结合，致力于推动特色学科的建设、学术的进步以及区域社会经济的发展。中心主要围绕汉水流域的文学艺术和历史文化开展研究，并定期编发省级学术研究内刊《汉水文化研究》，不定期出版《汉水文化研究集刊》。此外，该中心还与湖北文理学院共建汉水文化研究基地，并联合汉水中上游相关高校成立汉水中上游文化遗产研究会和汉水文化研究联合会，共同开展汉水文化的研究。该中心注重社会实践，在合理利用陕南绿色资源、生态资源、旅游资源，打造陕南绿色产业，以及地区生态保护等领域作出的贡献，得到了社会各界的广泛认可。再如，南京农业大学在江苏省多个地区成立的农村文化研究实践基地、山东科技大学在沂蒙山区建立的大学生红色文化教育实践基地，都在地方文化研究和实际应用中发挥了重要作用。

由此可见，地方高校通过建立基层文化研究中心、研究基地等方式，积极践行着传播文化、传承文明、创新发展的使命，为地方文化繁荣和社会进步作出了积极贡献。

六、高校作为交流者，促进了地方文化之间的交流

高校凭借自身的人才和学术优势，积极促进了文化交流并推动了文化多样性的发展。通过联合国内其他高校举办地方文化学术交流会议、文化节等，加强了地方文化的传承与创新；通过与企业合作，将文化研究成果转化为产品和服务，为企业提供了技术支持和创意灵感，有效促进了文化与产业的融合；通过与国外的高校或研究机构协同开

展文化研究工作，推动我国的地方文化能够更好地为世界所认知，进一步促进了中华文化与世界文化的交流互鉴。

例如，江苏理工学院举办的常州地方历史文化专栏研讨会，作为江苏省地域文化研究会高层论坛的一部分，为扬州大学、东南大学、南京师范大学等多所江苏省高校提供了地方文化交流的平台。各高校就地域文化研究的类型、本土文化的研究方向以及文化研究产出等问题进行了深入的探讨，对共同推动江苏省地域文化研究起到促进作用。

例如，甘肃省兰州文理学院与天庆集团展开了文化领域的战略协作，安徽省阜阳师范大学与阜阳市食品公司进行了深度交流合作，均体现了地方高校积极响应教育部等部门颁布的《关于深化产教融合的若干意见》，探索校企产学研融合的新路径，探讨人才培养方法，推动地方文化的创造性转化与创新性发展。再如，国内外高校联合举办的亚洲地方学与地方文化学术研讨会，也极大地促进了亚洲地方文化的研究与交流。

七、高校作为服务者，为地方文化传承创新提供服务

高校作为教育机构，致力于人才培养；作为科研机构，也服务于科技进步和社会发展。

高校服务社会的方式丰富多样。借助丰富的文化资源和人才优势，高校为地方政府和企事业单位提供包括文化发展规划、文化遗产保护、企业文化建设等在内的文化咨询服务，以此促进当地文化事业和经济的发展。高校还提供成人教育、中小学教师国家级培训计划（简称"国培计划"）、职业技能辅导等文化培训服务，旨在提高当地民众的文化素质和技能水平。高校与当地政府和企业合作，组织民俗文化节、音乐会等活动，丰富当地民众的文化生活。

例如，四川省乐山师范学院针对凉山彝族自治州推出的"国培计划"，为少数民族地区的中小学教师提供了教育培训服务，从加深理论修养、拓展教育视野、更新教育观念等方面作出指导，为提升少数民

族地区教师的教育水平作出了贡献。四川省绵阳师范学院服务于当地的文化与自然遗产保护工作，邀请羌绣、平武剪纸、面塑、古陶瓷修复技艺、特色饮食等非物质文化遗产的传承人走进校园，现场开展文化体验与教学活动，为绵阳地方特色文化的传承和弘扬作出了积极贡献。

八、高校作为引领者，引领着地方文化的发展方向

高校作为文化中心与思想高地，对地方文化具有引领功能。高校得天独厚的人才优势、科研优势和平台优势，使其具备引领地方文化发展的能力和条件。同时，高校的文化氛围赋予了它文化引领的自觉意识。因此，高校站在文化强国的高度，积极发挥着引领地方文化发展的作用。

第一，高校汇集了地方大批文化精英。高校教师拥有深厚的文化学习积淀，长期致力于某一方面的研究，并在该领域取得了一定的建树，是文化研究领域的佼佼者，能够承担文化引领者的角色。大学教育为社会输送了大批具备文化素养和创新能力的人才，这些人才在各自的领域中发挥着重要作用，成为推动文化发展的中坚力量。

第二，高校是知识的殿堂，承担着传承人类文明和传播民族文化的重任。高校在教育、研究和实践中，不断催生最新的科研成果和最前沿的文化思潮，引领文化风尚。例如，北京大学曾是新文化运动的摇篮；中央美术学院站在艺术潮流的前沿，引领着风尚；"国防七子"作为中国国防科技的领航者，推动着科技进步；"五院四系"在法学教育界具有举足轻重的地位；西南交通大学凭借其轨道交通领域深厚的历史底蕴和强大的科研实力，成为全球轨道交通事业发展的标杆。高校通过自身的文化实践和影响力，引领社会形成积极向上的价值观念和道德标准。

第四章 高校推动地方文化传承与创新的路径

党的二十大报告指出，"全面建设社会主义现代化国家，必须坚持中国特色社会主义文化发展道路，增强文化自信，围绕举旗帜、聚民心、育新人、兴文化、展形象建设社会主义文化强国，发展面向现代化、面向世界、面向未来的，民族的科学的大众的社会主义文化，激发全民族文化创新创造活力，增强实现中华民族伟大复兴的精神力量"①，对推进文化自信自强、铸就社会主义文化新辉煌提出了明确要求，并作出了重大部署。

地方高校作为地方文化的重要载体，根植于地方文化的土壤之中，在参与地方文化传承与创新的过程中，拥有得天独厚的地理优势、资源优势以及人才优势，占据了"天时地利人和"的条件。因此，地方高校应当积极承担起地方文化研究的社会责任。

经过深入研究和全面梳理，本章将从以下五个方面阐述高校推动地方文化传承与创新的路径：一是发挥科研优势，深入挖掘和整理地方文化；二是发挥专业优势，创新地方文化的传承与传播方式；三是发挥服务优势，搭建产学研合作平台，促进地方文化与产业的融合发

---

① 习近平：《高举中国特色社会主义伟大旗帜 为全面建设社会主义现代化国家而团结奋斗——在中国共产党第二十次全国代表大会上的报告（2022 年 10 月 16 日）》，载《人民日报》，2022 年 10 月 26 日，第 1 版。

展；四是发挥资源优势，探索人才培养新模式，为地方文化传承与创新提供人才支持；五是充分利用图书馆资源，营造全社会阅读氛围，提升公众文化素养。

第一节 发挥科研优势，挖掘和整理地方文化

高校因其高层次人才聚集、研究力量雄厚和创新能力突出而拥有显著的科研优势。同时，高校与所在地的政府、企事业单位、社会组织以及研究机构保持密切联系，这为其获取地方文献、开展学术交流、推广研究成果提供了丰富的资源优势。利用这些优势与影响力，高校可以深入挖掘和整理地方文化，为当地的社会发展和文化传播作出贡献。

一、地方文化研究文献的获取途径

（一）走访文化机构

图书馆、档案馆、博物馆和方志馆不仅是保存和展示地方文化文献的重要机构，更是历史记忆与文化传承的重要载体。

地方和高校图书馆广泛搜集、精心整理并妥善保存着关于本区域的历史地理典籍、家族谱系、风俗志等丰富的研究素材与资料，对地方历史、文化和民俗研究有着不可或缺的参考价值。

档案馆的独特价值在于其对各类档案的细致收集、科学保管和有效利用，这里珍藏着政府公文、家族档案、企业史料等珍贵的第一手资料，它们不仅是地方政治、经济、社会发展的历史见证，更是研究地域变迁、社会结构演变的重要依据。

博物馆通过文物展览，将地方历史、民俗风情、自然风貌等呈现于公众的眼前，每一件展品背后都承载着深厚的历史文化内涵，为研究者提供了直观、生动的文化体验与研究素材。

方志馆作为专门收藏与展示地方志的机构，保存着详细记载本地

自然风貌、历史沿革、经济发展、文化特色等内容的综合性文献，为地方历史和文化研究提供了翔实的资料。

通过走访图书馆、档案馆、博物馆和方志馆等文化机构，我们能够获取到丰富而全面的地方文化研究资料，为深入探索地方文化的独特魅力奠定坚实的基础。

（二）调研学术研究机构

高校与研究所等学术机构是科学研究的中坚力量。了解这些学术研究机构的研究成果，包括论文和报告等，能够了解最新的研究方向、研究成果和学术动态。此外，高校可以积极参加当地举办的学术研讨会、文化节等交流活动，与地方文化研究的专家学者建立联系，从而更深入地了解地方文化，拓展研究思路，并获取宝贵的文献资源。

（三）重视民间收藏

民间一些文化爱好者，由于拥有浓厚的乡土情怀，收藏了众多珍贵的历史文献资料，如古老照片、碑刻拓片、名人手稿等。这些资料对于研究和了解当地历史文化、社会发展具有重要意义。例如，四川省乐山市的收藏家张旭东，收藏了 5000 余件珍贵物品，包括乐山地方抗战时期遗存的珍贵图片及文字资料、抗战时期迁入乐山的高校和企业的影像资料，以及乐山历史上重大变迁遗存文物等。其中特别值得一提的是，涉及抗战时期武汉大学迁入乐山的珍贵资料、有关郭沫若研究的文史资料，为乐山地方文化的深入研究发挥了重要作用。

（四）深入田野调查

高校文化研究者应当走进田野，走向基层，亲身体验传统技艺与民俗，收集第一手资料。例如，通过拜访当地文化传承者、历史见证人，获取他们关于亲身经历的口述资料，丰富文化研究的素材。同时，可以入户走访普通村民，搜集照片、录音、录像等资料，为研究提供有力的实证支持。

（五）关注网络资源

在数字阅读时代，网络是获取地方文化资料的重要途径之一。

地方政府和文化机构的网站作为信息发布的权威渠道，为公众提供丰富的文化政策和文化活动等相关信息。地方文化领域的社交媒体和在线论坛，则搭建起了互动交流的平台，用户在这里不仅能分享见解，还能了解多元的观点，拓宽了研究的视野。对地方文化感兴趣的个人或研究团队也会在博客等自媒体平台分享他们的研究成果、经历和见解，通过这些平台往往能获取视角独特、内容丰富、感情细腻的文字或视频材料。地方文化数据库致力于系统地收集、整理和发布地方文化的各类研究素材，为研究者提供全面而系统的信息资源。此外，读者可以使用在线图书馆，通过检索系统轻松查找到地方文化相关的电子图书、期刊论文等文献资料。当需要查找文化现象和历史事件等具体信息时，搜索引擎凭借其强大的检索能力和广泛的覆盖范围，成为不可或缺的工具。

二、地方文化研究文献的整理过程

（一）建立研究机构

高校建立地方文化研究机构，对于深入挖掘地方文化的内涵和价值、提升学术界对地方文化的认识和理解、推动地方文化领域的创新和发展，以及促进地方文化的繁荣和兴盛，都具有极其重要的意义。

在建立研究机构之前，需经过充分筹划。一是明确目标和定位，对研究方向、研究重点、预期成果等方面有清晰的规划，以确保研究机构的发展方向明确。二是组建筹备委员会，负责制定计划、招募研究人员、筹集资金等事宜，确保研究项目的顺利推进和高效执行。三是申请审批，在学校或相关审批机构通过后，招聘具有相关研究背景和经验的研究人员，保障研究工作的专业性和权威性。四是根据研究机构的初衷，有组织、有计划地开展研究工作，加强与其他高校、研究机构、政府部门和企业开展合作交流，以促进学术研究的共同进步和创新。五是定期评估和总结，评估目标达成度、显性成果及其带来的社会效益，总结经验，改进不足，使研究机构能够保持可持续发展的态势。

高校的地方文化研究机构，大多以当地的文化名人或特定传统文化为主题而设立。例如，四川大学的苏轼研究中心、杨慎研究中心、四川佛教文化遗产研究中心；四川师范大学的巴蜀文化研究中心、扬雄研究中心；乐山师范学院的郭沫若研究中心、四川世界遗产普及基地、四川省教育厅人文社会科学重点基地、藏羌彝走廊民族音乐研究中心等，这些都是基于地方文化建立的省市级研究平台。

（二）组建研究团队

高校组建地方文化研究团队，有利于整合多方资源，提高研究效率。团队成员之间可以相互学习、交流和分享，共同应对研究中的挑战和问题，提升研究能力；还有助于提升研究质量，推动学术研究的深入发展。最重要的是，团队形式更有利于扩大学术影响力，为地方文化的传承和发展作出贡献。

根据学科特点，研究团队可以分为同学科研究团队和跨学科研究团队两种。

同学科研究团队是指同一学科领域内的研究团队，其成员通常具有相同的学科背景和专业知识。团队成员更容易理解彼此的研究思路和方法，能够迅速交流和分享研究成果，有助于激发创新思维，提高研究的深度和精度。团队成员可以共享学科资源和研究成果，避免重复劳动。此外，在开展研究项目、申请课题时，团队成员可以互相支持、互相启发，共同推动学术研究的创新发展。

跨学科研究团队是指由来自不同学科背景的专家和学者组成的团队，旨在联手解决复杂的学术问题或实践问题。该团队的特点在于其成员具备不同的专业知识和技能。跨学科的合作与交流，能有效打破学科壁垒，推动跨学科的思想碰撞和创新，实现优势互补和创新发展。例如，地方文化研究团队可以吸纳人文地理学、社会学、历史学、艺术学等不同学科背景的研究人员，多角度、多层面深入探究地方文化的特点和规律。

（三）整理和研究文献资料

整理和研究地方文化文献资料是地方文化研究的重要基础工作。通过这一过程，我们能够深入了解地方文化的历史渊源、发展脉络和特点，为后续研究提供有力支撑。

其一，根据研究目标对海量的文献资料进行筛选，按照时间、地域、文化类型等方面进行分类。其二，对筛选、分类后的资料进行编目，使其有序化、系统化。随后进行分析和解读，通过文本分析、比较研究、语境分析等方法，深入探究地方文化的特点和演变规律，挖掘其中的文化内涵和价值。同时，也可以借助现代科技手段，对地方文化资源进行全面的梳理和分析。其三，将整理和研究的成果进行社会化转化，如发表学术论文、出版专著、编纂文化志等，让更多的人了解和认识地方文化。

在整理和研究地方文化文献资料的过程中，我们也需要注意以下几个方面。其一，尊重原始资料，不随意篡改或歪曲文献内容。其二，保持客观中立，避免主观臆断或偏见。其三，遵守学术规范和道德准则，杜绝抄袭剽窃，确保学术研究的严谨性和公正性。其四，与时俱进，持续更新和完善，以发展的眼光对待地方文化研究。

（四）发布研究成果

学者的研究成果，因其学术性和权威性，通常以学术论文和学术专著的形式呈现。在信息时代，随着互联网和移动设备的普及，人们获取知识的渠道愈发多样化。除了传统的纸质图书，电子书、网络文章、微信公众号推文、社交媒体帖子、短视频等，都已成为信息的重要来源，具有受众更为广泛、内容更加个性化、互动性强等特点。因此，地方文献研究成果的发布可以通过多种渠道进行。

不同类型的研究成果通过不同的渠道发布，有利于实现成果利用最大化。高质量的、具有学术价值的研究成果宜在学术报刊上发表，或作为学术著作出版，为其他学者提供研究资料；科普性的研究成果则适合发布在地方文化专题网站、公众号、博客等平台，方便大众读者随时查阅和下载；视频和大众化科普文章则可发布在社交媒体平台或常用手机软件上，与广大网友分享和交流，从而扩大研究成果的受众范围。

此外，参加学术会议时，分享具有创新性和研讨价值的研究成果，与同行进行交流和讨论，也是增加研究成果影响力和知名度的重要途径。总之，研究成果的宣传和推广，应根据成果的特点和目标受众，选择合适的发布方式和渠道，以更好地发挥其价值。

三、地方文化研究成果的共享

（一）建立数据库

地方文化研究的原始资料数量庞大，种类繁多。建立数据库可以对研究资料和成果进行整理、分类和编目，使其有序化和系统化。文献进行数字化处理后，不仅便于存储、检索和传播，还可以利用现代技术进行文本分析和数据挖掘。对于一些不可外泄的隐私数据，可以采取加密、访问控制等措施，确保信息安全。

（二）存储纸质文档

纸质文档的存储应选择适当的存储环境，最好选择干燥、阴凉、通风良好的地方，防潮防虫，避免阳光直射和高温。为了方便查找和使用，文档应按照主题、时间、类型等进行分类和整理。对于重要和珍贵的纸质文档需要采取特别保护，必要时进行复印备份。

（三）加强与地方政府和民间组织的合作

高校可以与地方政府和民间组织合作，了解当地文化发展的需求和问题，共享研究数据、研究文献和研究设备等。这样既能提高高校在地方的影响力和知名度，又可以寻找将研究成果转化为实际应用和社会效益的机会，服务地方文化和经济的繁荣发展。

（四）搭建交流平台

文化在交流中得以传承、弘扬、发展和创新。搭建地方文化交流平台，能够为人们提供展示、了解和学习地方文化的场所，将地方文化传播给更广泛的受众。依托平台，在文化交流与碰撞中，能够激发出新的创意和合作机会，推动文化研究和经济发展。通过交流平台展示和宣传地方文化的特色和价值，可以增强人们对本地文化的自信心和认同感，提高文化自觉和文化自信。

1. 文化活动平台

高校可以通过举办论坛、研讨会，或者组织艺术展览、音乐会、民俗活动等方式，邀请当地文化传承人、民间艺人、专家学者等参与其中，在开展交流中促进文化传播。例如，南京大学举办的地方文化展览，展出了南京的传统建筑、服饰、手工艺品等，让观众进一步了解南京地方文化的特色。浙江大学举办的音乐会，邀请了当地的民间艺人、音乐家等，演奏了浙江地区的传统音乐和民间音乐，展示了浙江地方音乐的风格和特点。高校以活动为载体，为文化传播和交流搭建了平台。

2. 文化旅游平台

将地方文化学术研究与当地的旅游资源结合起来，开发具有地方特色的文化旅游线路和产品，为游客提供更加多元、更有深度的文化体验，可以促进文化传播和旅游业的发展。例如，南京大学历史系和旅游系联合开发的六朝文化旅游线路，将六朝时期的文物和文化遗产与当地的旅游资源相结合，为游客提供了深入了解六朝文化的机会。

3. 文化遗产保护平台

文化遗产是地方文化的重要组成部分，是中华文明得以延续发展的基石。高校可以建立一个集宣传、教育、研究、交流等功能于一体的平台，通过对地方文化遗产的保护、传承和推广，加强人们保护文化遗产的意识，让这些珍贵的文化遗产得以永续流传。例如，南开大学建立的天津地方戏曲传承平台，对天津地方戏曲进行发掘、整理和保护，利用线上线下的教学活动、演出活动和技术研究，推动了天津地方戏曲的传承和创新。

4. 公共文化服务平台

高校可以整合自身的文化资源和人才，为当地群众提供图书借阅、文化咨询讲解、艺术培训、文艺演出等一站式文化服务，满足人民群众的基本文化需求，丰富人民群众的精神生活。

四、地方文化的传承与创新

（一）研究成果的推广

文化研究成果的推广是研究的目标之一，而创新的推广方式是成功的关键因素。

根据目标受众的特点和需求，定制推广内容和服务，采用新颖有趣、互动性强的推广方式，将有助于提高推广效果。例如，河南省许昌学院将纳米科技与钧瓷文化相结合，与著名陶瓷艺术家合作烧制作品，捐赠给博物馆进行收藏和展示，此举有力地推动了钧瓷文化的传承和发展。贵州民族大学教师依托丰富的民族文化资源，设计富有地方特色的民间工艺产品，并创作美术和书法作品，荣获贵州省文艺奖，在文化作品展示中成功实现了研究成果的推广。

（二）研究成果的普及

文化研究的最终目的是普及文化，使研究成果接地气，走进人民群众中，如此更好地发挥其价值。将地方文化研究成果编写成图文并茂、通俗易懂、充满趣味性的普及读物，能让人们在阅读中感受地方文化的魅力；举办文化展览、文艺演出等雅俗共赏的活动，可以进一步增强民众对地方文化的兴趣和认知。利用电视、广播、报纸、网络、短视频、直播等传统媒体和新媒体，能够让更广泛的群体了解和认识地方文化。

（三）文化创新人才的培养

培养文化创新人才是推动文化创新发展的重要途径，也是为文化注入新活力的重要手段。高校可以通过将地方文化纳入教育体系，在课程教学中培养学生的创新思维和创造力；通过搭建创业孵化器、艺术工作室等实践平台，让学生在理论与实践相结合的操作中锻炼自己的创新能力。此外，开展跨界合作，为人才提供国内外交流合作的机会，让他们了解世界各地的文化动态和趋势，拓宽国际视野，进一步提升创新能力。

第二节　发挥专业优势，创新传承与传播方式

党的二十大报告指出："坚守中华文化立场，提炼展示中华文明的精神标识和文化精髓，加快构建中国话语和中国叙事体系，讲好中国故事、传播好中国声音，展现可信、可爱、可敬的中国形象。加强国际传播能力建设，全面提升国际传播效能，形成同我国综合国力和国际地位相匹配的国际话语权。深化文明交流互鉴，推动中华文化更好走向世界。"[①] 提高文化传播能力，已成为当前文化发展的重要任务之一。

高校作为人才和知识的聚集地，拥有语言学、传播学、设计学、

---

① 习近平：《高举中国特色社会主义伟大旗帜 为全面建设社会主义现代化国家而团结奋斗——在中国共产党第二十次全国代表大会上的报告（2022 年 10 月 16 日）》，载《人民日报》，2022 年 10 月 26 日，第 1 版。

网络与新媒体等专业背景的人才，应当充分发挥专业优势，创新文化传播方式，成为优秀地方文化传承与发展的主要引擎，让地方文化"潮"起来、"活"起来，走向全国，甚至走向世界。

一、创新地方文化的传承方式

中华民族自古以来就重视文化的传承，传统的文化传承方式主要包括家庭传承、学校教育和社会公共文化活动三种。家庭传承通过长辈对晚辈的言传身教，进行文化知识和价值观的传递；学校教育将传统文化纳入教育体系，让学生在课堂上学习文化知识，是一种系统化、科学化的文化传递方式，也是最直接有效的方式；社会公共文化活动，如政府组织的文化活动、博物馆和图书馆举办的公众传播活动以及传统节日庆祝活动等，虽然具有相对不均衡的特点，但仍是文化传承的重要途径。

随着时代的进步，互联网、电子设备和移动终端得到普及，融媒体技术快速发展，人们获取信息的渠道越来越多，地方文化的传承方式也日趋多样化，文化的传播和发展有了更加广阔的空间和机会。因此，高校需要不断创新地方文化传承方式，推动中华文化走向世界。

（一）应用数字化技术

进入 21 世纪，互联网引领我们步入"数字时代"，数字化技术融入社会的各个领域，推动了社会的变革和发展。随着大数据、云计算、人工智能等技术的广泛运用，地方文化的研究和传承也呈现出数字化特点，主要类型包括数字展览、数据库开发、元数据创建、大数据分析、知识可视化等，为地方文化传承发展带来了新的机遇。

1. 建立数字化档案

根据数字化对象（地方文献、文物、建筑、民俗、曲艺等）的特性和价值，选择摄影、摄像、扫描、三维建模等合适方式将其转化为高保真度的数字格式，实现安全、持久的存储，再利用互联网、社交媒体等渠道进行推广与分享，让珍贵的文化遗产跨越时间的限制，触达更多的受众。

2. 开发数字化产品

挖掘地方特色历史、传统、风俗、艺术等文化资源，开发具有知识性和趣味性的数字图书、数字影像、数字音乐、数字游戏等数字化产品，利用互联网传播速度快、覆盖面广的优势，扩大地方文化的宣传面。例如，敦煌壁画数字化项目，利用先进的计算机数字化技术，对敦煌壁画进行高精度、色彩逼真的数字采集、存储和处理，可以长期且稳定地保存敦煌壁画的珍贵资料。同时，通过与虚拟漫游技术相结合，也为人们提供了多种形式的文化产品，如虚拟漫游穿戴设备、多媒体节目展演以及文化创意衍生品等。这些方式让人们能够以可视、可感、可听、可触的多元体验，实现视觉艺术与现代科技的完美融合，让敦煌文化得以穿越时空，展现于世人面前。

3. 建立数字化展示平台

网站、应用软件、小程序等数字化展示平台具有良好的用户界面和交互功能，方便用户搜索、浏览和使用资源。故宫博物院应用软件就是一个优秀的文化遗产数字化展示平台，该平台不仅包含丰富的故宫文化知识，还提供了虚拟展览、人机互动等数字化展示方式，生动直观地呈现故宫文化。

4. 开展数字化教育

数字化教育是指通过网络课程教育平台对地方文化进行展示和传播。例如，山西省对古建筑、石窟、壁画等文化遗产进行数字化处理，在互联网上展示和传播，将优秀的文化呈现在全国乃至世界各国的民众面前。"网易云课堂"等教育平台也开设了大量关于中国传统文化的在线课程，使用户不受时空限制，随时随地学习地方文化知识。

（二）发展文化创意产业

文化创意产业，是利用文化元素，通过技术、创意和产业化方式，开发、营销知识产权的行业，涵盖广播、影视、音像、动漫、视觉艺术、表演艺术、雕塑、服装设计等诸多领域。深入挖掘地方文化资源，发展文化创意产业，能够将地方文化的独特性和魅力转化为具有市场价值的文化产品和服务，推动地方经济的发展和文化的传承。

例如，孔子的故乡在山东省曲阜市，当地民众深受儒学思想的熏陶，对儒家文化有着深厚的情感。同时，由于历史与文化的交融，当地的木雕、篆刻和汉服等传统艺术形式也得以蓬勃发展，特别是篆刻技艺，彰显了民间艺人的文化造诣。基于这一地方文化特色，印章篆刻商铺"孔府印阁"迅速走红。该商铺的印章以篆刻姓名为主，以"吉语""成语""祝辞""诗词文赋"为辅，其独特的文化元素和高超的技艺广受文化爱好者的好评。通过独具创新的方式，"孔府印阁"成为当地文化发展的一张新名片。

此外，许多地区也积极利用当地的文化资源，将传统图案、色彩、工艺等元素融入现代服装、家居、艺术品的创意设计中，推动地方文化的传播。

（三）举办艺术节庆活动

地方政府和文化机构举办传统节日庆祝活动，是传承和保护地方文化、增强区域凝聚力的重要途径。这些传统节日的庆祝活动，包括当地艺术名人和民间艺人表演的传统技艺、音乐、舞蹈等，这些表演形式与地方历史、民俗和艺术紧密相关，丰富多彩且富有趣味性，能够吸引群众的广泛参与。在欢乐的氛围中，这些活动不仅激发了群众对传统文化的关注和重视，还增强了他们对地方文化的认同感。

定期举办的文艺演出、展览、非物质文化遗产开放口等活动，都充分展示了地方文化的独特魅力和价值。这些活动还针对不同年龄层的人群设计了适合他们的内容，让地方文化能够深入人心。例如，山西省临汾市举办的民间剪纸收藏展、非物质文化遗产剪纸作品展等活动，对于保护历史悠久的剪纸艺术起到了重要的作用。

（四）利用社交媒体

社交媒体因其传播速度快、覆盖面广的特点，为地方文化的传播提供了更为广阔的平台。通过微博、微信和抖音等平台，与地方文化领域的意见领袖或网红合作，共同创作网友喜闻乐见的地方文化专题短视频、举办专题直播、组织话题讨论等，可以吸引更多人关注和参与地方文化的传承与发展。

例如，《舌尖上的中国》通过拍摄地方特色美食的制作过程、讲述食材来源和文化背景等内容，让观众深入了解了地方美食的魅力，成功掀起了探究地方美食文化的热潮。

（五）培养文化传承人才

文化传承人才的培养涵盖两个主要方面。一方面，需要培养具备文化素养和专业能力的传承人才，如地方文化研究者，手工技艺、民间艺术传承人等；另一方面，要培养具有创新精神的文化传播人才。

文化传承人才应热爱地方文化、具备较高的文化素养、掌握传承技艺、注重创新发展、具有持续学习精神和良好的思想品德。他们在地方文化遗产的传承、保护、延续和发展中扮演着举足轻重的角色。因此，地方政府应重视文化传承人才的选拔和培养。其一，制定相关法律法规，保护传承人的合法权益，规范传承工作的开展。其二，为传承人提供固定的工作场所和必要的经费支持，使他们安心专注于技艺的传承与创新。其三，持续关注传承人的成长与发展，鼓励他们参加各类培训活动，提高文化素养、技艺技能和传承能力，培养他们的文化自觉和文化自信。培训可以通过学校文化传承培训课程进行，也可以邀请传承人、民间艺人等担任导师，传授传统技艺和知识。

文化传播人才则应具备丰富的知识储备、敏锐的洞察力、良好的沟通能力、创新思维、跨文化意识、技术能力以及持续学习能力等多方面的素质。同时需要系统学习文学、历史、艺术、传播等相关学科知识，并强化沟通技巧、传播策略、新媒体运营、数据分析等实用技能。还需通过跨文化交流培养全球化视野，具备将文化资源转化为具有市场竞争力的文化产品和服务的能力。政府、高校、企业和社会组织之间加强合作，有助于培养更多优秀的文化传播人才。

二、创新地方文化的传播方式

在新时代，我们要加强传播体系建设，用创新的眼光和视角，借助新的媒介技术与传播方式，让优秀传统文化与现代文明融合。高校应创新地方文化的传播方式，讲好地方故事，传播好地方声音，以提升地方形象，促进民众共享精神文明的成果。

（一）互联网传播

互联网传播具有显著优势，它突破了传统传播的时空限制，使地方文化能够以前所未有的速度传播到世界的每一个角落；它传播速度快、范围广，确保地方文化能够迅速覆盖并触达广大的受众群体；它传播方式多样化，包括文字、图片、视频、音频等多种形式，极大地丰富了受众的感官体验。因此，通过挖掘和创新地方文化传播作品的内容，并充分利用互联网技术和平台，我们可以更加快速且广泛地普及地方特色文化。

然而，互联网传播也是一把双刃剑，既带来机遇也带来挑战。一方面，由于互联网传播的匿名性和便捷性，也存在一些人利用网络传播歪曲、抹黑地方文化的乱象，给社会带来负面影响。另一方面，互联网虽能承载海量信息，但精心设计的传播内容也可能淹没在信息的海洋中。要想从浩如烟海的信息中脱颖而出，就需要高质量的传播内容配合具有较强吸引力的传播形式。[①]

地方文化在借助互联网传播时，应紧扣三点。其一，要准确定位"文化"，地方优秀文化作为中华优秀传统文化的一部分，要求传播者

---

① 卢秋羽:《从〈国家宝藏〉看博物馆文化传播方式的创新》,载《文化产业》,2021 年第 8 期,第 48—50 页。

需怀有敬畏与敬业之心，深入了解其特点和内涵，挖掘其独特的历史、传统、风俗等元素，从科学技术、产业发展、艺术审美等角度创作高质量的文化内容，彰显其背后的文化意义。其二，要明确"教育"目标，传播者要牢记传播地方文化的初心，注重社会效益，发挥文化的育人功能，用优秀的地方文化作品普及当地的历史、传统和风俗，展现地方特色艺术和工艺，提高人们的审美水平，培养人们热爱家乡的情感和高尚的情操。其三，要坚守"传承"理念，地方文化的传播旨在实现文化的薪火相传，传播者应用生动的文化故事吸引受众，使他们关注文化内容，树立文化自信，感受到传承的使命和责任感，形成良性传播的模式。

（二）新媒体传播

新技术的涌现和新媒体的崛起，创新了传播形式。地方文化传播应顺应媒介发展趋势，融入智能技术，发挥出"1+1>2"的叠加效应。

1. 短视频传播

《2022年度中国数字阅读报告》调查结果显示，中国数字阅读用户中，短视频、影视剧等视频阅读量占比高达50.39%，短视频已成为移动端的主流信息源。[1] 采用短视频形式传播地方文化具有显著优势，工作人员可自由选择地方名人、文物古迹、传统工艺和民间技艺进行拍摄、剪辑、发布，通过受众的分享、转发，实现快速广泛传播。例如，抖音号"非遗抖起来"圈粉近60万，是传播地方非遗文化的成功案例。

利用短视频传播地方文化，要做精、做强，还需加大投入。一是寻求文化部门的引导和支持，建立专业的制作团队；二是利用官方传播路径，发展自主式传播平台；三是整合地方文化资源，探索新的切

---

[1] 《快讯丨〈2022年度中国数字阅读报告〉发布！数字阅读市场订阅营收225.89亿元》，https://www.sohu.com/a/669895152_121123872？scm=1102.xchannel:325:100002.0.6.0。

入点。① 多措并举、多管齐下，让群众喜闻乐见的短视频成为传播地方文化的得力助手。

2. 网络直播传播

网络直播能将地方文化以更加生动、真实和全面的方式呈现给观众，其最大优势在于，专家、网红等有影响力的人物可以与受众在直播间交流互动，具有现场感和氛围感。直播平台也是非遗文化传承与保护的重要载体。例如，建立以老字号和传承人为名的直播账号，通过线上现场宣传与展示带动非遗文化产品营销，从而促进非遗文化传播。

3. 微信公众号传播

微信公众号作为广泛使用的社交媒体平台，具有强凝聚力和高关注度，在传播地方文化方面具有特殊优势。其受众广泛，涵盖不同年龄、地域、职业的人群，有利于地方文化的广泛传播。同时，公众号利用数据分析工具，对用户兴趣进行分析和跟踪，精准推送阅读内容，大大提高了传播效果。公众号的互动功能也增强了用户的参与感，提高了关注兴趣。在公众号上对地方文化相关内容进行专题性、序列化的持续发布，可以使地方文化知识得到系统性和体系性传播。例如，"志中阿坝""夷陵文旅""巴蜀文化"等微信公众号获得广泛关注，体现了它们在传播地方文化方面的优势。

（三）线上线下结合

以网络为媒介传播地方文化的方式确实扩大了文化的普及面，增加了受众。但是，技术仅起到引领、加持和推动作用，要让地方文化真正在民众心中落地生根，仅靠媒介呈现是远远不够的，还需重视亲身体验。例如，线上观看传统节日民俗表演与亲自参加表演的感受截

---

① 芦甲川：《融媒时代非遗文化传播方式的反思与重构——以开封朱仙镇木版年画为例》，载《美与时代》（上），2022 年第 1 期，第 29—32 页。

然不同；在短视频上浏览地方历史片段与系统阅读地方文献典籍也是两种完全不同的效果。例如，通过纪录片《如果国宝会说话》可能仅对三星堆文物有了初步了解，亲临三星堆博物馆参观后，会被古蜀文化的神秘感深深震撼，对其有更加深入的了解。因此，在创新地方文化传播方式的同时，还需为人民群众提供研学、参观、参与、阅读等线下体验方式，线上线下结合的方式将更为有效。

在重视创新地方文化传播方式的同时，不能忽视对地方文化内容的塑造。我们应通过元素和形态的重组，唤醒群众的文化基因。其一，通过元素重组激发文化活力，用创新的眼光和视角对地方文化进行创造性转化和创新性发展，使其与现代文明融合。其二，重视个性表达，彰显文化魅力，对地方文化进行当代解读和个性化呈现，展现其独特魅力。其三，技术赋能，拓展传播边界，让地方文化与中华优秀传统文化共同阐释中国特色，推动中华文明走向世界。①

第三节　发挥服务优势，搭建产学研合作平台

产学研合作是指企业、高校和科研机构通过紧密结合，实现科研、教育和生产的协同与集成，以促进技术创新和产业升级。在知识型社会背景下，产学研合作是整合企业、高校和研究机构资源，推动科技创新、技术转移和成果转化，进而促进产业升级和经济高质量发展的关键途径。党的二十大报告强调："加强企业主导的产学研深度融合，强化目标导向，提高科技成果转化和产业化水平。"②

高校作为科研和教育的重要阵地，在产学研合作中发挥着重要的作用。高校不仅是知识的创新源和人才的摇篮，其教学和科研活动更

---

① 张超：《新时代优秀传统文化如何实现创新传播》，载《人民论坛》，2020年第10期，第138—139页。

② 习近平：《高举中国特色社会主义伟大旗帜 为全面建设社会主义现代化国家而团结奋斗——在中国共产党第二十次全国代表大会上的报告（2022年10月16日）》，载《人民日报》，2022年10月26日，第1版。

是推动科技创新、为企业提供技术支持的关键力量。同时，高校与企业合作开展项目研究，能够加快科技成果的转化，推动产业的发展和升级。

2022 年 7 月，教育部办公厅、工业和信息化部办公厅联合发布的《现代产业学院建设指南（试行）》指出，高校应建设现代产业学院，主动对接科技发展和产业需求，紧密对接产业链、创新链，为经济社会高质量发展提供人才和智力支持。[①] 地方高校积极搭建产学研合作平台，既是社会发展的需要，也是职责所在。特别是基于地方文化的产学研合作平台，有助于地方文化的传承与创新发展。

一、高校搭建地方文化产学研合作平台的意义

近年来，党和政府对文化产业的重视程度不断提升，文化产业在国民经济发展中的作用日益凸显。发展文化产业不仅是满足人们精神文化需求的重要途径，也是优化产业结构、促进经济增长的重要手段。高校搭建地方文化产学研合作平台，对促进地方、企业、高校和个人的发展具有深远影响。

（一）从地方发展角度看，有利于促进地方文化的传承与创新，提升文化竞争力

国家在加强中华优秀传统文化保护的同时，对传承与发展地方文化也提出了要求。然而，地方文化的开发面临着诸多挑战，如政策不完善、资金短缺、传承人老龄化、传统技艺失传等问题。搭建产学研合作平台，能够有效改善这一现状。

高校与政府或企业合作，可以共同制定可行的政策与合作方案，形成有效的监督机制，确保合作顺利进行。合作能够带来资金支持，为项目研究、交流培训等提供物质保障。在产学研合作项目中，高校

---

① 《教育部办公厅 工业和信息化部办公厅关于印发〈现代产业学院建设指南（试行）〉的通知》，http://www.moe.gov.cn/srcsite/A08/s7056/202008/t20200820_479133.html。

发挥研究优势，政府发挥政策引领作用，企业发挥市场和技术优势，共同推动地方文化产业的升级和发展。此外，产学研合作项目具有引导性和影响力，能够吸引社会各界的关注和参与，有利于地方文化的传承与创新。

（二）从企业发展角度来看，有利于推动文化产业高质量发展，促进经济增长

文化产业作为具有广阔发展前景的行业，吸引了众多企业进驻。经济效益是企业生存和发展的基石，而社会效益则是文化存在的价值体现。因此，文化企业需要在商业利益与文化艺术价值之间寻求平衡。一方面，企业应深度挖掘文化资源，通过内容创新和科技创新增强竞争力，以赢得市场认可和民众喜爱，获取良好的经济效益；另一方面，必须尊重文化的本质属性，确保文化产品的文化价值和审美价值符合国家和民族的文化追求与价值判断，从而获得良好的社会效益。由此可见，优质内容的供给是文化产业高质量发展的关键所在，搭建产学研合作平台有利于创作出优秀的文化作品，推动文化产业的高质量发展。

第一，产学研平台为孕育高质量作品提供了肥沃的土壤。一方面，高校师生具备地方文化研究的专业背景，能够对接群众的文化需求，挖掘提炼经典文化元素，整合传统意蕴与现代审美，把握社会主义核心价值观，从而设计出高质量的作品。另一方面，高校中知识渊博的教授与朝气蓬勃的青年学生，能够站在时代潮流的前沿，基于受众对文化产品与服务的新型需求，打造文化品牌，如将音乐、舞蹈、动漫、绘画等形式融入线上演播、元宇宙、沉浸式体验等优质数字文化产品中，以满足人民群众的多元化需求。

第二，产学研平台为新技术的应用提供了有力支撑。在信息时代，高质量文化作品的供给离不开大数据、人工智能、物联网、云计算等新兴技术的支持。高校计算机专业与文化领域的人才充分利用政府和企业先进的设备，共同研发并生产"个性化+批量化"的文化产品，能够有效推动文化产业的高质量发展。

（三）从高校发展角度来看，有利于高校探索人才培养模式，提高服务能力

第一，在产学研合作模式下，高校教师能够深入企业和研究机构，了解文化行业对人才的需求，从而制定符合实际的人才培养方案，提高文化人才培养的质量和实用性。

第二，通过产学研合作，教师可以充分利用企业、研究机构的资源，如设备、技术等，为地方文化教学和科研提供更多的支持。

第三，产学研合作模式提升了高校的服务能力。在合作中，高校可以利用自身的科研优势为企业提供智力支持和创新服务，促进文化成果的转化和应用。同时，高校也可以根据社会和企业需求，通过地方文化传承人培养、文化普及教育等方式为社会提供人力资源服务。

（四）从个人发展角度来看，有利于增强学生的实践能力，培养创新人才

第一，提升学生的实践能力。产学研合作模式为学生提供了直接接触实际工作、参与项目实施的机会，使学生了解文化产业所需的知识和技能要求，了解文化与社会、产业的接轨方式，使未来的职业规划更加清晰和科学。

第二，培养学生的创新思维。产学研合作模式鼓励学生参与科研项目，与企业共同开展创新活动，使学生有机会接触到最新的技术、方法和思维模式，激发他们的创新意识和创造力，成为具有创新精神的人才。

第三，提升学生的综合素质。在产学研合作模式中，学生需要与不同背景的人合作、沟通，可以锻炼他们的沟通能力、解决问题的能力，并培养他们的团队协作精神、责任感、抗压能力，从而提升综合素质。

二、高校搭建地方文化产学研合作平台的途径

（一）校企合作

校企合作是文化产业发展的重要支撑。高校凭借其深厚的文化背景和多学科融合的专业优势，能够基于地方文化和艺术，创作出符合企业需求的创意作品，这些作品既接地气又充满艺术魅力。

校企合作的形式多样，主要包括以下几种：其一，项目合作。学校与企业基于双方的合作意向与需求共同制定方案，签署协议后携手推进，学校专注于文化元素的研究和创新，企业则负责成果的转化和应用，推动其市场价值的实现。其二，定向人才培养。学校与企业签订人才培养协议，根据企业对人才的具体需求制定人才培养方案，确保学生毕业后能够迅速服务于企业。其三，共建实训基地。企业为学生提供实践机会，让学生能够在真实的工作环境中进行实践操作，实现学习和工作的无缝对接。另外，校企合作还涵盖了校企文化共建、技术转移与咨询服务等多种合作方式。

校企合作旨在共同推动地方文化的传承与发展，促进文化产业的繁荣。首要任务是人才培养，包括地方文化传承人才、操作技能人才以及具有研究能力和创新能力的人才；其次是共同创新，注重科研与实践的结合，将科技融入文化产业，推动本土特色文化产业的发展；最后要拓宽国际化视野，整合资源，促进文化产业的升级，推动优秀的特色文化"走出去"。

（二）校地合作

校地合作主要指的是高校与地方社会、企事业单位之间的合作。近年来，国家出台了一系列政策措施鼓励和支持校地合作，各高校也积极探索并取得了显著成果。

例如，山西农业大学与孝义市合作，共建多个基地，加快推进农业农村现代化，全面助力乡村振兴；南京大学与苏州工业园区合作，

共同建设多个平台，为园区经济发展提供了强有力支持。

（三）校政合作

校政合作一般是指高校与政府合作办学，这种合作方式对于推动教育改革、促进地方文化传承与创新以及培养基层公共文化人才具有重要意义。

第一，校政合作助推教育改革。随着时代的进步，社会对人才素质的要求越来越高，高校需要摒弃传统的封闭式教育模式，积极探索与政府合作办学新模式。

在合作办学的过程中，应充分发挥政府的管理优势和学校的专业优势，共同参与学校的决策和管理，共同制定学校的发展规划和教育教学计划，使培养出来的人才既具备科学研究和文化创新的专业素养，又具备实践操作和服务社会的能力，从而实现高校和政府双赢。

第二，校政合作还能促进地方文化传承与创新。政府应在合作中发挥把握文化政策和发展方向的作用，以国家和地方的需求为导向，以服务人民为目标，培养文化传承与创新人才。同时，高校利用自身的人才培养优势，为政府提供高素质的文化人才，充实文化管理队伍，提升政府的文化治理能力和管理水平。此外，双方合作还能促进文化交流与传播，学校通过举办文化活动、展览等，借助政府提供的平台和渠道，将地方文化推向更广泛的受众，从而增强文化的社会影响力。

第三，校政合作还有助于培养基层公共文化人才。一方面，政府根据地方公共文化的人才需求，与高校合作，实施精准的人才定向培养与输送计划，确保人才直达基层。另一方面，政府提供政策导向和资金支持，鼓励高校参与基层公共文化的传承与创新，使高校能够研发并推广具有地方特色的文化产品和服务，以满足基层群众多层次、多样化的文化需求，推动基层公共文化的繁荣发展。

（四）校校合作

校校合作是指两个或多个学校之间的合作，旨在共享教育资源、提高教育质量、增强学生综合素质以及促进学术研究等方面的共同进步。

例如，武汉大学与乐山师范学院签署了对口支援协议，武汉大学在学科与专业建设、师资队伍建设、科学研究与服务地方、本科人才培养、内部管理及校园文化建设等多个方面，为乐山师范学院提供了全方位的支持，显著提升了乐山师范学院的教学质量和办学水平。此外，国内较有影响力的"湖北省应用型高校联盟""粤港澳大湾区高校联盟""长三角高校合作联盟"等，都是地方高校间共同合作、致力于地方文化传承、促进地方经济繁荣发展的典范。

（五）多方合作

政府、高校、企业多方联动的合作模式，可以实现资源共享、优势互补，推动产学研用的深度融合，共同促进地方经济文化的创新发展。

三、高校搭建地方文化产学研合作平台的类型

（一）地方文化研究平台

高校与地方政府、企业等合作，共同建立地方文化研究机构，专注于地方历史、民俗、艺术等文化资源的挖掘、整理和研究。这些平台旨在推动地方文化的传承与创新，促进地方文化产业的发展，提高地方的知名度和影响力。根据研究内容和目标的不同，地方文化研究平台可分为专题性研究和综合性研究两种类型。专题性研究针对地方文化的某一特定领域或主题进行深入探讨，而综合性研究则对地方文化的多个领域或主题进行全面研究和整合，以形成完整的研究体系。

例如，四川省杜甫学会由四川大学、四川省社会科学界联合会、四川省民政厅等单位共同打造，专注于杜甫研究和唐代文化的研究，创办了《杜甫研究学刊》，并多次举办大型纪念活动和学术研讨会，为相关领域作出了重要贡献。而新疆文化发展研究中心则是一个综合性

研究平台，全面研究新疆民间文艺、非物质文化遗产、传统文化等，在新疆地区文化传承、立德树人、服务社会等方面发挥了重要作用。

（二）文旅融合发展平台

随着文旅融合的快速发展，文旅融合发展平台应运而生。这些平台将自然风光游和文化主题游相结合，将地方的美景、乡土气息、民俗文化融为一体，推动旅游业与文化产业、文化服务业的高度融合。文旅融合的核心理念是"旅游是载体，文化是灵魂"。当前火出圈的农村旅游、红色旅游、老年旅游，以及度假区、休闲区、康养区、旅游特色小镇、实景文化演出等，都涉及文化品牌、文化特色、文化差异等发展创新范畴，是创造性转化、创新性发展的文化产品和文化服务。文旅融合发展平台有利于整合文化旅游资源，打造更具活力和魅力的文旅产品。

（三）创意设计平台

地方文化创意设计平台致力于将当地文化元素与创意设计相结合，旨在推广和保护地方文化遗产，同时为设计师和创意工作者提供灵感和资源。

文化创意平台有多种类型。一是文化创意资源共享平台，它提供文化创意资源的共享服务，包括文化素材库、设计工具库、创意人才库等，为设计师和创意工作者提供便利和支持。二是文化创意产业聚集平台，该平台为文化创意产业提供一个聚集、交流与合作的场所，通过线上线下的方式，将文化创意产业的各个环节和要素有效整合，推动产业的协同发展。三是文化创意产品交易平台，该平台提供文化创意产品的交易服务，包括艺术品交易、设计作品交易、文化版权交易等，为买家和卖家搭建了一个便捷的交易桥梁。四是文化创意教育培训平台，它提供与文化创意相关的教育培训服务，如创意设计课程、文化艺术课程等，为那些渴望学习和提升自己的人提供一个学习与交流的平台。

当前，高端设计人才匮乏是文化创意企业面临的主要挑战之一，这种人才稀缺状况严重影响了优秀文化产品的设计和整个产业的竞争力。因此，我们需要在人才培养上加大力度。一方面，建立新的学科体系以培养人才。文化创意融合了文学、艺术学、管理学、经济学、计算机学等交叉学科，它不是简单的学科叠加，而是深度融合与协同发展的学科体系。另一方面，需要完善的政策来吸引并留住创意人才，并健全法律法规体系以保护创意成果，从而形成产业聚集发展的良好态势。高校与政府和企业合作的文化创意产业园、文化产业产学研一体化基地，是较为成熟的创意设计平台。

（四）非遗文化传承与保护平台

非遗文化传承与保护平台主要提供非遗项目展示、非遗技艺传承、非遗产品销售等服务。

目前，非遗文化传承与保护平台主要包括非遗数字博物馆、非遗技艺传承平台、非遗产品销售平台和非遗文化交流平台等几种形式。非遗数字博物馆利用数字化技术手段，将非遗项目、非遗技艺、非遗产品等元素进行保存和展示，为公众提供线上参观和学习体验。非遗技艺传承平台则为非遗传承人和学习者提供了一个技艺交流和学习的平台，不仅提供线上非遗技艺的教学视频、在线课程等学习资源，还线下组织非遗技艺的培训班、工作坊等。非遗产品销售平台则专注于为非遗产品提供线上销售服务，使产品触达更广泛的受众群体，以此促进非遗产业的可持续发展。非遗文化交流平台为非遗传承人和爱好者提供了一个文化交流的平台，通过线上论坛、线下活动等方式，促进非遗文化的传播和交流。

第四节　发挥资源优势，探索人才培养新模式

党的二十大报告中 36 次提到了"人才"，并作出了"实施科教兴

国战略，强化现代化建设人才支撑"的重要战略部署。报告还指出："教育、科技、人才是全面建设社会主义现代化国家的基础性、战略性支撑。必须坚持科技是第一生产力、人才是第一资源、创新是第一动力，深入实施科教兴国战略、人才强国战略、创新驱动发展战略，开辟发展新领域新赛道，不断塑造发展新动能新优势。"① 高校作为人才培养的摇篮，需要深入思考培养什么人、怎样培养人、为谁培养人的问题。

文化承载着"以文化人"的功能，地方文化资源在大学生教育中占据重要地位。将地方文化融入育人工作，既是新时代弘扬与传播中华优秀传统文化的需要，也是坚定文化自信、增强文化自豪感的重要途径之一。高校将地方文化作为育人资源，有助于营造浓厚的特色文化氛围，培养具有家国情怀的青年才俊，传承和创新优秀的地方文化。

一、认知：传播地方优秀文化，增进大学生的文化觉悟

（一）增进大学生文化觉悟的意义

大学生是优秀文化传承与创新的主力军和中坚力量。作为有思想、有知识、有能力、有抱负的年轻一代，他们充满了蓬勃的朝气和创新精神，是社会建设的中流砥柱。因此，大学生应当了解并熟知中华民族的优秀传统文化，掌握家乡文化的发展历史和内涵特征，从而增强文化自信和自豪感。在深入理解本地区的文化根源和历史背景的过程中，了解当地的历史、传统、风俗习惯，有助于大学生更好地融入当地社会，与当地民众建立紧密的联系，形成热爱并弘扬地方文化的觉悟。

相反，如果大学生丧失了对民族文化、地方文化的热爱和传承自觉，则不利于民族和国家的发展进步。其一，地方文化是经过长期历

---

① 习近平：《高举中国特色社会主义伟大旗帜 为全面建设社会主义现代化国家而团结奋斗——在中国共产党第二十次全国代表大会上的报告（2022 年 10 月 16 日）》，载《人民日报》，2022 年 10 月 26 日，第 1 版。

史积淀形成的，蕴含着一个地区的独特价值观、传统和习俗。年轻一代若未能继承和发扬自己的文化传统，将会导致文化的断裂和精神家园的失落。其二，多姿多彩的地方文化是构成中华文化多样性的重要组成部分，地方文化传承的缺失，会使社会文化趋于单一和同质化。其三，地方文化是地方社会凝聚力和稳定性的重要纽带和基石，地方文化的消失，会影响社会的稳定性和凝聚力。

因此，我们必须从思想上深刻认识到传播地方文化、增进大学生文化觉悟的重要性。

（二）增进大学生文化觉悟的途径

1. 环境育人

高校将所在区域的优秀历史文化纳入校园文化建设中，以地方名人的杰出品格、地方文化的优秀内容、地方传统的优良作风为引领，着力营造积极向上的文化氛围。例如，江苏省江阴职业技术学院在校园内建设了"徐霞客广场""徐霞客文化墙"等标志性景观，巧妙地将徐霞客文化融入校园环境，有效弘扬和传承了徐霞客精神。

2. 教学育人

高校可以将本地的特色文化、非遗文化、传统手工艺等融入课程建设中，选拔优秀教师从事课堂教学、课程改革和科学研究，打造融趣味性和文化性于一体的优质课堂，以调动学生的视听感官，使其在享受视听盛宴的同时，潜移默化地接受地方文化的熏陶。例如，厦门大学开设厦门历史文化的相关课程、举办厦门历史文化讲座、建设厦门历史文化展览等，让学生更深入地了解和认识厦门的历史文化。

3. 活动育人

高校开展丰富多彩的地方文化阅读活动和竞赛，以增强学生认识地方文化、关注地方文化的主动性。例如，上海戏剧学院在校园内开展了"上海非遗文化阅读节"活动，组织学生阅读上海非物质文化遗产的相关图书、举办上海非遗文化知识竞赛和非遗技艺展示等活动，还邀请非遗传承人来校举办讲座和交流活动，以此增强学生对上海非遗文化的兴趣和关注。

4. 实践育人

高校为学生提供实地考察和感受地方文化的实践机会，鼓励学生亲身参与民俗活动、走近民间工艺现场，感受文化的力量给予的心灵震撼，从而激发他们的文化自觉。例如，中山大学在校园内建设了"岭南文化体验区"，该体验区集展览、互动、实践于一体，展示了岭南地区的传统文化、民间工艺和历史遗产，使学生得以亲身体验和了解岭南文化的独特魅力。此外，学校还定期组织学生前往当地的博物馆、古迹遗址及民间工艺作坊等地进行实地考察和体验，让学生深入了解岭南文化的内涵和价值。

二、情感：以"情"搭建桥梁，坚定大学生的文化自信

（一）坚定大学生文化自信的意义

在文化多元化背景下，文化自信是滋养大学生思想的重要基石。一方水土养育一方人，地方文化与当地的自然环境、风土人情紧密相连，蕴含着区域内祖辈们的智慧结晶，具有丰富的思想教育和道德教育价值，是助力大学生成长成才的重要思想源泉。地方高校应将地方文化的思想精髓与文化精华融入教育教学中，引导学生深入理解本土文化的价值观念和精神内涵，感受其独特魅力和价值，从而提升对本土文化的自信心和自豪感，进一步丰富对中华优秀传统文化的认知，培养中华文化自信。[①]

文化自信的缺失，容易使年轻人盲目崇洋媚外，从而迷失自己的文化根基和信仰。有些大学生对西方文化过度崇拜和向往，盲目追随西方的生活方式和价值观念。有些甚至在出国留学后，忘记了建设祖

---

① 董世斌、耿书新：《新时代下地方高校中华优秀传统文化教育与人才培养的融合路径探究》，载《传播与版权》，2023 年第 7 期，第 103—106、110 页。

国的初心使命。回想新中国成立初期，百废待兴，钱学森、邓稼先、郭永怀、朱光亚、梁思礼等一大批科学家，怀着对祖国深沉的爱，放弃了国外的优厚待遇，毅然回国参与国家建设，这是一种怎样的情怀！近年来，我们党坚持以社会主义核心价值观引领文化建设，注重用中华优秀传统文化、革命文化、社会主义先进文化培根铸魂，推动全社会增强历史自觉、坚定文化自信，增强做中国人的志气、骨气和底气。

（二）坚定大学生文化自信的途径

1. 以情动人

高校应重视地方文化中蕴含的民族精神、民族情感以及传统美德的人文价值。通过了解所在区域人民反抗外来侵略与压迫的浴血奋战史，以及他们所展现的勇于斗争、坚韧不拔的高尚品质，来激发大学生对地方文化的共情以及热爱家乡的情感。此外，应组织大学生观看"技术+文化"节目，让他们感知家乡的发展与变化，体验家乡人民的勤劳与智慧，进而提升他们的地方文化自信，并激发他们学好科技知识建设家乡的志向。

2. 以文化人

高校应充分利用地方文化的力量，通过丰富多彩的文化活动和载体来影响和塑造学生。例如，将地方文化纳入学校教育体系，安排实践活动、社会调查、论文写作等调研与创作任务，鼓励学生在地方旅游旺季参与志愿服务、采访非遗传承人、利用新媒体技术宣传非物质文化遗产，以及策划和参与民俗表演，等等。这些活动使学生在参与中树立文化自信心和自豪感。

3. 以景育人

每个地方都有独特的自然景观和人文景观，以景育人具有潜移默化、润物无声的效果。高校应与政府合作，指导大学生在当地的文化公园、主题街区、景观设计中融入地方文化元素，使人们在休闲娱乐中接受文化的熏陶。同时，结合当地的山水林田湖草等自然景观，开展环境教育和生态保护活动，以增强大学生对地方社会发展的责任感。

4. 以事教人

通过宣传地方名人热爱家乡、坚韧不拔、敢于创新的事迹，传播与地方文化历史、优良传统相关的故事，我们旨在培养大学生的文化自信和价值认同。例如，组织文化爱好者编写地方文化教材和科普读本，系统而全面地介绍当地的名人、历史、文化、民俗等，为学生提供丰富且深入的学习资源，促进他们对本土文化的深刻理解和热爱。

三、认同：以地方文化为根基，提升大学生的文化认同

（一）提升大学生文化认同的意义

认同是人们在认识了解某一事物的基础上，对该事物认知的进一步深化与升华，并由此产生认可的心理活动。大学生作为传承地方文化和建设地方社会的重要力量，对地方文化的认识不能仅停留在表面，而应通过理性认识，产生深厚的认同感。

地方文化认同感有利于大学生正确定位自己的角色，从而增强他们参与地方建设的责任感。地方文化与当地的经济、旅游等产业紧密相连，大学生对地方文化的认同将促进文化产业的发展，进而推动当地经济的繁荣，提升当地的文化软实力。此外，大学生对地方文化的了解和认同，是传承、保护、创新、发展和弘扬地方文化的驱动力。这不仅有助于延续地方文脉，还能增进对不同地域文化差异的理解与尊重，加强跨文化交流，从而促进社会的和谐稳定。

（二）提升大学生文化认同的途径

1. 政策引领

文化认同不能脱离具体的语境与场所。为了建立文化认同，政府部门应制定政策，保护具有群体记忆的场所，如保护历史悠久的建筑物以及举办庙会、灯会等文化活动的地方。制定传统节日庆典制度，在重要节日开展民俗节庆活动，通过民俗仪式互动，增强大学生的地

方文化身份认同感。传承地方积极的礼俗规范，以当地文明的家风、乡风、民风涵养社会主义核心价值观，凸显地方文化的先进性。

2．教育筑基

高校开设的地方文化课程应选取最能体现民族情感、民族精神和民族风貌的文化知识，如书法绘画、传统工艺等，让大学生深切体会到地方祖先的勤劳与智慧。高校还可以举办系列"家乡情怀"演讲比赛、"我与我的故乡"征文比赛等活动，鼓励参赛者在亲自讲述故乡名人、文化故事的过程中，丰富自己的知识和情感体验。此外，运用多媒体技术生动地讲述地方故事，能更好地唤醒大学生共同的文化记忆，激发其情感认同。

3．社风培育

培育一个地区良好的社会风气、道德传统、文化氛围，是形成地方文化认同的基础。各地应积极培育和弘扬优良家风，对团结和睦、崇文重教、勤俭节约的家庭给予表彰，并邀请他们分享经验，大力宣传其先进事迹，以优良家风带动社风。重视族规家训在移风易俗、启智增慧中的作用，通过修族谱、寻根等活动，传承宗族观念，培养群众对家园的集体认同感。此外，还应创新民俗礼仪，在传统婚丧嫁娶仪式的基础上，融入民主、科学、自由、平等等内容，运用现代法治、礼治、德治的合力，凝聚地方社会共识，促进地方文明建设。

4．产业融合

将地方文化资源转化为产品和价值，是有效激发文化认同的关键途径。我们应深入挖掘地方戏剧、音乐、舞蹈、手工艺品等特色文化的产业价值，将璀璨的地方文化资源和生产资源整合起来，促进其创新转化，大力发展文化旅游、戏剧演艺、节庆会展、文化创意设计等，探索出一条本土化、文旅融合发展的新路子，为文化自信和文化认同的培育奠定经济基础。充分利用新技术和新媒体，传承和创新地方文化。通过虚拟现实技术、可视化技术再现地方文化历史、民俗场景、文物古迹、非遗技艺；借助手机应用软件、直播平台、互联网等新媒体广泛传播地方文化，增进社会各界对地方文化的认知与认同。例如，湖北省华中师范大学主持的"虚拟巴东"项目，就采用了虚拟现实技术，多角度展示与复原了北宋旧县坪遗址及文化生活情景，为地方文化的传承与创新树立了典范。[①]

四、实践：以地方文化优化教育内容，培养各类人才

（一）培养文化人才

1. 制定培养目标

高校在设定人才培养目标时，应紧密结合社会需求，考量学生毕业后，社会或用人单位对其所期望的具体能力与素质要求，以确保培养方案与社会需求高度对接。因此，地方高校应深入调研，培养具有扎实文化素养、具备文化服务与治理能力、能够推动文化产业发展、胜任文化交流与传播工作、承担文化教育与普及任务的地方文化人才。

2. 设计课程体系

根据教学目标，将地方文化元素有机融入课程体系中，分阶段、有步骤、科学合理地构建递进式教学体系。例如，大一开设专门的地方文化课程，系统学习地方历史、风土人情、民俗文化等基础知识，夯实学生的文化素养；大二开设地方特色文化课程，如地方美食、民间艺术、传统手工艺等，使学生深入了解地方特色文化，为将来的传承与创新打下基础；大三着重培养地方文化服务与传播能力，为学生扎根基层、服务地方发展作准备；大四则注重实践与研究，指导学生完成文化创新与创意设计的毕业论文，同时提供就业与创业指导，以提高学生的实际工作能力和坏境适应能力。

3. 精心组织教学

教师应根据课程内容和学生的实际需求，选择合适的教学方法，

---

① 王诗阳：《民俗礼仪的活态传承设计与地方文化认同建构》，载《艺术与设计（理论）》，2023年第3期，第38—40页。

如讲座、小组讨论、实地考察、项目式学习等，以实现最佳的教学效果。为学生提供丰富的图书、文章、视频等资源，帮助他们深入了解地方文化。运用当地的文化案例和故事来解释概念，有助于学生更好地理解和记忆课程内容。同时，布置与课程内容相关的作业和项目，以促进学生巩固所学知识，并在实际情境中灵活应用所学知识，培养其发现、探究和解决问题的能力。

4. 突出实践

地方文化课程具有很强的实践性，因此不能仅停留在理论层面。应鼓励学生进行实地考察、参与文化体验、与当地居民互动、设计导游情景训练、模拟文化遗产保护等活动，通过实际操作加深对地方文化的认识和理解。

5. 完善评价体系

评价体系应能全面、立体、多角度、全方位地评价学生的学习情况。其一，注重过程与结果的结合，既关注学习成果，也重视学习参与度、课堂表现、团队合作能力等学习过程。其二，采用定量与定性评价相结合的方式，既有对考试分数的定量评价，也包含教师点评、学生自评等定性评价。其三，与社会评价相衔接，确保评价体系与社会对人才的需求相匹配，使培养出的学生能够适应社会的需求。

（二）培养艺术设计人才

1. 将地方文化融入艺术设计教育

目前，高校艺术设计教育存在理论与实践脱节的情况，在侧重于动手能力的技术实践教育中，这一问题尤为明显。[1]

地方文化是高校艺术设计教育的重要资源和内容。将地方文化引入艺术设计教学课程和学生培养中，对于激发学生的设计灵感、促进地方文化和经济产业的发展具有重要价值。高校在培养艺术人才时，

---

[1] 孙志浩：《依托江苏文化资源的地方艺术设计人才培养模式研究》，载《化纤与纺织技术》，2023 年第 7 期，第 179—181 页。

应突出教育的"服务性",指导学生深入了解地方文化的演变过程,探求不同时代的审美特征,从而在提升艺术素养的同时,也增强学生对家乡的归属感。

2. 艺术设计教育要体现时代特征

随着社会的发展和人们生活水平的提高,人们对艺术和设计的要求也越来越高。如今,人们更偏爱个性化、富有文化内涵、能引起情感共鸣的高品质艺术设计作品。然而,当前高校的艺术设计教育存在学生自主性不足、教学模式僵化、设计思维固化以及学科交叉融合不够等问题,这些问题导致了创新性艺术教育人才的匮乏。

现代大学艺术设计教育应注重培养学生在知识领域的探索精神,激发他们对科学研究的兴趣,并培养他们将研究成果创造性转化的思维和能力,以适应社会发展的需求。高校应引导学生参与产学研的良性循环模式,以提高他们的创新能力和实践能力。高校还应定期举办创意设计展览或博览会,为学生提供展示艺术设计作品的平台,让学生在展示交流中创作出符合时代要求的作品。

(三) 培养创意人才

1. 创新教学方法

一是高校应深入研究分析国内外优秀的创意教育案例,突破传统创意人才培养的藩篱,在教学方法和教育思维上取得新突破。二是营造创意环境,构建开放、包容的校园文化氛围,提供多样化的实践和实验机会,引进富有创新精神和创造力的教师,为学生提供多种发展的可能性。三是拓展研究领域,开设涵盖艺术、科技、社会、教育等领域的跨学科课程,鼓励学生从不同领域中汲取灵感,激发创造力。

2. 激发学生创意才能

其一,高校应引进具有创新精神和创新成果的教师,或邀请创意领域的专家开展学术讲座,激发学生的创意灵感;其二,加强社会实践,鼓励学生以敏锐的视觉、听觉和触觉捕捉生活中的艺术,参与创意作品设计活动，提升审美素养；其三，鼓励学生参与创新团队，在团队成员的沟通与协作、交流与碰撞中，激活创新思维；其四，选送人才外出学习，使他们广泛接触专业知识和创意领域的前沿知识，有利于学生焕发创新意识、积累创意才能、创造创意作品。①

3. 完善创意课程设置

创意人才培养的课程设置应科学合理，以满足学生创新能力培养的需求。课程设置中应开发与文化创意产业相关的课程资源，开设艺术鉴赏、创新方向、艺术与文化融合等课程；另外，举办创意专题讲座以及组织创意大赛等方式，都是创意课程的有效补充。

4. 加强校企合作

服务社会是人才的最终归宿，组织文化创意人才到企业实习，能够实现学校所学与企业所需的有效对接，将理论知识与生产实际相结合，有利于创造出"接地气"、符合企业及社会需求的创意产品。

第五节　利用好图书馆，营造全社会阅读氛围

高校图书馆拥有丰富的纸质书、电子书及数据库等馆藏资源，能够满足不同年龄层次、不同学历背景读者的阅读需求。在全民阅读推广方面，高校图书馆凭借其专业性和高效性，可以充分利用空间、资源和人脉优势，举办高质量的阅读活动，吸引更多人参与阅读，从而在全社会形成浓厚的阅读风尚。高校图书馆还具有辐射带动功能，能够将阅读活动延伸到社会，提高图书资源的利用率和便民服务水平。

在新时代背景下，高校图书馆既是学术交流的重要场所，也是文化传承与发展的关键平台，肩负着弘扬中华优秀传统文化的重任。因此，高校图书馆应充分发挥自身优势，积极引导高校师生主动阅读，同时深入开展全民阅读活动，营造全社会良好的阅读氛围，为推动文

---

① 殷婕、王华彪、杨丽娜：《地方高校音乐文化创意人才培养模式初探》，载《教育与职业》，2014 年第 30 期，第 129—130 页。

化传承与创新发展贡献力量。

一、创新高校图书馆服务模式

数字阅读时代，阅读渠道多元化，阅读形式多样化，使得阅读资源触手可及。然而，这一趋势也伴随着阅读行为呈现出碎片化、快餐化、娱乐化的特点，对深度思考与文化沉淀构成了挑战。在信息泛滥的时代，高校图书馆需利用新媒体新技术，从阅读平台的提供、阅读内容的选择、阅读交流的引导等方面出发，为读者营造一个清朗的阅读环境，为优秀传统文化和地方文化的传承发展提供有力支持和服务。

（一）搭建阅读服务平台

高校图书馆拥有丰富的纸质图书馆藏资源，并持续购买新书，以满足读者日益增长的知识需求。为了更加精准地服务于读者，图书馆应调研不同年龄段读者的文化素质和阅读需求，为他们提供合适的阅读资源。例如，为未成年人提供绘本、科普图书、文学图书，为上班族提供职业道德教育、职业技能提升、人际交往技巧等相关主题图书，为老年读者提供家庭医生、养生保健等相关主题图书。图书馆应为不同年龄段的读者选择差异化的优质的传统文化、地方文化相关主题读物，并开辟社会读者阅读专区，提供良好的阅读环境和服务。同时，图书馆应加大数字资源的宣传力度，制作使用手册或易拉宝等，详细介绍数字资源的类型、内容和使用方法，方便读者选择使用。

（二）利用新媒体新技术

图书馆应利用数字化、智能化新技术，提高阅读服务的便利性和效率。例如，提供电子图书借阅机，读者扫描二维码即可将电子图书下载到手机上，实现随时随地的免费阅读；提供在线听书数据资源，使读者在运动或休闲娱乐中也能通过听书的方式学习；在微信公众号平台开启线上阅读服务，提供公开课、图书、视频等资源的便捷访问途径。此外，设立新书、热门书、专题书的特别书架，方便读者快速找到感兴趣的图书。利用大数据技术对用户的阅读行为和习惯进行分析，提供个性化阅读推荐服务，使每一位读者都能享受到量身定制的阅读体验。

（三）丰富阅读交流形式

图书馆可以定期组织好书推荐会、专题研讨会、读书会等活动，进行阅读分享交流。例如，四川大学图书馆开展了"52经典悦读"活动，通过聆听专家讲座、阅读分享等形式，学生可以更好地接触和了解中华文化。同时，构建阅读交流平台，包括阅读QQ群、微信群以及专业的在线阅读平台，通过这些渠道开展"共读一本书"活动，方便书友们交流阅读心得，畅谈阅读体会，深化对图书内容的理解和感悟。

二、营造良好阅读氛围

（一）优化阅读环境

图书馆应合理布局阅读空间，为读者提供充足的座位和舒适的阅读环境，同时设置独立的研讨室、小组学习室等，以满足不同读者的需求。为提升环境品质，图书馆应不断绿化、美化室内环境，并提供咖啡、餐饮等服务，伴随着优雅的背景音乐，使图书馆成为休闲与学习的乐园、心灵小憩的场所。图书馆还应积极引入智能化技术，如使用智能导引机器人、人脸识别系统等，以提高图书馆的管理效率和服务质量。此外，还应加强文化氛围建设，通过壁画设计、宣传展架等，营造出浓厚的文化氛围，提高读者到图书馆阅读的积极性。

（二）引领阅读风尚

高校图书馆应打造具有独特性、创新性、互动性、文化性的可持续发展的品牌阅读活动，以扩大图书馆的影响力，引领阅读文化和阅读风尚。例如，乐山师范学院图书馆打造的"沫香"系列阅读活动，包括阅读沙龙、专家领读、学者荐书三个板块，定期邀请学校校长、教授、博士参加，形成融知识性、趣味性于一体的品牌阅读活动，深受读者喜爱。读者可在活动现场与著名专家学者沟通交流，与其他读者共同讨论。每期活动的宣传推文在微信公众号上发布后，均能吸引大量读者关注。例如，《四川非遗文化整合与传承》《昆虫创意产业》等图书的专家领读活动，介绍了地方文化与地方文化创意产业发展，激发了读者对地方文化传播和文化产业发展的兴趣。

（三）开展精准阅读引导

高校图书馆作为承担培养人才和服务社会职能的重要机构，对人类优秀文化和进步思想的传播作出了重要的贡献。图书馆通过阅读推广活动，在实践中探索服务经验，将自身打造成宣传中华优秀传统文化的阵地，以科学的理论武装人，以正确的舆论引导人，以高尚的精神塑造人，以优秀的作品鼓舞人，实现图书馆的育人功能和服务社会的目标。图书馆组织热爱阅读、热心公益事业的大学生志愿者深入社区，为学龄前儿童、青少年、离退休老人等阅读群体服务，为他们推荐优质图书，指导阅读方法，开展阅读活动，以营造良好的阅读氛围。此外，图书馆还应拓展阅读服务，扩宽阅读领域，深化阅读层次，创新服务手段，开展"送、读、演、品"等系列文化活动，为全民阅读贡献力量。

三、推进多主体合作模式

（一）与公共图书馆合作

高校图书馆与公共图书馆的合作，可以实现资源共享、优势互补，提升服务水平和资源利用效率，为学校和社会的发展作出更大贡献。例如，四川大学图书馆与四川省图书馆联合举办"以青春之芳华助力书香四川建设"的志愿服务活动，组织有知识、有思想的大学生参与，为各地图书馆带来新的阅读理念和热情服务，深受读者欢迎。乐山师范学院图书馆与乐山市图书馆·三江讲坛合作，邀请中国郭沫若研究会会长蔡震主讲《郭沫若旧体诗词创作》讲座，对促进乐山文化名人郭沫若的文学研究及弘扬地方文化起到了积极的推动作用。

（二）与政府、企事业单位合作

高校图书馆联合地方教育局、中小学、社区等单位，共同推广阅读文化，产生良好的社会效应。例如，乐山师范学院图书馆定期赴马边彝族自治县、沐川县、美姑县等贫困山区，与炭库小学、箭板小学等学校共建爱心图书室，捐赠图书和电子图书阅读卡，并开展"关爱留守儿童""带一本书回家"等阅读活动，通过签署阅读推广合作协议，定期关注合作与阅读推进情况，确保活动的延续性，用阅读为贫困山区的孩子点亮希望之灯。云南师范大学图书馆开展"全民终身学习'阅读推广'进社区"活动，向社区群众推广数字阅读资源，并带领家长和孩子开展亲子阅读活动，现场互动深受欢迎，有效推动阅读深入人心。

（三）与媒体机构合作

高校图书馆通过与媒体合作，宣传和报道阅读活动，能显著提高活动的知名度和参与度。与电视台合作打造阅读栏目，推广阅读文化、传播阅读理念、引领阅读风尚，展现图书馆的风貌和价值。与报纸、广播等媒体机构合作，定期推荐好书，提供阅读指导和服务。与网络平台合作，开发阅读小程序，组建阅读社区，开展网络共读、线上交流互动等活动，为读者提供更便捷的学术支持和阅读服务。

（四）与公益组织合作

将全民阅读上升为国家战略，是推动文化繁荣发展和建设学习型社会的必然要求。随着网络和新媒体的发展，图书馆不再是阅读活动的唯一组织者，而公益组织对阅读活动的关注也为双方合作提供了契机。公益组织利用自身影响力扩大阅读活动覆盖面，图书馆则提供丰富的资源和成熟的阅读推广经验，彰显了双方合作的关键作用。例如，广州市的"满天星公益"经常面向农村留守儿童开展阅读活动；广东省华南农村扶贫基金会开展的"农家书屋"活动，致力于农村地区阅读推广。高校图书馆与公益组织合作，共同开展阅读活动，是促进全民阅读、提高民众文化水平、促进文化繁荣发展的重要途径。因此，双方应共同推进阅读活动的深度融合，共同推进全民阅读。

四、建立多元立体的阅读体系

多元立体阅读体系具有多元化、立体化特点，其核心在于跨媒介、跨学科、主题化、互动性，它突破了传统阅读的限制，通过整合多种阅读媒介和阅读方式，为读者提供更加丰富、多样的阅读材料和阅读体验，旨在培养读者的阅读兴趣、阅读能力和阅读素养。

在推广多元立体阅读体系的过程中，我们强调将多元化思维与理念贯穿于整个阅读推广的理论与实践之中，以期最终实现整体阅读推广价值的最大化。目前，高校的多元立体阅读推广模式主要包含阅读环境的多元化、阅读主体的多元化、文化整合的多元化和社会合作多元化等。[1]

（一）科学布局阅读推广全过程

高校图书馆在阅读推广体系的建设中，应充分考虑阅读资源、阅读主体、服务对象、阅读主题、宣传渠道，以及过程与评价这六大要素。力求活动类型多样化，以满足不同读者的需求，并确保活动目标和规划具有长远性，从而实现活动的可持续发展。

在构建阅读推广体系时，需要总体把握并科学布局阅读活动的整个过程。其一，应制定明确的阅读推广计划，确保活动组织者分工明

---

[1] 朱纯琳：《文化援疆中国家深度贫困地区阅读推广实施策略——以新疆克州公共图书馆阅读推广为例》，载《图书馆学刊》，2021年第1期，第72—75页。

确,以保障活动的顺利进行。其二,应深入分析不同阅读群体的阅读习惯、兴趣和需求,根据阅读内容实现精准的阅读推广。其三,根据经典阅读、主题阅读、学科阅读等不同的主题,选择适合的活动开展方式,如读书会、讲座、展览等,以达到最佳的阅读推广效果。接着,选择合适的宣传渠道,如图书馆网站、微信公众号等社交媒体平台,尽可能扩大宣传的影响力和覆盖面。其四,对阅读推广活动的过程进行持续的监控和评估,以便及时发现问题和不足,调整推广策略,从而进一步提高活动效果。

(二) 加强馆员素质培养

馆员的素质对阅读推广活动的质量和效果具有直接影响,因此,加强馆员素质培养成为高校图书馆阅读推广体系建设的重要一环。

第一,提升馆员的专业素养。图书馆应通过组织专家讲座、业务培训交流、学习会等多种形式,为馆员提供丰富的交流和学习机会,特别是增加与业界精英交流的机会,以提高馆员的专业素质。图书馆还应重视培养馆员的管理理念和管理技术,以及强化他们的阅读推广情怀,以更好服务读者和社会。另外,图书馆可以引进专业型人才,为阅读推广注入新的活力,为读者提供更加专业、多元的阅读支持。

第二,强化馆员的服务意识。阅读推广作为一项服务性工作,要求馆员关注读者的需求,为他们提供多样化的阅读资源和活动,并努力营造融洽的阅读环境和氛围。这要求馆员具备耐心、细致、热情等良好的服务态度,与读者建立良好的沟通和互动,以提高读者的满意度和参与度。

第三,培养创新能力和终身学习意识。随着阅读推广的不断发展,馆员需要具备创新思维和创新能力,不断探索新的推广模式和手段,设计出有创意、有吸引力的活动。同时,馆员还应关注信息技术的发展和阅读方式的变革,保持终身学习的态度,不断学习新的知识和技能,以适应阅读推广工作的需要。

（三）形成特色阅读品牌

高校图书馆凭借其特色鲜明、内涵丰富的阅读品牌活动，在吸引更多读者的关注和参与、发挥品牌效应、营造良好的社会阅读氛围，以及深化全民阅读活动等方面具有重要意义。

因此，高校图书馆应积极打造独特的阅读品牌，这些品牌不仅代表了图书馆的形象和定位，还显著提升了图书馆在读者心中的影响力和地位。图书馆应基于学校的资源优势和人才优势，精心策划阅读交流、专题讲座、佳作诵读等多样化活动，使读者充分沉浸在图书馆的文化氛围中。这些活动不仅能够加深读者对图书馆的价值认同，还能进一步增强他们的文化归属感，促进阅读文化的广泛传播和深入发展。

例如，江南大学图书馆的"鼋阅江南"是其阅读推广系列活动的总称，包含"鼋元悟思想、鼋元读经典、鼋元荐好书、鼋元悦分享"四个板块。通过这些板块的活动，图书馆成功引导学生阅读经典，提高学生的阅读品味和思想境界。[①]

长沙理工大学图书馆的"朗读者"朗诵比赛则是另一个成功的例子。该比赛结合"国学经典""建党百年"等主题，鼓励读者朗诵自己撰写的原创文稿，激发读者对个人发展、社会热点的思考。这不仅丰富了校园文化生活，也推动了图书馆"立德树人"实践活动的深入开展。

---

① 秦彦荤、彭奇志:《全民阅读视域下高校图书馆阅读推广品牌建设研究——以江南大学"鼋阅江南"为例》,载《山东图书馆学刊》,2023 年第 5 期,第 79—85 页。

第五章 高校推动地方文化传承与创新的案例分析

　　地方文化是中华优秀传统文化不可或缺的重要组成部分，地方院校与地方文化之间存在着千丝万缕的联系。地方文化为地方高校提供了丰富的文化资源和精神财富，同时塑造了地方院校独特的办学理念和学科优势。地方高校通过人才培养、科学研究、社会服务等方式，为地方文化的传承与创新提供了有力的支持。

　　大学生是文化强国建设的重要力量，地方高校应充分发挥地方特色文化的滋养作用，涵养大学生的情怀，为推动地方文化的传承与创新提供人才和智力支持。

　　地方文化不仅是繁荣文化事业的重要资源，也是发展文化产业的关键所在。在传承和创新地方文化的过程中，地方高校应坚持古为今用、推陈出新的原则，深入挖掘地方文化的当代价值，有选择地继承与发扬，以中华优秀传统文化为引领，以文化人、以文育人。

　　本章列举了一系列具有代表性的地方名人与高校对地方文化传承与创新的案例，介绍了部分地方非物质文化遗产和当地高校在非遗文化传承中的贡献，以及高校在地方文化产业发展中的引领作用。这些案例为全国地方高校推动地方文化传承与创新提供了可资借鉴的素材。

第一节　高校对地方名人文化的传承与创新实践

地方名人是地方文化的杰出代表，他们所展现出的爱国主义精神、优秀道德品质和卓越的专业造诣，是值得当代人传承和弘扬的宝贵财富。地方名人不仅是重要的文化资源，更蕴含着独特的育人价值。

我国历史悠久，名人辈出。从古代的哲学家、文学家、诗人，到现代的科学家、艺术家、企业家，他们用智慧和才华不断推动着社会的进步，同时也影响了全球对东方文化的认识和理解。他们的故事和精神，不仅激励着一代又一代的中国人，也为国家的发展提供了宝贵的思想资源和精神动力。

传承和弘扬名人文化，有助于保持和发扬中华优秀传统文化，为当代文化创新提供源泉和动力；有助于为民众树立榜样，引导人们追求更高的道德境界和人生价值；也有助于向世界展示中国人民的精神风貌和辉煌成就，增进文化交流与合作。

本节以文化名人杜甫和郭沫若为例，简要介绍他们的思想和作品的当代价值，并分析高校在地方名人文化传承与创新方面的具体案例。

一、杜甫思想及其作品的当代价值

（一）杜甫简介

杜甫，字子美，祖籍追溯至河南巩县，生于大唐盛世，但一生却历经沧桑。早年，杜甫勤勉向学，怀揣仕进之梦，足迹遍布四方。步入中年，他在科举之路上初露锋芒，虽获举荐，却未能顺利踏入仕途。晚年，他流寓西南边陲，将满腔未酬之志与深沉情感全然倾注于诗歌创作。杜甫一生创作了 1400 余首诗，其作品主题广泛，兼具智慧与艺术的双重魅力，被誉为"诗圣"。他个人命运波折，历尽人间冷暖，却始终心系天下苍生，其作品中蕴含的爱国忧国之情、对民众苦难的深切同情，让后世之人尊称其诗为"诗史"。

（二）杜甫先进的思想

1. 树立远大抱负

因身世坎坷，杜甫心思细腻，作品中常常带有忧郁的气息。他高度的共情能力和良善的本心在诗歌中体现得淋漓尽致。杜甫诗歌中所表达的远大抱负、对百姓的同情以及深厚的家国情怀等思想，对当今大学生世界观和价值观的塑造具有重大意义。

"致君尧舜上，再使风俗淳。"这句诗写出了杜甫的抱负，即辅佐君主，使其超越尧舜，同时整治社会风气，使民风更加淳朴。"三顾频烦天下计，两朝开济老臣心。出师未捷身先死，长使英雄泪满襟。"这首诗赞颂了诸葛亮的德才兼备，表达对其壮志未酬的惋惜之情，同时也隐含着杜甫对自己怀才不遇和远大抱负不能实现的感伤。

聚焦当下，许多大学生虽然身在课堂，但心思却游离在外，"摆烂""躺平"等网络热词频繁出现在他们的口中，反映了部分大学生面对挑战时的消极态度。新一代中国青年当以杜甫为榜样，树立远大志向，为国家为民族奋发向上。

2. 热爱百姓

杜甫早年读书仕学，对儒家的仁爱思想有着独到的见解。他对人民的热爱穿越千年时空，仍然受世人推崇。

杜甫在生命后期穷困潦倒，使他有机会亲近普通百姓的生活，他目睹了战争给人民带来的深重苦难、沉重的兵役和徭役给人民带来的压力。因此，他的笔锋转向了为百姓发声和控诉。他热爱人民，深切同情百姓水深火热的生活，企盼和平。

在《茅屋为秋风所破歌》中杜甫写道："安得广厦千万间，大庇天下寒士俱欢颜，风雨不动安如山。"在经历了入仕的失败和人生的起伏后，杜甫不再寄望于混乱的社会，但仍想尽绵薄之力为天下读书人遮风挡雨，这种忧国忧民、胸怀天下的精神令人肃然起敬。

3. 热爱国家

安史之乱爆发后，杜甫目睹了国破家亡的惨状，心怀悲愤，写下了《春望》这首诗："国破山河在，城春草木深。感时花溅泪，恨别鸟惊心。"这幅春城败象图刺痛了杜甫的心。在被押送的路上，他的内心未曾有过波澜，却在见到祖国这幅不堪的景象时，流下了泪水。"烽火连三月，家书抵万金。"一封小小的书信，即使只有几行字或几个字，却足以牵动一个个家庭的心。杜甫在诗中表达了对人民的关怀和对国家处于水深火热之中的担忧。

杜甫对家国的热爱关切之情令人动容，值得当代大学生学习。少年强则国强，少年自由则国自由。作为国家的建设者和接班人，当代青年有能力也有责任挑起重担，绘制祖国的美好蓝图。

正如郎加纳斯所说："一个毫无装饰、简单朴素的崇高的思想，即使没有说出来，也往往会凭借它那崇高的力量使人叹服。"无论是人生的远大抱负、对人民的热爱还是对家国的赤诚，杜甫的这些先进思想永不过时，值得当代大学生学习。

（三）杜甫作品的文学价值

历经时代变迁和社会变革，中华优秀传统文化犹如璀璨明珠，熠熠生辉，蕴藏着独有的魅力和不可估量的价值。短视频《逃出大英博物馆》的热播，在一定程度上促进了公众文化传承意识的觉醒。国家之魂，文以化之，文以铸之。作为"诗圣"的杜甫，其作品无疑是中华文化的瑰宝，值得我们细细品读和深刻体悟。我们应当领略杜诗语言文字的丰富多彩，感受其中澎湃激荡的情感，欣赏其生命的律动之美。其中，对杜诗诗歌语言文字的解读，可以从以下三方面着手：

1. 积极向上的内容

爱国和忧民是杜甫诗歌的两大鲜明主题。

（1）爱国。《闻官军收河南河北》中的"剑外忽传收蓟北，初闻涕泪满衣裳"，展现了杜甫听闻收复中原喜讯后的激动与欣喜，让人难以忘怀；《春望》中的"感时花溅泪，恨别鸟惊心"，则表达了国家战乱之际，即使鸟语花香也难以平复杜甫内心的忧愁与愤恨，强烈的爱国主义情感跃然纸上。

（2）忧民。《兵车行》通过描写出征离别的凄凉场景和遍野白骨，讽刺了唐玄宗的穷兵黩武给人民带来的深重苦难，同时也表达了对人民生活不易的同情。《石壕吏》则以通俗易懂的叙事性语言，描绘了一个年迈母亲因儿子战死而悲痛欲绝的悲惨场景，官兵的冷漠与无情更是令人愤恨。这些作品都深刻体现了杜甫对百姓的深切关怀和无尽忧虑。

杜甫的诗歌真实反映了当时社会的客观现实，既沉重又真实。通过展现人民生活的艰辛和社会的黑暗，我们感受到杜甫忧思百姓、关注民生、忠于祖国的崇高品质。这也是杜诗被誉为"诗史"的最好证明。

2. 不拘一格的句子结构

诗歌的句子结构大体分为常规结构和非常规结构两种。在杜诗中，这两种结构都得到了充分的展现。

（1）常规结构。《望岳》一诗，句式精妙，单数句子与双数句子各自押韵，语言流畅而富有诗意，展现了散文的自然韵味。全诗叙事次序严谨，章法考究，体现了杜甫高超的诗歌建构能力。《茅屋为秋风所破歌》中的"八月秋高风怒号，卷我屋上三重茅"一句，通过生动的场景描绘和巧妙的押韵手法，将诗歌的起承转合和散文的谋篇布局完美结合，体现了杜甫深厚的文学造诣与独特的艺术风格。

（2）非常规结构。"熟知茅斋绝低小，江上燕子故来频。衔泥点污琴书内，更接飞虫打著人。"《绝句漫兴九首》一诗中的这四句，平仄格式别出心裁，除最后一句外，其余三句并不遵循常规规律，这是诗人特意为之的创新尝试，营造出一种独特的美感。"人生几何春已夏，不放香醪如蜜甜。"同样，诗中的这句也体现了不拘一格的诗歌创作理念。这些作品不仅丰富了唐诗的表现形式，更为后人留下了宝贵的艺术遗产，增添了唐诗的多样性和魅力。

3. 用典与反讽的炼字

杜甫的诗歌在遣词造句上极为讲究，尤其在点睛之处更显精妙。杜甫的诗歌中大量引用典故和反讽手法。

（1）引用典故。如《题张氏隐居二首》中"霁潭鳣发发，春草鹿呦呦""杜酒偏劳劝，张梨不外求"四句诗，其中"鳣发发"和"鹿呦呦"分别出自《诗经》的"鳣鲔发发"和"呦呦鹿鸣，食野之苹"。作者借此典故，不仅写景，还巧妙地传达了捕鱼的乐趣和宴客的热情，可谓匠心独运。后两句则采用民间口语化的表达，使诗歌更加贴近生活，同时巧妙地运用了"杜康造酒，张公有梨"的典故，两者结合，使诗歌晓畅灵动，韵味无穷。又如《客夜》中"计拙无衣食，途穷仗友生"，其中"友生"一词出自《诗经》的"相彼鸟矣，犹求友生"。结合杜甫当时的生活状态，可以看出他在此借典故表达了对朋友的感谢，情感真挚，引人共鸣。

（2）借用反讽。在杜甫的 1400 余首诗中，反讽手法被频繁而巧妙地运用，其背后所蕴含的思想感情深沉而耐人寻味。如《赠花卿》一诗，面对官兵鱼肉百姓、沉溺享乐的情景，杜甫拿起笔，再次化身为百姓的代言人。诗的最后两句表面上赞美曲子余音绕梁、美妙绝伦，实际上是在讽刺那些只顾享乐而不顾民生的官军，并表达了对百姓的深切同情。这些诗句不仅是诗人情感与智慧的结晶，更是中华民族悠久历史文化中不可或缺的宝贵财富，当代大学生有责任把它传承下去。

（四）杜甫作品的育人价值

杜甫是中国文学史上最杰出的诗人之一，他的诗歌不仅情感深沉真挚，更在语言艺术上达到了炉火纯青的高度。除了文学价值外，杜甫及其作品的育人价值同样不容忽视。了解杜甫高度的社会责任感、崇高的民族自豪感以及乐观豁达的人生观，对提升大学生素质及建构正确的"三观"具有重要作用。

1. 高度的社会责任感

杜甫从小接受儒学教育，仁爱观念深深植根于他的心中，始终把国家和人民放在首位。早年读书仕学，便有志于辅佐君主，实现治国理想。尽管历经磨难，他仍不改初心，坚守着建功立业的信念。这是他对国家深深的责任感，也是他对家国情怀的执着体现。

作为国家新一代的建设者和接班人，大学生应学习杜甫高度的责任感，将个人志向与为人民、为社会、为国家服务紧密结合。只有树立这样的观念，并为之不懈努力，才能在未来社会中肩负起应有的责任。

2. 崇高的民族自豪感

杜甫一生坎坷，虽饱受不公与磨难，但他始终保持着炽热的爱国情怀。他的作品常展现出对祖国大好河山的赞美和对劳动人民的颂扬，字里行间流露出他对祖国和人民深沉的爱。

中国人民勤劳勇敢，创造了一个个举世瞩目的辉煌成就。作为中华儿女，我们应该为这样的祖国和人民感到骄傲，为中华文明感到自豪，树立起坚定的文化自信。

3. 乐观豁达的人生观

杜甫虽然出身富裕，但后来家道中落，生活穷困潦倒。然而，这种大起大落的人生经历并未击垮他，反而使他更加坚强。他深入百姓生活，体察底层人民的艰辛，以乐观积极的态度面对困境。即使一生颠沛流离、怀才不遇，他依然对未来充满信心，敢于面对人生苦难。

当代大学生应该学习杜甫这种乐观豁达的人生观，以积极的心态面对生活中的挑战和困难。只有保持乐观向上的精神风貌，才能在人生的道路上不断前行，创造属于自己的辉煌。

二、高校推动杜甫文化传承与创新的案例

杜甫出生于河南，曾到陕西、山东、四川、湖北、湖南、江苏、浙江、安徽、河北等地为官或游历，他的足迹遍布大半个中国。其诗

作深刻反映了唐代中期社会的真实面貌，具有极高的历史和文化价值，为各地地方文化增添了独特的光彩。众多地方高校学者以杜甫及其诗歌为研究对象，推动地方文化的传播与传承。

以下精选了河南、四川、河北等地高校开展杜甫诗歌传承与创新的部分案例，并进行了简要分析，希望能为地方高校在名人文化传承方面提供可资借鉴的参考。

（一）郑州商学院推动杜甫文化传承与创新的案例

郑州商学院坐落于杜甫的故乡巩义市，该校高度重视杜甫文化的研究、交流、传播和创新发展，为弘扬杜甫文化、阐释杜甫思想、践行高校文化传承的使命作出了贡献。

1. 举办"诗圣杜甫与中华诗学"学术研讨会

2023年4月21日，首届"诗圣杜甫与中华诗学"学术研讨会在郑州商学院举办。来自郑州大学、河南大学、西南大学、复旦大学、厦门大学等国内高校，以及美国西华盛顿大学、日本冈山大学等国外知名大学的专家学者齐聚一堂，以诗为媒、以文会友，共同探讨诗圣杜甫和中华诗学的文化课题，纪念伟大诗人杜甫，传播中华优秀传统文化。本次盛会受到人民网、搜狐网、今日头条、河南日报、郑州晚报、河南电视台等十余家媒体的广泛关注，并吸引了海内外热爱文化、热心学术的人士的目光。[①]

与会专家高度赞扬了杜甫的伟大诗篇和诗圣精神，指出在实现中华民族伟大复兴的历史转折时期，弘扬杜甫精神具有重要的当代意义，并表示将继续潜心研究，传承杜诗，为中华优秀传统文化的传承与弘扬发挥更大作用。

通过本次会议，杜甫研究领域的专家学者们再次深切感受到诗圣的情怀，领略到中华文化的博大精深、源远流长，体会到中国精神的

---

① 《首届"诗圣杜甫与中华诗学"学术研讨会在我院隆重开幕》，https://www.zbu.edu.cn/dfyjs/info/1009/1006.htm。

崇高及伟大。

2. 成立杜甫研究所

郑州商学院依托地缘优势，成立了杜甫研究所，致力于杜甫诗歌的研究工作。在研究杜甫在河南创作的诗歌基础上，全面展开了对杜甫全部诗歌的研究，深度挖掘杜甫思想精神的当代意义，并专注于诗歌的传承与创新研究。同时，研究所计划在点校古代著名的杜诗注本方面作出努力。

为增强科研实力，杜甫研究所聘请了中国杜甫研究会会长张忠纲教授和中国杜甫研究会副会长葛景春教授担任学术顾问，并聘请了吴淑玲、孙微、左汉林等教授，以及其他杜诗学界的专家学者作为客座研究员，以期将杜甫诗歌发扬光大。①

3. 举办杜甫诗词文化活动

为纪念诗圣杜甫，提升大学生的文学素养和人文精神，传承和发扬优秀传统文化，郑州商学院举办了以"品诗史之韵，觅书香之音"为主题的杜甫诗词大会。活动通过杜甫知识竞赛、诗歌朗诵、舞蹈等形式，为师生呈现了一场丰富的杜诗视听盛宴。活动的成功举办，不仅提高了大学生对诗圣杜甫的认识，也激发了他们对杜甫文化的研究兴趣。②

（二）四川大学和四川师范大学推动杜甫文化传承与创新的案例

杜甫曾先后在成都居住了近4年，创作了诗歌240余首。唐末诗人韦庄寻得草堂遗址，重结茅屋，使之得以保存。宋元明清历代都有修葺扩建，现成都的杜甫草堂已成为全国重点文物保护单位，也是当地著名的旅游景点。四川高校在杜甫文化研究和传承方面取得了显著的成绩。

---

① 《研究所简介》，https://www.zbu.edu.cn/dfyjs/index.htm。
② 《金贸学院:品诗史之韵觅书香之音——成功举办杜甫诗词大会》，https://www.zbu.edu.cn/info/1138/39499.htm。

1. 四川大学与成都杜甫草堂博物馆共建了中华诗歌研究院

研究院的主要任务是传承、弘扬和普及诗歌文化。四川大学发挥其学术和人才优势，致力于学术研究；成都杜甫草堂博物馆利用资源优势，负责展览陈列、宣传推广和文化普及等工作。双方在传承与弘扬诗圣精神和诗歌文化方面取得了卓越成就。[①]

2. 四川大学举办了杜甫读书会

每期读书会都围绕杜甫的诗歌进行赏析，在校勘、解题、解体、注释、翻译等方面对诗歌进行详细的阐释与分析。参会人员展开多方面的深入讨论，读书会还通过线上方式邀请社会上热爱杜甫文化的人士参加。在阅读与交流中，传承对古诗文化的热爱。[②]

3. 四川师范大学与韩国延世大学孔子学院联合开展了线上讲座

四川师范大学的房锐教授围绕"杜甫与成都"的主题，勾勒出了杜甫在成都的生活图景，向中韩两国大学生介绍了古蜀都及其诸多名胜古迹背后的人文历史，让中华优秀传统文化走向世界。[③]

（三）河北大学推动杜甫文化传承与创新的案例

1. 举办线上杜甫文化讲座

河北大学韩成武教授，从事唐代文学研究30余年，在杜甫研究领域拥有深厚的造诣，并取得了丰硕的学术成果。韩成武教授的杜甫研究系列著作是其多年研究的结晶，对于深入理解杜甫及其诗歌具有极高的学术价值。为了推动杜甫文学研究的发展并传承中华优秀传统文化，他在线上举办了杜甫诗歌艺术研究系列讲座，进一步普及了中华

---

① 《我校与成都杜甫草堂博物馆共建中华诗歌研究院入选第二批四川省重点中华文化研究院》，https://lj. scu. edu. cn/info/1039/6274. htm。

② 《走进文新"杜甫读书会"：读书即探索，寸铁亦有用》，https://lj. scu. edu. cn/info/1039/6198. htm。

③ 《四川师范大学校团委与韩国延世大学孔子学院线上讲座：杜甫与成都》，https://gqt. sicnu. edu. cn/p/7/? StId = st_app_news_i_x637508966715175291。

优秀传统文化。[1]

2. 开展杜甫学术研究，培养研究人才

在中国知网检索河北大学的杜甫研究情况，可以查询到100余篇教师研究论文和硕士生毕业论文。河北大学的学者们从多个角度深入探讨了杜甫的诗歌艺术、思想内涵和历史背景，为中国古代文学和历史研究提供了新的视角和思考。同时，河北大学也培养了一批从事杜甫研究的优秀人才，他们毕业后在相关学术领域取得了优异的成绩。

三、郭沫若经典作品的当代价值

郭沫若是四川乐山人，一位百科全书式的文化巨人，是四川乐山人民的骄傲，更是中华民族的瑰宝。郭沫若的经典作品是中华优秀传统文化的精髓，闪耀着深邃的思想光辉，具有极高的传承和弘扬价值。

（一）政治认同价值

郭沫若经典作品反映的创作背景、历史故事和革命事迹等，是宝贵的教育资源，可以提高当代人的政治鉴别力和判断力，增强政治认同感。郭沫若的经典作品，不仅展现了中华优秀传统文化的风骨神韵，还彰显了革命文化的刚健激越，能够激发人们对国家和民族的情感，确保思想政治教育的正确方向。[2]

（二）精神育人价值

郭沫若的作品蕴含着丰富的历史文化内涵，展现着积极向上的时代精神。这些作品对当代人感受革命前辈的崇高精神、领略先辈的风采、汲取文化养分具有潜移默化的影响，有助于坚定文化自信，增强

---

[1] 《杜甫诗歌艺术研究系列讲座》，https://v. youku. com/v_show/id_XMzA0NjI0MzM3Mg = = . html。

[2] 肖宏伟:《全媒体时代下大学生政治价值观教育研究》，山西大学硕士论文，2021 年 6 月。

做中国人的志气、骨气、底气，增强对历史文化的理解和认同，为培养高尚的人格奠定坚实的基础。

（三）实践育人价值

基于郭沫若的经典作品，可以策划专题讲座、知识竞赛、影像作品创作等多种形式的活动，引导读者更立体地解读郭沫若作品蕴含的时代情思，传承其精神愿望，感悟其思想的魅力，获得持久的进取心、坚韧不拔的意志和勤俭节约的优良传统，将教育作用转化为日常行为，实现知情意行的统一。[①]

（四）文化传承价值

郭沫若的作品语言风格多样，或恬淡隽永，或激情澎湃，或斗志昂扬，是文学作品中的典范。其作品中既有大胆的想象和夸张，充满新生的力量，又运用描写、比拟、象征、抒情、议论等艺术手法，彰显了汉语言文字的神韵，促进了文学作品语言美、音乐美、意境美等审美能力的传承。[②]

四、乐山师范学院推动郭沫若文化传承与创新的案例

乐山师范学院坐落于郭沫若的故乡，在研究、传播和创新郭沫若文化方面拥有得天独厚的优势，同时也肩负着弘扬郭沫若文化的使命。学院积极担当作为，致力于郭沫若文化的研究、传播与创新，为地方文化的传承和人才培养作出了贡献。

（一）成立四川郭沫若研究中心

四川郭沫若研究中心作为四川省哲学社会科学重点研究基地，集

---

① 王易：《传统文化与思想政治教育创新》，北京：中国人民大学出版社，2018年版。
② 阮雅镭：《初中语文教科书中的郭沫若作品教学研究》，山西师范大学硕士论文，2021年6月。

郭沫若文化的研究和开发于一体，由乐山师范学院联合四川省社会科学界联合会、教育厅共同建立。学院组建了郭沫若研究团队，立足四川，放眼全国，胸怀世界，汇聚了国内外众多郭沫若研究者，在郭沫若研究领域产生了一定影响。

研究中心在专注于学术研究的同时，积极服务于地方文化建设。在乐山市委的指导下，拍摄了电视专题片《建国后的郭沫若》；与乐山市文化局等单位合作出版了《文豪郭沫若》《郭沫若家世》《文化巨子郭沫若》《郭沫若与中国革命读本》等图书，为弘扬郭沫若文化、打造乐山文化人才高地、推动乐山文化强市建设作出了贡献。

（二）举办学术交流会议

为提升郭沫若研究的学术影响力，乐山师范学院积极举办学术会议，邀请国内外知名学者如顾彬、岩佐昌暲、马利安·高利克、藤田梨那等来校进行学术交流，并派出研究人员前往日本、法国、俄罗斯等地参加国际学术会议，有力推动了郭沫若文化的传播。

（三）开展阅读文化活动

乐山师范学院图书馆被命名为"沫若图书馆"，旨在弘扬郭沫若精神，培育优秀人才。近年来，沫若图书馆举办了郭沫若文化专题讲座、阅读分享等丰富多彩的阅读活动，组织了"沫若杯"征文比赛、朗诵比赛和知识竞赛，以及郭沫若作品微视频大赛和文创产品开发大赛，引导读者深入阅读郭沫若的作品，促进了"沫若精神"在校园内的广泛传播。

（四）建设爱国主义教育基地

乐山师范学院距离郭沫若故居20余千米，学院积极参与郭沫若故居的建设和宣传工作，与乐山市政府和沙湾市政府合作，将郭沫若故居打造成为四川省青少年革命传统教育基地和爱国主义教育基地、四川省中共党史教育基地、四川统一战线中国特色社会主义教育基地和中小学红色研学实践基地，为弘扬"沫若精神"、传承地方文化不懈努力。

由此可见，地方高校高度重视地方文化名人的研究工作，在推动地方名人文化传承与创新方面展现出了明显的优势和巨大潜力。地方高校通过深入挖掘和利用地方名人文化资源，开展多种形式的传承与创新活动，不仅培育了人才，也促进了地方文化的繁荣与发展。

第二节　高校对当地非物质文化遗产传承的贡献

根据《中华人民共和国非物质文化遗产法》，非物质文化遗产指的是各族人民世代相传并视为其文化遗产组成部分的各种传统文化表现形式，以及与之相关的实物和场所。包括传统口头文学及其载体语言，传统书法、美术、舞蹈、曲艺、音乐、杂技、戏剧，传统技艺、医药和历法，传统体育和游艺，以及传统礼仪、节庆等民俗和其他非物质文化遗产。[①]

各族人民在长期历史发展过程中创造的非物质文化遗产，不仅是民族文化的瑰宝，也是中华文脉的象征。这些绚丽多姿的非遗文化，代表着各民族独特的文化特色和民族传统，是民族的骄傲。非遗文化深深扎根于民间，代代相传，是镌刻于人们心中的文化印记，也是民族文化自信和文化认同的源泉。保护非遗文化，深入挖掘其内涵和当代价值，对于筑牢民族共同体意识、增强民族凝聚力具有重要的作用。

非物质文化遗产的传承与保护工作是一项长期工程。自 2011 年《中华人民共和国非物质文化遗产法》颁布以来，各省相继出台了一系列关于非物质文化遗产传承与保护的条例。图书馆、博物馆、科技馆、文化馆等机构纷纷加入非物质文化遗产保护的行列。地方高校也积极

---

① 郝雯婧、王雪梅、许志强:《四川非遗文化整合与传承》,成都:西南交通大学出版社,2021 年版,第4—5页。

响应国家和政府的号召，发挥学术研究职能，为当地非物质文化遗产的传承与保护作出了积极贡献。

本章以四川省为例，探讨高校在非物质文化遗产文化传承与保护中所发挥的作用。

一、四川省非物质文化遗产概况及其价值

（一）四川省非物质文化遗产概况

四川省的非物质文化遗产资源丰富，位居全国前列。其中，世界级非物质文化遗产有 7 项，国家级非物质文化遗产达到 153 项，省级非物质文化遗产代表性项目更是高达 1132 项。这些非物质文化遗产项目广泛涵盖了民间文学、传统音乐、传统舞蹈、传统戏剧、曲艺、传统体育、游艺与杂技、传统美术、传统技艺、传统医药、民俗等多个类别。四川省的非物质文化遗产不仅具有独特的文化价值，而且具有深远的社会影响和重要的历史意义。

（二）四川省非物质文化遗产的价值

1. 历史研究价值

四川省的非物质文化遗产是四川地区深厚的文化底蕴和悠久历史的见证，具有重要的研究价值。例如，古老的民间传说、故事和歌谣，反映了四川地区民族迁徙、文化融合和社会发展等方面的历史信息；羌年、藏戏等民俗和节庆活动，则展现了四川地区独特的民族文化和历史传统。传统的手工艺技能、民间艺术、节庆仪式等，为研究四川地区文化传承和社会发展提供了重要依据。

2. 艺术审美价值

四川省的非物质文化遗产展示了四川人民在艺术创造和审美追求方面的卓越成就。以蜀锦为例，它植根于蜀文化，以其明丽清秀的色彩和精湛细腻的针法，展现了四川民间艺术的独特魅力。蜀锦工艺复杂，经 60 多道工序编制而成，做工精细，"飘似云烟，灿若朝霞"，令

人叹为观止。蜀锦曾作为国礼赠送给国际友人,展现了其非凡的文化价值与尊贵地位。成语"锦衣玉食""衣锦还乡""一寸蜀锦一寸金"诠释了蜀锦珍贵程度和崇高地位。此外,四川竹琴以其清脆悠扬的音色和丰富多彩的演奏方式,彰显了四川民间音乐的无限韵味。川剧作为一种传统戏剧形式,以其独特的变脸艺术闻名遐迩,是中国戏曲艺术的瑰宝之一。

3. 文化传承价值

四川省的非物质文化遗产承载着丰富的文化信息和民族记忆,是四川人民世代相传的文化瑰宝。人们正是通过对民俗、技艺、音乐、舞蹈等诸多非物质文化遗产元素的传承,使四川地区的传统文化得以延续。在非遗文化传承中,人们深刻认识到中华文化的独特魅力和价值,将非物质文化遗产与现代文化元素相结合,创造出具有时代特色的新文化产品和服务,推动了文化产业的发展和繁荣,增强了民族自豪感和文化自信心。

4. 经济开发价值

四川省丰富的非物质文化遗产可以转化为文化产品和服务,为经济发展注入的新动力。在文旅融合的背景下,将非物质文化遗产与旅游产业相结合,开发民俗文化村、非遗文化体验游等,已成为一种新的旅游时尚。同时,将蜀绣、竹琴等传统工艺品开发成特色商品进行销售,具有广阔的市场前景。

5. 教育价值

四川省的非物质文化遗产蕴含着丰富的历史、文化和艺术信息,是当代鲜活的教育素材。将非物质文化遗产引入学校课程体系,不仅可以提高学生的人文素养和审美情趣,还可以培养青少年热爱家乡的情怀。在社会上举办非遗文化活动和展览,可以让更多的人了解非物质文化遗产的独特魅力和价值,有利于增强民众的民族自豪感和文化自信心。将非物质文化遗产推向世界,对促进中外文化交流和互动、增进国际社会对中国文化的了解和认同具有深远意义。

二、四川省高校对非物质文化遗产传承与保护的案例

（一）内江师范学院对峨眉武术的传承与保护案例

1. 峨眉武术简介

峨眉武术是国家的非物质文化遗产，源于四川省峨眉山地区，具有悠久的历史和深厚的文化传统。它融合了武术技巧、拳法、器械等元素，在注重武术技击的同时，强调修身养性，提高身体素质，增强意志力。峨眉武术以其独特的表演风格，被广泛应用于演艺、比赛、民俗节日和庆典中，成为群众参与度较高的民俗体育运动项目。

峨眉武术以内外兼修、刚柔相济、快慢相间、似柔实刚、连消带打、攻防兼备为特点，深受广大人民群众喜爱。它不仅是一项体育运动，更体现了集儒、释、道三教于一体的地域文化，是展现巴蜀人民精神的活化石。峨眉武术既满足了人们对体育锻炼的需求，也承载着历史文化的传承使命。

近年来，四川省高校积极推进峨眉武术的研究与传承，通过开设武术课程、成立研究机构、开展推广活动等方式，进一步推动峨眉武术运动的发展和传承，扩大了其影响力。

2. 内江师范学院对峨眉武术的传承与保护

2014年10月，内江师范学院成功申请建立了四川峨眉武术文化普及基地，该基地围绕峨眉武术文化教育与研究、挖掘与保护、传承与推广等方面开展峨眉武术的社科普及工作。

（1）峨眉武术文化的教育与研究。四川峨眉武术文化普及基地组建了以峨眉武术为主干学科的创新研究团队，明确了学术研究方向，强化了社会服务功能，促进了基地的良性、和谐、健康、高效、稳定发展。例如，基地定期举办学术沙龙和学术讲座活动，邀请国内知名专家围绕峨眉武术文化发展历史及特点、峨眉武术文化解析等主题进行交流讨论，以促进知识共享，拓展基地成员的学术视野，提升其学术水平。《内江师范学院学报》特别开设了"峨眉武术文化研究专

栏",旨在通过学术研究促进峨眉武术的普及推广,向读者呈现该领域研究的新认识、新思维、新观点和新趋势。

(2)峨眉武术文化的挖掘与保护。内江师范学院启动了"峨眉武术文献整理研究"工程项目,该项目多维度、深层次地推进了峨眉武术文化的传承与发展工作。具体而言,项目从峨眉武术文化的挖掘与整理入手,编纂了《峨眉武术文化概论》,为全面研究峨眉武术提供了理论基础,编制了《峨眉武术教程》,旨在推广与普及峨眉武术技艺;还高度重视峨眉武术口述历史的收集与整理,特别是通过对峨眉武术传承人的现场采访,记录并整理传承人的口述史,为峨眉武术文献整理研究积累了宝贵的第一手材料。该项目在传承、挖掘、整理、研究及创新峨眉武术文化方面作出了显著贡献,有力推动了峨眉武术的繁荣发展。

(3)峨眉武术文化的传承与推广。基地高度重视峨眉武术文化的普及推广工作,多次开展"请进来,走出去"活动,既赴省内外高校进行交流,也邀请武术界同仁共同举办交流活动。另外,基于峨眉武术的竞赛性和表演性特点,内江师范学院积极组织本校学生参加全国及全省的武术大赛,并多次主办武术比赛,以赛促宣传,取得了显著的推广效果。

例如,内江师范学院武术队积极参加历届四川省青少年武术套路锦标赛和高等院校健身气功邀请赛,均取得了优异成绩。基地还组织了中小学生运动会武术比赛、内江市青少年武术散打锦标赛以及"峨眉武术文化走进中小学"等活动,展现了青少年良好的体育素质和顽强的拼搏精神。同时,基地主办的全民健身运动会武术比赛、内江市武术锦标赛等赛事,提高了峨眉武术文化的社会知名度,展现了刻苦锻炼、坚韧不拔、奋力拼搏的时代风貌,为峨眉武术文化的普及推广奠定了坚实基础。

内江师范学院编排的节目《印象峨眉武术》亮相大型综艺晚会,录制的峨眉武术文化普及基地国外宣传片,成功将峨眉武术推向全国

乃至世界，打造出了一张亮丽的峨眉武术名片。此外，学院还启动了
"互联网+微课堂"武术教学视频录制项目，突破了传统授课模式，进
一步深化了人才培养模式改革，推进了武术教学工作的转型发展。

　　峨眉武术研究基地从科学研究、教学工作、宣传推广等多个维度
全面开展峨眉武术文化的传承与保护工作，推动了峨眉武术文化研究
和武术运动的蓬勃发展，使其迈上了新的台阶。

（二）乐山师范学院对扎染技艺的传承与保护案例

　　1. 扎染简介

　　扎染是中国民间传统而独特的手工染色技艺。它起源于秦汉时期，
在长江流域广为流传，具有浓郁的民族特色。四川扎染工艺尤为精湛，
在唐代达到顶峰，被称为"蜀缬"，与蜀锦齐名，深受皇室和达官显贵
的喜爱。然而，到了宋代，扎染技艺逐渐衰退。19世纪后期，此项技
艺主要保留在峨眉、乐山、自贡、冕宁等地区，其中以自贡扎染和峨
眉扎染最为有名。

　　扎染工艺主要包括扎结和染色两部分。扎结又称为"扎花"，经过
一番挤揪、折叠、翻卷，用橡皮筋、线、绳等将需要染色的织物缠扎
或缝合严实，形成一串串"疙瘩"，然后进行染色。染色时，主要使用
板蓝根、蓼蓝、艾蒿等植物染料，其中板蓝根最为常见。将扎结的织
物浸于板蓝根汁液后取出拧干，解开或拆除打结的线，便得到了一件
染色的艺术品。

　　由于织物打结或缝线的部分浸染不到颜料或浸染程度不同，加之
打的结或缝合的形状、大小、方法各异，染出的作品具有极大的随意
性和多变性，趣味无穷。即使是采用相同的扎结方式，每次染色后也
不会出现完全相同的图案，这种艺术效果是机械印染所无法比拟的。

　　2. 乐山师范学院对扎染技艺的传承与保护

　　（1）培养扎染传承人。王永清，峨眉扎染乐山市级非遗传承人，
乐山师范学院美术与设计学院的副教授，民俗艺术研究中心负责人，

荣获乐山市第二届"乐山工匠"称号。她深耕扎染技艺的理论研究和实践，以特有的工匠精神，默默地耕耘在她所热爱的扎染领域中。她出版了个人扎染作品集《竞将红缬染轻纱——王永清艺染作品集》，完成省级以上科研项目 6 项，创作 50 多件扎染作品，并荣获多个奖项。作品《花影》荣获中国工艺美术最高奖"百花杯"铜奖。

王永清是峨眉山市人，自幼对峨眉扎染充满浓厚兴趣。她用了 20 余年的时间对峨眉扎染技艺进行整理、挖掘和恢复，并进行革新，将扎染与绘画、现代艺术审美相结合，使这一古老的民间技艺在当代社会焕发出新的魅力。2013 年，她成功将峨眉扎染申报为峨眉山市非物质文化遗产，2015 年她被评定为代表性传承人，2017 年又将峨眉扎染成功申报为乐山市非物质文化遗产。

（2）将扎染纳入美术学院课程体系。乐山师范学院依托当地丰富的非物质文化遗产资源，强化了美育的顶层设计，构建了美育服务阵地，成功将"手工印染"纳入课程建设体系。通过系统的扎染课程教学，学生不仅能够深入了解扎染的历史与文化，还能掌握扎染技艺与方法，学习色彩与图案设计，探索扎染在生产生活中的应用，从而实现扎染技艺的传承与保护。

学习扎染课程后，学生们创作的作品如《家居扎染用品设计与制作》《民族之韵扎染应用产品设计》《水无常形——扎染家居饰品设计》《"一染倾城"家居装饰系列》等，在省内外高校和网络上举办的作品展上广受好评。这些作品以清新淡雅、意蕴悠长、意境唯美的风格，成功吸引了众多观众的关注，有效促进了扎染技艺的广泛传播与深入推广。

（3）以扎染技艺开发旅游纪念品。在文旅融合的时代背景下，乐山这座拥有峨眉山（包括乐山大佛）世界文化与自然双遗产的著名旅游城市，正焕发着新的活力。乐山师范学院师生积极顺应这一趋势，巧妙运用扎染技艺开发了独具地方特色的旅游纪念品，成功将乐山独特的文化韵味融入其中，使得每一件作品都成了乐山文化韵味与现代审美相结合的典范，深受游客喜爱，推动了乐山文化传播和旅游业发展。

这些扎染纪念品的图案和色彩组合富有创意和美感，给人带来艺术气息的同时，它还承载着丰富的文化内涵，每一件扎染作品都是对流传千年的民间传统工艺的传承，是四川历史和传统文化的生动载体。对于游客而言，这些扎染作品还具有纪念意义。通过参观和亲身体验，游客不仅能亲手制作独一无二的扎染作品，还能深切感受到那份古朴的民风，收获难以忘记的美好回忆。

目前开发的扎染纪念品包括服饰类、家居类和收藏类等。服饰类如扎染丝巾、T恤、背包等，款式多样，品质优良，真丝丝巾飘逸洒脱，棉麻围巾柔软保暖；家居类如桌布、床单、壁挂、抱枕、茶垫等，色调古朴，符合现代人返璞归真、崇尚自然的审美；收藏类则以扎染画为主，其突破传统图案构图方式，以特有的立体感和层次感带来强烈的视觉冲击，特别是以乐山大佛、峨眉山的佛文化和风景名胜为题材设计的扎染画，有巨大的市场潜力。①

由此可见，地方高校在非遗文化传承中的作用不可小觑。其一，高校是学术研究的重要阵地，可以深入挖掘非遗文化的历史渊源、技艺特点和文化内涵，为非物质文化遗产的传承提供坚实的理论支持和实践指导。其二，高校拥有丰富的教育资源，可以发挥教师团队、课程建设和教学设备的优势，为非遗文化的传承提供优良的环境和条件。其三，高校还可以组织文化交流活动，促进校际文化交流，提高社会对非遗文化的认知度和认同感。其四，高校可以培养传承人才，这些人才将成为地方非物质文化遗产传承与创新的重要力量。

---

① 王永清：《以峨眉扎染传统技艺为载体的旅游纪念品设计研究》，载《美术界》，2014年第5期，第99页。

第三节　高校在地方文化产业发展中的引领作用

　　党的二十大对"繁荣发展文化事业和文化产业"作出了重要部署。我们要深入学习贯彻党的二十大精神，坚持中国特色社会主义文化发展道路，大力发展文化事业、文化产业，不断激发全民族文化创新创造活力，增强实现中华民族伟大复兴的精神力量。[①]

　　大力发展地方文化产业，能够为人民群众提供更多高质量的文化产品和服务，满足人民群众的精神文化需求，提高人民群众的文化素养和审美水平，促进个人的全面发展。同时，它还能推动经济结构调整和经济发展方式转变，培育新的经济增长点，为经济发展注入新的动力。文化产业的发展不仅有助于弘扬中华优秀传统文化，还能推动中华文化走向世界，提高中华文化的国际影响力和竞争力，提升国家文化软实力。

　　高校是文化建设的主力军。高校聚集了大量高层次人才，他们知识渊博、见多识广、思维活跃，能够在文化产业领域的研究、教学和实践中，以高度的文化自信和文化自觉为地方文化产业的发展提供重要支持。高校的专业性人才具有敏锐的市场洞察力、精准的判断力和高度的社会责任感，能够在文化产业发展的实践中，协助政府对文化产业进行政策制定和业界案例的深度剖析，精准把握文化产业发展的方向和趋势，提出科学合理的建议。鉴于此，高校应持续优化人才培养体系，提升他们的文化创新能力和成果转化能力，培养出一批既能深刻理解文化传承，又能引领文化产业创新发展的复合型人才，以促进文化产业繁荣发展。

---

　　① 《繁荣发展文化事业和文化产业（认真学习宣传贯彻党的二十大精神）》，http://opinion. people. com. cn/n1/2022/1228/c1003-32594927. html。

一、高校服务于地方文化产业发展的必要性

（一）高校自身发展的需要

1. 适应社会发展

传统高校的发展模式以学科建设为主，注重学科的完整性和系统性，突出学术性。然而，这种模式往往忽视了学科之间的交叉融合和实际应用。随着时代的发展，现代社会要求高校调整教育模式和教学方式，使人才培养和服务更加贴合社会需要。为此，地方高校需结合经济社会发展的需要，立足地方发展的实际需求，优化学科专业结构，创新人才培养模式，为地方文化和经济发展提供智力支持。另外，高校应拓展协同发展路径，加强校企合作，推动产学研协同创新。同时，加强与地方政府的合作，为地方提供科技服务、文化传承、文化创新等方面的决策支持，服务地方经济社会的发展。

2. 培养高质量人才

当前，高校毕业生的就业心理预期与企业实际人才需求之间存在显著不匹配的问题。为解决这个问题，高校需采取一系列有效措施。其一，深化课程改革是关键，包括更新课程内容和教学方式，增强课程内容的时代性，提升其实用性。同时加强学科交叉和融合，拓宽学生的视野，培养跨界思维。其二，高校应注重学生综合素质和创新能力的培养，这不仅包括加强专业知识的学习，更涵盖人文素养、团队协作、沟通表达等各方面能力的提升。其三，还要优化专业结构，根据市场需求有针对性地培养紧缺人才，并重视理论与实践结合，通过实习实训、项目参与等方式，提高学生的实践能力和创新精神。这样，培养出来的人才才能更好地服务于地方文化的发展。

3. 提升学校品牌

地方高校积极融入并服务于地方文化产业发展，可以依托地方文化资源和独特优势，拓展办学思路，创新办学理念，进而塑造出鲜明的办学特色，形成"人无我有，人有我优，人优我特，人特我新"的

优势。通过这样的策略，地方高校不仅可以成为推动地方文化发展不可或缺的力量，还能成为地方文化涵养出的独一无二的特色品牌学校。

首先，高校服务于地方文化产业发展，可以增强学校的特色和优势。立足所在地独特的文化产业资源和特色，研究当地文化产业发展的特点和趋势，制定相应的人才培养方案和科技创新计划，在打造地方特色产业的同时，提高学校的知名度和影响力。

其次，高校加强与地方的合作和交流，能够为学生提供更多的实践教学机会和资源，创造就业机会和职业发展平台，从而提高学校的整体实力和竞争力。

最后，学校培养的文化产业人才是当地文化产业发展的重要力量。他们具备专业的文化知识和技能，还具备将知识转化为实践创新的能力，能够为当地的文化产业发展提供有力的支持和服务。这些人才推动当地文化产业的创新和产业升级，反过来，文化产业的持续创新和繁荣发展又吸引更多的有志之士的加入，从而实现了人才与产业相互促进、共同繁荣的良性循环。

（二）地方文化产业发展的需要

1. 地方文化产业需要高校的理论指导和科技研发支持

近年来，我国的文化产业在国家政策的支持和引导下蓬勃发展，但仍然存在创新不足、同质竞争、结构趋同等问题，文化作品的复制、模仿现象较为普遍，缺乏独特的精神和价值内核。这些问题制约了文化产业的进一步发展。究其原因，主要在于我国文化产业尚未形成完善的理论体系和主流文化价值观，这与文化产业理论先导的特性不相符。

高校作为高层次人才的聚集地，汇聚了众多文学、艺术学、经济学等领域的专家学者。开展多学科融合的文化产业相关理论研究，结合地方文化资源的优势，深入发掘文化底蕴与时代价值，有助于推动社会主义文化精神和价值内核的形成。同时，高校具备科技创新的优势，可以发挥计算机、新闻传播学、融媒体等数字前沿科技的作用，研究文化产业结构的调整方向和发展趋势，以先进的理论引领文化产业的发展。

高校可以发挥多学科、交叉学科的优势，将相关领域的人才聚集在一起，成立文化产业研究机构或文化产业学院，开展文化产业的理论研究和实践探索。此外，高校还可以积极参与地方政府的文化产业项目，合作建设新型文化产业园区，为地方文化产业发展提供理论指导和科技研发支持。

2. 地方文化产业需要高校提供高素质文化产业人才

文化产业是一个多学科交叉的领域，具有知识密集、信息密集、技术密集的特点，需要一支具备文化创意、创新思维、技术应用、市场营销、项目管理等综合能力的人才队伍。在当前技术不断进步、内容不断更新、业态不断创新的背景下，有文化、有创意、懂管理、精技术的人才尤为匮乏，传统的教育模式已难以适应文化产业日新月异的发展需求。

为此，高校需要进行文化产业学科建设的改革，以更好地服务于地方文化产业的发展。在学科设置上，高校应根据自身的师资条件和地方文化的实际情况，形成从专科生到博士生的梯队人才培养体系，以满足地方文化产业各个层次岗位的需求。在教学模式上，文化产业学科应与其他相关学科如文学、艺术、管理、经济等进行融合，形成跨学科的教学模式和研究体系，鼓励学生辅修相关专业或攻读双学位。在培养方式上，高校应注重理论与实践相结合，技术、艺术与产业相结合，以及传统文化知识学习与创新能力培养相结合，着力培养地方亟须的文化创意人才，使高校成为高素质文化产业人才的摇篮。

3. 地方文化产业需要高校提供高质量服务

随着国家对文化产业发展的持续支持和鼓励，大量企业和资金涌入文化市场，但同时也暴露出投资不理性、开发不合理等问题。例如，盲目投资和过度开发文化资源，导致主题公园等项目建设内容雷同、缺乏创意和特色，造成了资源浪费和同质化竞争。此外，缺乏科学规划和合理布局，仅侧重于某一种文化产业的发展，忽略了其他相关产业的协同发展，导致产业发展不平衡和不合理。

高校在此过程中应发挥积极作用，开展系统的文化产业理论研究，梳理总结古今中外文化产业发展的经验教训，分析并推广成功案例，为本地文化产业发展提供建设性意见，推动文化产业健康发展。高校还需加强与地方政府的合作，成为政府的智库，协助做好文化项目策划、项目研究和文化产业规划，提升政府在文化产业中的决策和管理能力。高校还应深入挖掘地方文化的民族、历史和经济价值，助力打造文化品牌，开发文化创意项目，促进地方经济和社会的发展。

二、泉州师范学院引领地方文化产业发展的案例

（一）根植地方文化，服务于地方文化的传承与创新

泉州是中国的历史文化名城之一，拥有深厚的人文底蕴和丰富的文化遗产。泉州文化既传承了中原文化的传统精髓，又吸收了海洋文化的开放气息，多元文化在此交融交汇，成为和谐共荣的典范。泉州的南戏、南音和南少林等文化遗产展现了其独特的中西合璧的魅力；民俗文化、民间文学、传统戏剧、建筑文化、宗教文化等大量珍贵的中外历史文化瑰宝，共同见证了这座"东亚文化之都""海上丝绸之路"的光辉历史。

泉州师范学院深知自身肩负的文化使命，在现代社会的快速发展中不断探索，既有效保护了这些珍贵的文化遗产，又通过创新的方式让传统文化焕发新的生机与活力，让泉州文化得以传承和弘扬，繁荣与发展。

1. 成立地方文化研究机构

泉州师范学院凭借其深厚的历史文化底蕴，成立了多个地方文化研究机构，包括丝路语言文化研究中心、中华优秀传统文化南音传承基地、南音研究中心、南音文化传承与发展协同创新中心、海丝文化

传承发展研究院、泉州文化遗产研究院等。这些机构致力于深入开展地方文化的研究与传承创新，积极推动泉州文化走向世界。

2. 投身于非物质文化遗产的保护与传承

泉州师范学院在非物质文化遗产的保护与传承领域展现出高度的责任感，并取得了卓越成效，不仅赢得了业界的广泛认可，还使其成功入选教育部第一批中华优秀传统文化传承基地、福建省高校中华优秀传统文化教育示范基地。下面以该校对南音的保护为例，深入阐述其对非遗文化保护的突出贡献。

第一，学校首创南音学科专业，开展南音的发掘、保护和传承工作。音乐学院专门开设了南音专业课程，通过系统的教学与培养，使学生掌握南音的演奏技巧和理论知识，为南音的传承提供了人才保障。

第二，学校积极开展南音的演出和交流活动。音乐学院组织南音演出团队，定期举办南音音乐会和交流活动，推动南音的传播与推广。例如，2015 年创作的南音作品《凤求凰》被列入全国舞台艺术重点创作剧名录，向全国乃至全世界展示了中华文化的魅力。

第三，学校重视南音的学术研究。学院教师对南音的历史、曲目、演奏技巧等方面进行了深入的研究，并发表了多篇学术论文，为南音的传承提供了有力的理论支持。

（二）立足地方发展需求，服务于地方文化人才培养

1. 加强文化产业学科建设

2014 年，泉州师范学院在深入调研和充分论证当地文化产业发展需求的基础上，开设了文化产业管理专业。学校制定了翔实的教学计划，设置了合理的专业方向，提出了科学的培养方案，并开设了音乐学（南音方向）、数字媒体、人文地理与城乡规划、历史学（旅游文化方向）、广告学、广播电视学、工艺美术、动画等与地方文化产业紧密相关的专业，以满足泉州日益增长的文化产业需求。

2. 注重实践教学，加强校地合作

学校注重构建理论教学与实践教学深度融合的人才培养体系，提升学生的综合素质与就业竞争力。为此，学校积极探索并成功开启与当地企业协同育人的新模式。例如，学校开设的服装与服饰设计专业，和当地纺织服装企业建立合作关系，为学生提供实习实训机会，使他们在真实的工作环境中将所学知识应用于实践，还为学生搭建了直通就业岗位的桥梁，通过合作，学校精准把握市场需求，及时调整课程设置和教学内容，培养了符合市场需求的订单式人才。

（三）发挥自身优势，为政府、企事业单位提供服务

1. 学校服务于地方政府

学校制定了《泉州师范学院服务泉州经济社会发展行动计划》，建立了八个哲学社会科学创新平台，为政府、企事业单位提供决策咨询服务。学校与地方政府建立紧密的合作联盟，加强教育互动、产学研合作、科技创新、学生就业、文化创意等多方面的合作，特别是深化文化产业项目的合作，充分发挥了政府和高校各自的优势，实现了共赢。

2. 学校服务于企业

学校积极推进校企合作，引导学生主动融入企业，参与文化创意产业项目。例如，学生的地方文化创意作品在当地文化产业博览会上展出。学校深入走访鲤城区创意产业园区和华侨新村文化创意企业，结合两地文化产业发展情况和特色，探索如何在继承传统文化的基础上实现创新发展，提出了一系列与创意、旅游、科技相结合的发展思路，为当地文化产业发展提供了科学合理的建议。①

学校建设了十个科技创新平台，精准对接泉州的产业体系，为全市大中小企业产业转型升级提供技术支撑。同时，学校与北京大学、

---

① 白雅芬：《高校服务地方文化产业发展路径探索——基于泉州师范学院的案例分析》，载《西昌学院学报》（社会科学版），2016年第1期，第71—74、86页。

天津大学等国内知名高校开展合作，共同建设高水平学科、科研服务平台及人才团队，为引领当地文化产业发展繁荣提供了有力保障。此外，学校还与中化集团、绿地集团、盼盼食品、高科环保等企业开展深度合作，深化产教融合，共同培育创新型应用型人才，有效促进了教育和产业的协同发展。

综上所述，泉州师范学院依托泉州得天独厚的文化底蕴，在引领地方文化产业发展领域取得了一定的成果。加强文化创意产业专业的学科建设，为当地文化产业的发展提供了强有力的人才支持。同时，学院对地方文化领域进行深入研究，探索文化产业的发展规律，为政府和企业提供专业的咨询服务，有效推动了当地文化产业的转型升级。

泉州师范学院积极探索校地合作等产学研一体化模式，促进了科技成果的转化和应用，提高了地方文化产业的创新能力和竞争力。通过举办国际文化交流活动，学院引进了先进的文化产业理念和资源，提升了自身的国际化水平，为当地文化产业的国际化发展提供了有力支持。

泉州师范学院积极发挥社会服务功能，参与地方文化建设和产业发展，为地方政府和企业提供文化产业规划、品牌推广、文化活动策划等服务，有力推动了当地文化产业的繁荣发展，成为引领当地文化产业发展的重要力量。

第六章 高校推动地方文化传承与创新的挑战、对策及展望

　　中华优秀传统文化蕴藏着国家和民族的精神基因，既需代代守护、薪火相传，又需与时俱进、勇于创新。地方高校长期受地方文化的熏陶，在传承与创新地方文化方面拥有得天独厚的地理优势。在文化强国战略背景下，地方高校应进一步增强文化自觉，成为弘扬地方文化的重要阵地。

　　近年来，全国各地的高校积极响应党和国家传承创新中华优秀传统文化的号召，致力于中华优秀传统文化的研究与宣传，加强文化建设，提升文化自觉和文化自信。通过汲取中华优秀传统文化的思想精华，理性地扬弃继承、转化创新，充分发挥文化的教化育人作用。同时，各高校高度重视教育部提出的着力推进成果转化的要求，深化产教融合，开展校地合作，打破人才、科研和产业之间的壁垒，实现了校企在基础研究、应用开发、成果转移等方面的有效对接，增强了高校创新资源对地方经济发展的推动力。

　　高校在推动地方文化传承与创新的过程中，虽取得一定成效，但也面临诸多挑战。随着社会对地方文化重视程度的日益提高，通过政府、企业和社会各界的共同参与，高校必将在地方文化传承与创新方面发挥更大作用。

第一节　高校在地方文化传承与创新中面临的挑战

长期以来，高校的职能主要包括人才培养、科学研究和社会服务三个方面。近年来，赵沁平、徐显明等学者提出了高校的第四职能——文化传承创新。[①] 这一职能的提出，明确了高校在坚定中华民族文化自信、建设社会主义文化强国中的重要地位。作为教育、科技、人才中心，高校肩负着文化传承、文化创新、文化育人等多重使命。地方高校更是弘扬地方传统文化、推动地方文化和社会发展的重要力量。因此，高校必须立足地方，树立文化自觉，增强文化自信，在传承中追求创新，推动文化强国建设。

在地方文化传承创新中，高校主要面临以下三个方面的挑战：理论认识不足、实践操作困难和配套政策不完善。

一、理论认识不足

（一）文化引领和担当的自觉意识不够

1. 文化引领意识淡薄

作为知识和文化的交汇中心，高校汇聚了众多思想深邃、学识渊博、勇于创新、注重实践的前沿人才。他们通过学术研究、文化交流和艺术活动，不断思考、辨析、批判、创新，传播先进知识和思想，引领文化潮流，展现出强大的文化辐射力和深远的社会影响力，有力推动着社会的进步和发展。纵观历史，文艺复兴时期，大学不仅是学术的摇篮，更是文化觉醒的策源地，孕育了如但丁、达·芬奇、伽利略等巨匠，他们以其卓越成就引领了时代的文化变革。而在中国近代的新文化运动时期，北京大学等高校成为思想解放先锋，蔡元培、陈独秀、李大钊、毛泽东、胡适、鲁迅等革命先驱和进步学者在此留下

[①] 李恒川：《大学"文化传承创新"职能的履行困境与改善路径》，载《江苏高教》，2019年第1期，第41页。

他们探索真理、追求进步的足迹。抗日战争时期，西南联大在极其艰苦的条件下，依然坚守学术阵地，弘扬爱国主义与科学精神，保护科研火种，培养优秀人才，为中国和世界的发展进步作出杰出贡献。由此可见，高校的文化引领作用对于社会进步具有不可估量的价值。在当前国家高度重视中华优秀传统文化发展和繁荣的历史时期，地方高校应更加深刻地认识自身在文化传承和创新中的重要作用，主动提升文化引领的自觉性与责任感，重塑高校文化引领的崇高形象，为书写更加辉煌灿烂的文化新篇章贡献智慧与力量。

2. 文化担当意识淡薄

高校作为思想和文化的汇聚地，应自觉承担起引领社会文化发展方向的重任。近年来，我国加快推动文旅融合及文化事业和文化产业繁荣发展，旨在传承和创新地方文化，推动文化产业和旅游产业的转型升级，增强民众的文化自信。然而，有些地方出现了借开发保护之名损坏文物、以打造名人故居为名歪曲历史等轻视传统文化的现象，造成了负面影响。地方高校作为文化的研究者、捍卫者和传播者，应提升文化担当的自觉意识，发挥"早发现、早引导"的作用，承担起抵制这些不良现象的责任。面对思想文化多元化的冲击，高校在育人过程中应更深入地挖掘和传承地方传统文化的价值，赓续民族基因，凝聚奋进力量，这也是强化高校文化担当意识的重要内容。同时，高校教师也应将地方传统文化纳入学术研究计划中，重新解读其意义和价值，赋予其新的时代内涵，这既是教师应有的文化自觉，也是其文化担当的体现。

（二）服务地方的理念需更新

1. 服务思路需创新

目前，地方高校融入地方、服务地方的意愿较高，但往往仍受限于传统的办学模式和思维方式。在服务地方时，往往侧重于基础性研究和一般性的推广宣传，学术性较强而普适性不足。例如，高校为当地文化建设提供的文献资料、发放的地方文化宣传册、举办的学术研讨会、开展的专题讲座，以及建设的地方文化数据库等，主要还停留在学术和宣传层面，而地方文化发展亟须的传统文化研究成果的转化和可持续发展的思路则相对匮乏。

2. 多元化服务意识需加强

其一，高校应当打破传统界限，不仅为政府和企业提供服务，还应关注并响应社会组织和社区的需求，以拓展资源共享的广度与深度，创造更大的社会价值。其二，高校在服务地方时，需灵活运用各种社交媒体进行宣传，有效展现并推广其服务能力，确保地方政府、企业和社会组织都能充分了解并利用高校资源。其三，服务方式应多样化，除了深耕科学研究和人才培养这两大领域外，还应满足文化交流、咨询服务等多元化需求，以全方位、多层次的服务模式，助力地方的全面发展。

3. 人才培养观念需更新

当前，许多高校在专业设置上未能充分考量地方发展需求，导致所培养的人才与地方经济社会发展的实际需求不匹配。另外，实践教学环节相对薄弱，过度强调理论教学而轻视实践教学，这导致学生缺乏实际操作能力和创新精神，无法满足用人单位的需求。我国政府在2000年将高职院校和专科学校的审批权下放给地方，鼓励地方高校根据本地实际培养实用型、技术型人才。然而，个别地方高校未能明确自身定位，专业设置盲目模仿重点大学，人才培养重规模轻实用，科学研究也过于注重数量而轻视科技成果转化，导致服务地方文化的能力仍然薄弱。

4. 产学研结合观念需更新

其一，高校对产学研结合的理解存在误区。一些高校认为产学研结合仅适用于工科领域，涉及实际产品和科技成果的转化，而地方文化研究属于文科范畴，难以与企业合作转化为实际应用。因此，高校在地方文化研究上仍侧重于学术性，忽视研究成果的社会化转化，与地方群众的文化需求、政府的发展要求、企业的产业拓展诉求脱节。其二，高校在培养高质量人才方面的认识有待深化。学生参与企业产学研的机会有限，且多以教师为主导，学生往往扮演辅助角色，这限制了对学生自主性、实践性和创新性的培养，阻碍了他们职业生涯的体验和规划。其三，地方高校在服务地方经济文化发展方面的观念滞后，在提供服务和支持时未能紧密结合地方经济发展和文化繁荣的需求。

5. 科学研究成果转化意识不足

当前，高校对地方文化的研究存在明显的创新性和实用性不足问题。多数往往局限于完成既定课题与撰写学术论文，缺乏针对实际问题的深入研究。这种模式导致研究内容重复、基础薄弱、方法简单，且对现实需求的捕捉不够敏锐，导致研究成果难以转化为实际应用。在为地方政府、企业、社区提供文化咨询和服务的实践中，无论服务的广度与深度，还是服务的数量与质量，都未能达到预期水平。因此，高校亟须转变科研思路，提升研究的创新性和实用性，以更好地服务于地方文化的发展。

二、实践操作存在困难

（一）难以构建有效的运行机制

1. 高校与地方政府间的合作机制尚未健全

地方高校是地方文化传承与发展的重要力量，地方政府应加强对地方高校的支持，建立高效合作机制，合力解决文化传承中的资金短缺和部门协作等问题。然而，当前多数地方高校属于省属高校，直接受省教育厅管理，与地方政府的联系不够紧密，导致地方政府对省属高校的支持力度有限，而省属高校对地方发展的关注程度也相对较低。例如，高校与地方政府之间的信息沟通不畅、互动不足，使得服务效果不尽如人意。同时，高校教师的课题研究多基于学术视角，缺乏对成果转化的重视和了解，导致研究成果对地方和企业的实际作用有限。因此，需要加强高校与地方政府之间的合作，建立更加紧密的合作关系，共同推动文化传承与创新。

2. 高校内部各部门及学科间的融合度有待提高

高校机构庞大，学院和部门众多，然而跨单位交流较少，这为跨学科交叉融合研究带来了困难。例如，天津大学的文科类专业主要关注地方文化的语言文学遗产、民俗文化、历史研究等方面，而理工类专业则聚焦于化学工程、建筑工程、机械工程、材料工程、电子信息与科学等领域。尽管理工科师生有意愿为地方文化传承作贡献，但由于专业背景和研究方向的差异，很难独自开展文化领域的活动。因此，需要加强高校内部各部门及学科间的沟通与协作，促进跨学科交叉融合研究。

构建切实可行的运行机制需要地方政府和高校双方共同发力，加强合作与沟通，如此才能达成共同推动地方文化传承与创新的目标。

（二）难以形成广泛的大众认同

1. 学术性与普及性的鸿沟

高校教师凭借其深厚的学术素养和研究能力，在地方文化的研究中多从学术角度出发，深入挖掘其历史、内涵、特点和发展规律，进行深度研究、理论探讨和科学解释，为地方文化的保护、传承和创新提供坚实的理论支撑。然而，广大人民群众更倾向于接受和认同普及性的地方文化成果，更偏爱以喜闻乐见的形式来传递情感和价值观。尽管一些地方文化在研究者眼中具有极高的学术价值，但民众往往难以深入理解。与此同时，大众文化对于研究者而言，其研究价值相对较低。因此，如何平衡学术性与普及性，成为地方文化工作者面临的一大挑战。

2. 传统与现代的冲突

地方文化是在漫长的历史发展中逐渐形成的，其形成与当时的政治、经济、文化息息相关。随着时代的变迁，一些传统价值观与当代价值观产生了冲突，逐渐被淡忘，甚至走向消亡。例如，传统价值观往往强调集体意识、追随服从、传统因袭，而现代价值观则更注重个人自由、独立思考、创新和变革。这种传统与现代价值观的冲突，使得一些传统习俗和礼仪在新旧风俗的博弈中逐步被边缘化。但这并不意味着传统文化习俗一无是处，而是我们在阐发传统文化当代价值方面做得还不够深入。在全球化的背景下，多元文化交流和融合日益频繁，部分地方文化面临着被同化或消解的风险。因此，我们倡导将地方文化的传承与创新相结合，在传承中弘扬，在发展中继承，推动地方文化的创造性转化和创新性发展。

三、配套政策不完善

（一）地方文化研究经费保障机制不健全

1. 经费投入不足

地方文化的传承和弘扬需要资金投入，然而，由于地方政府和高校对文化研究的重视程度不够或财政紧张等原因，对地方文化研究的经费投入显得捉襟见肘。这种经费短缺的状况对研究进度、研究质量、研究人才以及研究资源等带来不良影响，研究人员往往难以按照既定计划进行深入的研究工作。

2. 经费使用效益有待提高

在推进地方文化研究的过程中，经费使用的效益问题亟待关注。若项目启动前未能制定详尽且合理的经费使用计划和预算，会导致经费的随意与无序使用，进而降低其使用效益。此外，资源共享机制的缺失也是一大症结，它不仅加剧了资源的重复购置，还造成资源的浪费。更为严重的是，缺乏有效的监管措施，易导致经费的滥用，这严重影响了经费的有效利用。

3. 经费支持缺乏稳定性

地方文化的传承与创新是一个漫长的过程，需要持续稳定的经费支持来推动其可持续发展。然而，目前部分地方与高校的财政预算中并未建立长期稳定的经费保障机制。研究经费来源的不确定性对研究的连续性与稳定性造成了不良影响。同时，由于政策引导和资金支持机制有待完善，研究机构与企业及其他社会组织的合作相对较少，自筹经费的能力有限，进一步加剧了研究经费的紧张状况。

（二）高校人事政策与制度需进一步完善

1. 人才引进和培养机制存在缺陷

其一，部分高校在引进文化研究人才时，偏重于高学历、高职称及科研潜力大的教师，而缺乏一个科学、系统的评价体系来评估引进的教师是否与地方文化发展的实际需求相匹配。其二，高校在引进人才后往往忽视了对他们的持续培养与支持，导致他们在研究地方文化过程中遇到的困难无法得到及时解决，从而影响研究工作的顺利进行。其三，高校地方文化研究人才流失的现象不容小觑，许多教师因待遇和发展前景等原因选择离职或转向其他研究领域，进一步加剧了地方文化研究人才的匮乏。

2. 人事管理体制落后

部分高校人事管理体制僵化，未能根据实际需求进行灵活调整。特别是对于文化人才，缺乏"柔性引进"体制与"聘用"制度，使得文化研究岗位空缺难以及时得到补充。另外，部分高校现行的评价与激励机制存在明显不足，无法充分激发文化研究人才的积极性与创新精神。例如，对于教师在地方文化领域作出的贡献缺乏合理的界定、及时的认可和支持，这无疑会挫伤文化研究者的积极性。

第二节 高校应对地方文化传承与创新挑战的对策

文化是民族的血脉，是人民的精神家园。文化自信是更基本、更深沉、更持久的力量。① 保护、传承、弘扬和发展中华优秀传统文化，

---

① 习近平:《习近平谈治国理政》(第二卷),北京:北京:外文出版社,2017年版,第339页。

是建设文化强国、树立文化自信、提升文化软实力和竞争力的重要举措。

地方优秀文化汇聚了区域文化的精华，沉淀了丰富的人文精神，蕴含着宝贵的精神财富，是培养民众文化认同感、培育优良品质、促进人的全面发展的重要资源。高校作为人才、文化、教育的聚集地，深入探索地方文化传承与创新的策略，不仅是实现地方高校文化保护与传承、选择与扬弃、传播与交流、发展与创新的关键途径，也是提升社会服务能力的重要方面。

一、提高理论认识

（一）对文化引领和担当意识的再认识

1. 地方文化精神的挖掘与提炼

中华民族地域辽阔，各族人民深爱着养育自己的土地，创造了各具特色的地域文化，包括博大精深的汉语言文化、流传千古的名人文化、淳朴厚重的乡村文化、绚丽迷人的民俗文化、多姿多彩的民间技艺，以及可歌可泣的红色文化。这些多彩文化共同构筑了中华民族的精神家园。地方文化凝结着该地域祖先的智慧、精神、情感，延续了一方土地的独特精神基因，为坚定文化自信提供了强大动力。

高校在地方文献的整理与研究中，能够厘清区域发展的历史脉络，为我们呈现出一幅农耕文明到现代文明的演变图景；在地方文化名人的研究中，我们走进他们的时代与故事，感受他们高尚的情怀、渊博的学识、突出的贡献，学习并继承他们优秀的品格；在巧夺天工的民间技艺中，我们感受到每一位工匠的创造力与对生活的热爱，他们的工匠精神值得世代传承；红色文化遍布祖国各地，无数革命先烈展现了保家卫国、英勇斗争、不怕牺牲的精神，激励着我们为祖国的现代化建设贡献力量。深入挖掘与提炼地方文化精神，弘扬地方优秀文化，让地方先进的文化、闪光的思想、感人的故事影响更多人，激发人们对地方文化的热爱、敬畏和自信，特别是要发挥地方优秀文化对大学师生的启发与教育作用，让他们成为精神家园的守护者和传递者，建立起高度的文化自觉和文化自信。

2. 地方文化特色的重塑

地方文化是中华传统文化本土化的独特体现。挖掘和弘扬优秀地方文化，为唤醒地方群众的凝聚力、培育民族精神提供道德根基和历史文化资源，为构建文化自觉和文化自信提供思想源泉和文化底蕴，为提升文化软实力、建设文化强国提供重要参考和关键理念。弘扬地方优秀文化，不仅是当前文化建设的重要内容，更是高校肩负的文化使命与担当。

地方优秀文化特色的重塑，需要高校深度挖掘当地历史与传统，精准提炼地方文化特色因素；参与修缮和保护文物古迹，维护并展现其独特的历史风貌和文化底蕴；发掘当地艺术与工艺精髓，传承民间技艺和工匠精神；发展地方特色产业，挖掘文化的经济价值；举办丰富多彩的文化活动，提升特色文化的吸引力；在保留传统精髓的基础上，巧妙融入现代元素，激发文化新的活力；构建地方文化品牌，提高该地区的知名度和影响力。

例如，2023 年冬季，哈尔滨凭借其璀璨的冰雪文化成功吸引了全球的目光，迎来了文旅业的"春天"。哈尔滨之所以爆火，源于其深厚的冰雪文化底蕴。自 1963 年兆麟公园的第一届冰灯游园会以来，哈尔滨人就持续不断地传承与发展这份独特的冰雪文化。如今，他们向全世界展示了一座集冰雪艺术、冰雪演艺、冰雪建筑、冰雪体育、冰雪活动于一体的冰雪乐园。这一成就的背后，是他们对冰雪文化的自信和坚守，以及对勇于创新、不懈探索精神的传承。再加上索菲亚教堂、中央大街等丰富的历史与文化遗产，独特的美食文化，东北人特有的豪爽与热情，以及热闹的二人转、龙江剧等民俗文化，共同将哈尔滨独特的文化魅力传递给世界。

3. 地方文化当代价值的追求

弘扬地方优秀传统文化，就是传承中华民族历经千年依然焕发生机的先进文化和价值观念，为建设社会主义现代化国家、筑牢中华民族共同体意识、实现中华民族伟大复兴夯实思想根基。

中国的诸子百家著作、古典诗词歌赋以及浩瀚的传统文学作品，蕴含着丰富的文史哲知识和科学艺术价值，承载着文化先贤积淀千年的人生态度、政治理想和道德理念。我们要深深扎根于经典，从中汲取前进的力量。具体而言，将"为天地立心，为生民立命"作为干事创业的遵循，将"见贤思齐焉，见不贤而内自省"作为修身养德的座右铭，不断自我完善，追求更高境界。通过这样的方式，深入挖掘中华传统文化的精髓，汇聚古人智慧结晶，为建设社会主义现代化国家注入新的活力与创造力。

在广袤的中华大地上，有肥沃的平原，也有荒凉贫瘠的山野；有温暖湿润的气候，也有寒冷干燥的恶劣环境。56 个民族相互尊重、相互欣赏、相互包容，共同创造了中华文明。新时代，我们要继续坚持大团结大联合，不断加强各民族间的交往、交流、交融，筑牢中华民族共同体意识，凝聚共同奋斗的力量。

中华民族自古以来就是一个热爱和平的民族。西汉昭君出塞，促进了民族团结及经济文化的交流与合作；明朝郑和下西洋，与东南亚、南亚、非洲等地区的人民进行了友好往来。当前，我们以维护世界和平、促进共同发展为宗旨，坚定奉行独立自主的和平外交政策，坚守中华文化立场，深化与世界各国的文明交流互鉴，推动中华文化更好走向世界，为实现中华民族伟大复兴不懈努力。

（二）对服务地方理念的再考量

1. 创新服务形式

随着新一轮科技革命和产业变革的不断深入，以云计算、大数据、人工智能等为代表的信息技术日新月异，文化事业和文化产业飞速发展，为高校创新服务形式带来了前所未有的机遇。其一，高校可以利用大数据分析与挖掘技术，助力地方文化学术研究，创作出高品质的思想文化成果，以优秀的文化作品和产品引领地方文化建设。营造积极学术研究环境，激励教师的学术研究热情，鼓励创新性研究成果，并推动成果转化，确保服务地方落到实处。其二，应做好地方文化的数字化存储与传播工作，利用科技手段"固化"文化资源，通过数字化采集与存储确保地方文化的永久保存。还可以运用虚拟现实与增强现实技术增强文化体验，利用三维打印技术再现传统建筑和民间工艺，以保护和保存好地方文化。其三，拓展文化产品的传播渠道，采用现代流行的网络短视频、网络直播等形式传播地方文化，线上线下结合，满足不同群体的文化需求。其四，促进文旅融合，开发历史文化、民俗文化、自然景观等不同类型的地方特色文化旅游线路，为游客提供独特的文化旅游体验，使旅游成为地方文化宣传的重要窗口。

2. 拓宽服务渠道

高校可以充分利用现代信息技术开设地方文化网站、开发手机应用软件等线上平台，积极宣传地方文化，提供多样化的地方文化服务。还可以加强实体空间的文化服务功能，利用高校的空间和科技优势，建设文化体验馆、博物馆、传统手工艺制作工坊、民俗文化展区等，让公众能够亲身感受地方文化的独特魅力。此外，高校可深化与社区的合作，利用周末或寒暑假组织文化活动、传统技艺培训等，让社区居民有机会学习传统文化，提高文化素养和传承意识。还可以加强与地方政府的合作，共同举办文化艺术展览或民俗演出活动，促进文化交流，并利用现代社交媒体等传播手段，提升地方文化的知名度和影响力。

3. 完善人才培养机制

构建高校人才培养方案时，在理论学习方面，高校应着重强化对大学生地方传统文化研究能力的培养，确保本校培养的大学生具有深厚的文化素养，能够体现民族精神风貌，成为各行各业中兼具专业素养与文化底蕴的高素质人才。在实践教学方面，为学生拓宽社会实践和实习基地，通过调研学习和课题教学的形式，引导学生深入基层，亲自感受和研究地方文化，使地方文化成为他们知识结构中的一部分。在思想教育方面，地方高校在课程设置和学科建设中，应注重校本教材开发，树立学生的文化自信心和自豪感，增强学生热爱家乡、建设家乡的情感。

4. 加强产学研合作

高校应更新产学研合作理念，发挥数字技术优势，推动文化产业与企业实现更广范围、更深层次、更高水平的跨界融合，引领文化产业高质量发展。例如，通过与企业合作，利用电子商务、虚拟现实购物、社交电商、"粉丝"经济等营销新模式，能显著提升文化产业的经济效益。与旅游部门携手，促进数字文化向旅游领域拓展，开发数字化文化产品，提高地方文化的传播力与影响力，为游客提供更加丰富多元的文化体验。建立产学研合作机制，实现资源共享和优势互补，提高地方文化传承与创新的效率；共建地方文化实践基地，提升实践能力和教学水平，为培养地方文化人才提供有力支持。

5. 提高科学研究的创新性和实用性

鼓励高校教师深入基层，开展实地调查，在获取丰富素材的同时，发现新的问题和研究方向。在此基础上，大力推动跨学科研究，以多角度、新视角和新思路，促进地方文化研究的创新发展。还应强化应用导向，将研究成果应用于解决地方文化的保护、传承和开发等实际问题中，提高研究成果的实用性和应用价值。

二、重视解决实际问题

（一）构建有序的运行机制

1. 制定发展规划机制

高校应树立清晰的指导思想作为行动纲领，制定科学的发展规划。该规划应涵盖办学特色、人才培养、学科建设和校园文化等多个维度，确保高校发展方向的明确性与战略性。为了确保规划的有效实施，高校还需在价值引导、组织管理和政策体系等方面给予坚实的保障。

2．建立协调机制

鉴于高校内部学院和部门独立性强、专业性强，应建立跨部门、跨领域的协调机制，统筹各方资源，合力解决地方文化传承与创新中的矛盾和问题。高校与地方政府之间也应建立协调机制，加强联系和沟通，共同推动地方文化事业和文化产业的发展。

3．完善文化互动机制

文化互动机制通常包括校地互动、校校互动和校内互动三种。校地互动是指高校与当地政府、社区、企业间的合作与交流模式，各方基于共同的文化背景、文化心理和文化特色，合力推动地方文化的研究、保护、传承以及文化事业和文化产业繁荣发展。校校互动则指不同地域、不同背景和不同类别的高校间的合作与交流模式，通过高校联盟的建立、共同研究项目的开展、学术交流会议的举办等方式，推动地方文化的交流传播、创新发展。校内互动则聚焦于同一所学校内不同专业、学科之间的协调与整合，通过建立跨学科研究团队、举办学术讲座等方式，促进不同专业、学科间的思维碰撞和交融，从而拓展研究领域和思路，增强学术研究的多样性和创新性。

4．创新激励机制

创新激励措施是推动地方文化传承与创新的动力所在。从政府和高校管理者的角度出发，应组织实施重点文化主题创作工程，提供创作孵化场地，鼓励研究者深入挖掘地方文化的独特气质，并为优秀文化作品提供物质激励。在完善的激励机制的引导下，鼓励研究者和创作者深入基层，扎根于深厚的地方文化土壤，更新创作观念，努力创作出更多贴近实际、广为传播、历久弥新的文化作品，有筋骨、有道德、有温度的文艺精品，共同宣传、推荐、阐释地方文化的独特魅力。

（二）增强传统文化的认同感

第一，高校在弘扬地方文化时，要妥善处理传统文化与当代文化的关系。既不能脱离社会实际需求，沉浸于学术象牙塔中，也不能盲目迎合特定群体或趋势，而扭曲地方文化的真实面貌。在追求社会认可度和影响力的过程中，研究者需保持清醒的头脑，坚守学术道德与原则，确保地方文化的真实呈现与保护。同时，应关注当地群众和社会的实际需求，将研究成果应用于解决实际问题，推动当地社会的和谐发展。这样，我们既能保留地方文化的"原汁原味"，又能促进地方文化与现代社会的深度整合，在学术追求与社会责任之间找到平衡点，理解传统，认识现实，把握未来，引领地方文化的传播、传承与发展。

第二，政府应发挥其服务和调和作用，以增强群众对传统文化的认同感。政府应进一步转变思维方式，从管理型政府向服务型政府转变，加强与高校的交流合作，通过各种渠道向当地群众宣传优秀传统文化的价值与意义。举办传统文化相关的展览、演出等活动，鼓励社会组织、企业和个人积极参与，提升传统文化的影响力。

三、制定配套政策

（一）完善高校地方文化研究经费保障体系

在进行地方文化研究时，研究者面临着多方面的经费需求，包括科研经费、学术活动经费、设备购置费等。为了充分保障地方文化研究的深入与持续发展，需要建立健全经费保障体系，确保资源的合理配置与高效利用，保障研究工作的顺利进行。

政府可以通过设立专项资金、提供研究项目资助等方式，加大对高校地方文化研究的经费支持力度。高校内部可设立地方文化研究专项基金，鼓励师生积极参与地方文化研究项目，通过项目经费的配套支持，缓解研究经费的压力。此外，高校还可与政府、企事业单位、社会组织等合作，共同开展地方文化研究项目，在研究成果的转化和应用中实现共赢。同时，要建立健全经费监管机制，确保经费的合理使用和有效管理。

（二）构建高校科学的人力资源管理体系

1. 健全人才引进和培养机制，优化教师队伍结构

其一，应实施多样化的柔性人才引进策略，灵活结合专职教师和兼职教师的优势，根据本地本校的实际需求精准引进人才，既要有长期从事地方文化研究的专职教师，也要从其他研究院、高校和企业聘请兼职专家学者，以提升研究活力。其二，人才引进与内部培养并重，在引进高层次人才的同时注重提升本校教师的学术水平，确保既有新引进的有研究实力的专家教授，也有长期在本地工作、熟悉本土文化的教师，二者相辅相成，共同致力于地方文化的研究和传承。其三，加强交叉学科的融合，打破学科壁垒，促进知识交流和整合，培养跨学科创新人才；营造创新氛围，以开放和多元化的思维方式鼓励探索和实验，包容失败和错误，从而增强文化研究者的积极性。

2. 树立以人为本的管理理念，建设合理的管理制度

人才是事业发展的关键，高校应摒弃传统的管理模式，树立以人为本的管理理念，实行服务人、激励人的模式。在人才引进中，应制定具有吸引力的政策；在日常管理制度中，要关心教师的身心发展，实现事业留人、感情留人、环境留人。同时，要平衡好规范化管理和人性化管理、刚性管理和柔性管理之间的关系，充分调动人才的主动性和积极性。此外，要建立科学合理的绩效考核制度，全面、立体、多角度地评价教师，不仅考虑其学历、职称和教龄，还要综合考虑其工作成效、研究能力、创新能力和社会服务能力等，使每位教师的劳动和成绩都能得到认可，在人性化的管理中，创设愉快的工作氛围，为教师专心科研、投身工作、积极进取、服务社会提供良好的环境保障。

第三节　高校推动地方文化传承与创新的未来展望

中华优秀传统文化是实现中华民族伟大复兴的精神支撑，是维系中华民族精神命脉的重要思想保障。随着文化强国战略的提出，高校在传承和创新中华优秀传统文化方面的作用和使命受到了越来越多的研究和关注。地方高校致力于研究和弘扬地方优秀文化，擦亮地方文化的名片，推动地方文化的创造性转化和创新性发展，对建设文化强市、文化强省和文化强国具有深远的辐射作用，同时对激发地方群众的凝聚力、向心力，为全面建成社会主义现代化强国、实现中华民族伟大复兴汇聚强大合力，具有重要的意义。

习近平总书记高度重视地方文化在文化强国战略中的重要作用。2023年，总书记走进山西运城博物馆，参观了"华夏寻根""馆藏珍品"等展览；探访江苏平江历史文化街区，欣赏古街风貌，观看苏绣制作，体验年华印刷；走进四川广元的翠云廊，了解古蜀道的发展历程，关心植柏护柏的情况；参观四川三星堆博物馆，深入了解古蜀文明成果；访问陕西汉中博物馆，询问汉中历史文化和文化保护情况；踏足浙江浙东运河文化园，考察古运河河道和历史文化遗存；走进江西陶阳里历史文化街区，与非遗传承人亲切交流……总书记强调，我们要认真贯彻落实党中央关于坚持保护第一、加强管理、挖掘价值、有效利用、让文物活起来的工作要求，全面提升文物保护利用和文化遗产保护传承水平。①

地方高校深受地方文化的熏陶，地方文化是地方大学文化的营养基地和特色源泉，为大学文化发展提供源源不断的动力。基于国家对地方高校的期望以及高校自身的职责和担当，高校必然以其文化的高深性和先进性辐射和影响地方文化，促进地方文化的保护与传承、创新与发展，让地方文化迎来生机勃勃、繁荣发展的新时代。

一、高校以高度的文化自觉，深入挖掘和整理地方文化资源

"文化自觉"这一概念，由费孝通先生首次提出，指的是对文化的自我觉醒。他赋予文化自觉三层含义：一是对文化"根"的追寻与继

---

① 习近平：《加强文化遗产保护传承 弘扬中华优秀传统文化》，载《求是》，2024年第8期，第4—13页。

承，二是对"真"的批判与发展，三是对文化发展趋势和规律的把握与引领。① 由此可见，文化自觉是一个自我觉醒、自我反思和理性审视的过程。

在多元化思潮和意识形态的冲击下，很多优秀的地方文化逐渐被淡忘甚至消失。新时代，高校需立足国家发展战略，积极发挥文化传承与传播的功能，以高度的文化自觉，深入研究地方传统文化，进行辩证扬弃，并引领其发展方向。

（一）深入研究地方文化资源

地方文化具有重要的历史价值、文化价值、科技价值和社会价值。高校研究者应积极深入挖掘、研究地方文化，弘扬其当代价值，全面发挥文化的多重作用。在人文方面，从地方悠久的历史文化中汲取营养，为当地社会发展和高校建设提供精神动力，并为政府提供资政服务。在自然科学方面，研究和挖掘地方文化中的科学知识，为现代生态环境建设和科技发展提供思路方法或理论指导。在思想教育方面，利用地方文化中的教育资源，增强群众对本土文化的认同感和自豪感，这些资源作为精神纽带，不仅能够激发民众的归属感，还能够凝聚人心，促进社区和谐与社会团结。在创新发展方面，民间艺术和技艺能为创作提供丰富的素材和灵感，推动创新思维的发展。在经济发展方面，挖掘并开发具有地方特色的文化产品和服务，以此作为推动地方文化产业发展的核心引擎。同时，高校多角度、全方位地深入研究和弘扬地方文化，能够唤醒民众的文化自觉和积极投身地方社会发展建设的意识。

（二）辩证扬弃传统文化和思想

文化的发展需要与时俱进。由于历史的原因，地方文化中存在一

---

① 《文化自觉》，https://baike.so.com/doc/6185250-6398500.html。

些与现代社会不相适应的元素。高校教师应以批判与发展的眼光审视地方文化，进行创新和改革，使其适应时代的发展。对于落后的文化和思想，应进行适当的扬弃，取其精华，去其糟粕；对有积极意义但被遗忘的文化和思想，应重新审视其意义和价值，进行保护和传承；对具有参考价值的文化和思想，应进行创造性转化、创新性发展，阐发其时代价值；对具有科学性和普及性的文化，应做好传播与推广，让闪光的思想和文化精华代代相传。

（三）引领文化发展方向和趋势

高校研究者通过深入的学术研究和理论创新，为地方文化的发展提供新的思路和方向，为文化传承注入新的活力；高校培养的兼具专业素养与文化情怀的优秀人才，成为地方文化传承和发展的重要力量，推动着文化事业的不断前进；高校文化和教育的辐射功能，深刻影响着当地社会的价值观和道德建设，引导社会风尚积极向上；高校为政府决策提供思路和参考，助力地方社会治理水平的提升。综上所述，高校通过发挥其研究功能、人才培养功能和服务社会的职能，实现文化发展方向和趋势的引领。

二、高校以坚定的文化自信，创新文化传承与传播方式

高校在文化研究中不断加深对地方优秀传统文化的理解，不断深化对中华文明的认识，不断积蓄发展的能量，从而形成了坚定的文化自信。随着"中华文化走出去""文化强省""文化强市"规划的实施，地方高校紧跟时代步伐，发挥人才和专业优势，利用现代科技手段，有效传播了地方文化所承载的精神内涵和价值理念，获得了广泛的文化认同，提振了中华民族的文化自信。

高校创新文化传承与传播方式，其一，需构建有效的对外传播机制，建立文化传承与传播的组织领导机构，进行整体布局和统筹规划；同时，加强与政府、文化机构和社会组织的合作，明确分工，厘清责

任，主动担当作为，将最新的研究成果进行转化和应用，打造特色文化品牌。其二，整合文化传播内容，将地方文化中蕴含的人文精神、家族观念等文化内涵，融入文艺演出、旅游参观、学术交流和文化产品，并根据受众的接受习惯设计传播形式和内容，从而减少沟通障碍，增加共情共鸣，真正将地方文化的精神内涵传播出去。其三，提升文化传播能力，新媒体技术的发展加快和拓宽了文化传播的速度和广度，突破了信息传播的时空限制。除了借助报纸、杂志、电视、广播等传统媒体外，还应利用微博、微信、直播平台、短视频、应用软件等新媒体，构建文化传播的融媒体矩阵。其四，加强文化传播人才的培养，完善课程体系建设，培养熟练掌握媒体技术的复合型人才，加强文化传播者的语言培训，提升语言表达能力、外语翻译能力和文化传播能力，确保传媒事业后继有人。①

三、高校以昂扬的文化自强精神，支撑学科建设和人才培养

文化自信自强是一个民族在精神上的一种刚健积极的状态，体现了对优秀传统文化的继承、走向世界的决心以及开创未来的勇毅。

地方高校吸收地方文化的精华，形成了独特的办学特色和风格，在学科建设和人才培养中融入了地方文化独有的元素。一方面，地方高校的地方性决定了其学科建设具有明确的地方视野，它需要立足地方经济社会发展的现状和未来，着眼于地方经济社会发展的需要，为地方建设服务。因此，地方高校的学科建设，因适应地方经济发展的特点，形成了高校学科发展的特色。② 另一方面，地方文化是高校人才培养的重要资源，地方高校的人才培养服务于地方发展。地方高校在课程内容设置、思政教育等方面以优秀地方文化作为教育素材和来源，

①　高梦尧：《全球化视域下徽文化对外传播的路径创新研究》，载《新闻世界》，2024 年第 1 期，第 7—9 页。
②　张乐天、陈廷柱、王洪才等：《地方高校学科建设与文化内涵提升（笔谈）》，载《重庆高教研究》，2018 年第 6 期，第 5 页。

在校企合作、实践教学中具有明显的针对性和地区适应性。因此，地方高校的人才培养具有鲜明的地方文化印记。

四、高校以得天独厚的优势，积极开展国内外交流与合作

（一）重视国内交流与合作

地方高校积极参与全国各地的文化交流论坛、联合举办学术会议、参与政府的文化建设等，这些活动均有助于地方文化的发展。其一，交流与合作可以向更多人介绍所在区域的地方文化，促进不同文化的互学互鉴，增进文化之间的理解与尊重，推动文化多样性的发展。其二，交流与合作能够推动学术研究与创新，通过与国内其他高校或研究机构的交流，学习其他地区文化传承与创新的思路和方法，促进学术研究的深入发展。其三，交流与合作能够促进资源共享与优势互补，提高教育资源的利用效率。其四，通过学习高校服务地方社会经济发展的成功案例，借鉴其先进经验，开展项目合作，带动本地区文化产业的发展和转型升级。

（二）加强国际交流与合作

地方高校在对外交流合作中积极推广地方文化，对于推动地方文化走向世界、塑造地方城市的国际形象具有重要意义。高校在参加或举办国际学术会议、开展跨国项目时讲好地方文化故事，将地方文创产品或非遗纪念品赠送给友好国家等，都是宣传和弘扬地方文化的有效方式。高校还可以利用已有的海外校友会、学生联合培养等国际合作渠道推广地方文化，通过选拔地方"形象大使"作为代言人，有效传递和展示地方文化的魅力与精髓；同时，针对中外留学生群体策划丰富多彩的地方文化传播活动，深化其对中华文化的认识。具体而言，国内高校派往国外的留学生作为文化使者，将优秀的地方文化带到国外，而在华外国留学生则更容易将他们所在地方的文化介绍给中国师

生，在无形中促进文化的国际传播。高校讲好中国故事，可以从讲好地方故事开始，让地方文化在国际舞台上得到更广泛的传播和认可。

　　总之，在文化强国视域下，高校应秉持高度的文化自觉、坚定的文化自信、昂扬的文化自强精神，履行文化传承与创新的神圣职责和崇高使命。地方高校深入挖掘并弘扬地方文化，促进地方文化的繁荣发展；创新文化传播的新路径、新方式，讲好地方故事，传播好地方声音，让全世界听见并理解中华文化精髓；重视人才培养，以地方文化涵养立大志、明大德、成大才、担大任的时代新人；在国内外合作与交流中发挥桥梁与纽带的作用，重塑地方文化名片，展现中华文化的多元魅力，提升国家文化软实力，为实现社会主义文化的大发展大繁荣贡献力量。

参考文献

[1]李诗芹,张可荣,陈浩凯.从软实力到影响力:社会主义文化强国建设机遇、挑战与战略举措[J].长沙理工大学学报(社会科学版),2022,37(06):11-19.

[2]盛新娣.当代西方关于文化发展研究:概念与内涵[J].社会科学,2015(05):37-44.

[3]冯利伟.地域文化融入地方高校思政课路径研究[D].华北理工大学,2021.

[4]王虎.发展中国特色社会主义文化建设社会主义文化强国[J].理论研究,2017(06):13-15.

[5]蔡晓君.高校图书馆参与地方公共文化服务研究[D].华侨大学,2016.

[6]吴广,靳伯云,王素军.古籍文献如何实现创造性转化和创新性发展——以石家庄市图书馆为例[J].内蒙古科技与经济,2022(09):144-145.

[7]仝晓娇.关于中国特色社会主义文化发展的几点思考[J].鄂州大学学报,2023,30(02):29-31.

[8]张春燕.基于文化自信的新时代文化强国形象建构研究[D].河北师范大学,2021.

[9]张志云,王妩童.论文化自信与中华民族的伟大复兴[J].闽江学院学报,2023,44(03):18-27.

[10]薛蓓,高一宁.如何用国际化表达讲好中国故事——中国历史文化类纪录片的跨文化传播策略[J].记者摇篮,2023(05):51-53.

[11]张燕妮.社会主义文化强国:内涵、标准及建设路径——基于学界"社会主义文化强国"研究的思考[J].社会科学动态,2022(08):58-65.

[12]黄相怀,洪向华.文化强国建设:机遇、挑战与应对[J].哈尔滨市委党校学报,2013(02):1-4.

[13]关茵.习近平文化强国理论研究[D].黑龙江省社会科学院,2020.

[14]梁志玲,蒋红群.新时代社会主义文化强国建设的机遇、挑战与应对[J].中共济南市委党校学报,2021(03):50-54.

[15]赵婷玉.新时代中国特色社会主义文化建设的内容及其意义研究[D].黑龙江大学,2019.

[16]于鹏飞.新时代中国特色社会主义文化强国建设研究[D].东北电力大学,2022.

[17]李慧娟.新时代中国特色社会主义文化自信研究[D].河北大学,2021.

[18]詹小美.中华民族伟大复兴的文化意蕴与精神动力[J].人民论坛,2023(13):104-106.

[19]刘余莉.中华优秀传统文化:建成社会主义现代化强国的历史根基与文化底蕴[J].甘肃社会科学,2023(02):10-18.

[20]吕英飒.中华优秀传统文化的创造性转化与创新性发展[J].长春师范大学学报,2022,41(11):183-186.

[21]李欣,李华.地方传统文化融入青少年学生爱国主义教育的原则与策略[J].福建教育学院学报,2021,22(05):9-11+51.

[22]赖伟.地方历史文化资源融入爱国主义教育的要义[J].中学

政治教学参考,2017(06):68-69.

[23]张兆平,任文青.地方特色文化对改进爱国主义教育的意义[J].吉首大学学报(社会科学版),2016,37(S1):138-139.

[24]陈宜大.地方优秀文化融入高校爱国主义精神培育的对策研究[J].福建教育学院学报,2021,22(04):31-33.

[25]王海臣,邹路琦.利用地方文化资源培育研究生爱国主义价值观[J].科教导刊(下旬),2020(09):110-111.

[26]胡文江,周靖宇.传播地方文化培养特色人才服务社会发展——郧阳师专地方文化教育"三进"活动综述[J].郧阳师范高等专科学校学报,2012,32(01):108-111.

[27]余梦.建设文化强国背景下地方文化资源在高校实践教学中的运用研究[J].现代职业教育,2023(15):29-32.

[28]曹书圆.创新优秀传统文化传播方式,建构中国传播学自主知识体系——访郑州大学张兵娟教授[J].华夏传播研究,2023(02):53-60.

[29]翟晓汀.正确认识文化事业与文化产业的关系[J].经济,2023(07):22-25.

[30]鄢红."互联网+"模式下的中国文化艺术传播[J].中国民族博览,2020(22):248-250.

[31]陈爱爱,宫东红."互联网+"时代下中华优秀传统文化的传播策略探析[J].新闻研究导刊,2023(06):44-46.

[32]吴清清.论新时代文化建设的多重维度[D].武汉大学,2019.

[33]杨娟.人工智能时代的中华文化传播力研究[J].人民论坛,2023(02):107-109.

[34]谈国新.科技提升我国文化传播力研究[J].理论月刊,2020(07):109-116.

[35]洪晓楠.中国特色话语体系与国际形象构建[J].人民论坛,2021(31):17-21.

［36］黄海,祝羽泽.新时代中国特色话语体系构建研究的视域拓展［J］.吉首大学学报(社会科学版),2023,44(05):20-25+53.

［37］陈姝娅.构建中国特色社会主义话语体系的路径［J］.中学政治教学参考,2022(21):81.

［38］刘欣欣.中国特色社会主义话语体系构建研究［D］.西北大学,2021.

［39］刘晓锐.文旅融合背景下乐山非遗保护与传承［J］.四川省干部函授学院学报,2023(03):16-21.

［40］常静.改革开放以来深圳经济特区文化建设的发展历程及经验启示［J］.文化产业,2022(19):166-168.

［41］孟瑞霞,孟晓霞.雄安新区城市文化建设探索研究——以深圳、上海城市文化建设之比较为例［J］.北京城市学院学报,2021(02):19-23.

［42］毛伟.学习党的二十大精神系列文章之七构建中国话语体系提升国际传播效能——"加强对外话语体系与能力建设"专题研讨会综述［J］.经济导刊,2023(01):46-49.

［43］郭沛沛,赵卫东.创新传播手段提升传播效能——北京冬奥会、冬残奥会宣传报道对加强国际传播能力建设的启示［J］.公关世界,2022(07):24-25.

［44］孙敬鑫.全球文明倡议对外话语体系建设及实践路径［J］.当代世界,2023(04):42-47.

［45］夏文强,王连伟.中国外交话语体系建设:挑战、机遇及实践路径——基于人类命运共同体的总体布局［J］.哈尔滨工业大学学报(社会科学版),2022,24(05):29-35.

［46］郭勤艺.思想政治教育传统文化资源开发研究［D］.武汉大学,2016.

［47］李欣,李华.地方传统文化融入青少年学生爱国主义教育的原则与策略［J］.福建教育学院学报,2021,22(05):9-11+51.

[48]黄景睿.传承中华民族精神维护国家团结统一——从"7.5事件"看培育和弘扬民族精神的重要性[J].湖北省社会主义学院学报,2010(01):21-23.

[49]韩志敏,刘其顺.挖掘地方文化资源开展民族团结进步教育[J].中国民族教育,2020(09):41-42.

[50]何星亮.中国传统文化中的"和平"理念[J].思想战线,2018,44(01):65-71.

[51]杨淑鸿.立德树人视域下乡土文化教育与高校思想政治教育的协同育人研究——评《和谐社会视域下高校思想政治教育理论与实践研究》[J].科技管理研究,2022,42(18):222.

[52]林永康.为勤劳勇敢、慈爱无私的劳动妇女造像——大型历史油画《黄道婆》创作的过程及体会[J].美术,2017(01):95-96.

[53]贾圆鑫,刘友田.沂蒙精神的传统文化底蕴探赜[J].哈尔滨市委党校学报,2021(06):26-30+50.

[54]戚裴诺.从精微处看中华优秀传统文化——张涛教授《〈周易〉"自强不息"的历代诠释》读后[J].前沿,2022(06):90-93.

[55]王春香.新时代高校以地方红色文化铸魂育人的路径探析——以江苏淮安地区为例[J].公关世界,2022(02):39-40.

[56]陈晓宇,张克荣.文化育人视域下高校传承地方文化资源路径探析[J].河北能源职业技术学院学报,2022(01):29-32.

[57]洪燕云,司马周,何灿灿.地方名人文化融入应用型高校文化育人路径研究——以江苏理工学院为例[J].常州工学院学报(社科版),2020(06):111-115.

[58]张红兰.地方优秀传统文化融入党建元素实现"立德树人"的实效性育人对策[J].大学,2020(52):87-88.

[59]李艺艳.基于地方文化特色中研学实践活动过程的育人价值体现[J].考试周刊,2021(03):12-13.

[60]孟迎新.利用地方文化培育学生核心价值观的路径研究[J].

语文教学通讯·D刊(学术刊),2020(08):29-30.

[61]陈晟.乡村振兴背景下传统建筑保护与地方文化传承[J].名作欣赏,2023(26):39-41.

[62]张艳玲,毕程程.乡村振兴背景下传统村落建筑文化遗产的保护策略[J].美与时代(城市版),2023(03):22-24.

[63]马燕萍.体育活动助力乡村振兴的价值理念与推进路径——基于亳州市、黄山市样本分析[J].宿州学院学报,2022,37(07):27-31.

[64]李贞莹.文旅融合背景下历史文化名村数字化传播研究——以广西灵川县江头村为例[J].江苏农业科学,2023,51(03):247-252.

[65]王鹏飞,俞沐希.地方文化资源开发与品牌建设研究——以浙江省安吉县余村为例[J].广东蚕业,2023,57(02):87-89.

[66]张雪萍,陈建伟,张军.乡村振兴视角下地方非物质文化遗产的创新发展——以盐城老虎鞋为例[J].工业设计,2022(04):137-139.

[67]杨先梅.地方特色文化在乡村振兴中的价值与提升路径探究——基于对青岛市农民的调研数据[J].青岛农业大学学报(社会科学版),2021,33(03):90-95.

[68]郭钰.乡村振兴视角下地方非遗戏曲文化困境与发展探索——以武都高山戏为例[J].今古文创,2023(32):93-95.

[69]厉孝忠.传承和弘扬地方文化的精神价值——评《浙江地方文化研究》[J].宁波经济(三江论坛),2022(10):32-34.

[70]王彤伟,田珂.中华民族精神中的"自强不息"[J].秘书工作,2023(06):79-80.

[71]程颖,褚力.文化遗产的保护利用与地方特色文化产业融合发展路径研究[J].合肥师范学院学报,2022(01):60-62.

[72]赵婷.探究粤东、粤西两地渔歌音乐对地方文化产业发展的影响[J].艺术评鉴,2021(08):7-9.

[73]李娟."互联网+"文化产业专业人才培养模式考察——以地方应用型本科高校为例[J].宿州学院学报,2020(11):20-24.

[74]张金明,郁伟东.地方文献助力文化产业发展的实践与思考[J].智库时代,2020(02):289-290.

[75]晏雄.全球化与地方化:世界文化遗产与丽江民族文化产业集群发展研究[J].西南民族大学学报(人文社科版),2019(02):34-38.

[76]梁华伟.地方特色体育文化资源开发与品牌战略研究——兼论焦作市太极文化产业发展[J].广州体育学院学报,2011(02):44-47.

[77]周昕雯.文化振兴背景下传统器乐特色文化产业发展路径[J].产业创新研究,2023(15):108-110.

[78]张红."互联网+"时代应用型文化产业管理人才培养研究[J].经济研究导刊,2023(15):138-140.

[79]郝瑜,朱江华."一带一路"沿线地方高校国际文化交流路向探析[J].江苏高教,2020(09):32-36.

[80]陈一收,林心怡.场域视角下乡村精英助力乡村振兴的机制与进路——基于泉州L村非物质文化遗产传承活化的实践观察[J].莆田学院学报,2023(03):46-53+78.

[81]刘锐.城市建设凸显本土特色文化的路径与方法探究——以漯河市为例[J].安徽建筑,2021(08):49-50.

[82]彭昱剑.池州历史名人文化资源开发利用研究[D].华中师范大学,2022.

[83]王诗鑫.地方高校应勇于担当传承创新地方特色文化的历史使命——兼论地方高校大学文化个性的建设[J].领导科学论坛,2016(23):64-66.

[84]卢秋羽.从《国家宝藏》看博物馆文化传播方式的创新[J].文化产业,2021(08)48-50.

[85]覃锐钧,韦玉妍.村落文化遗产景观再生产的三重属性[J].湖北民族大学学报(哲学社会科学版),2023(05):120-129.

[86]何舟.当代数字文化传播方式在湘绣技艺创新与传承中的应用[J].纺织报告,2023(05):123-125.

[87]经宽蓉.地方高校传承地方优秀传统文化的路径研究[J].河北能源职业技术学院学报,2019(01):33-36.

[88]刘雪梅,周奎,周飞.地方高校传承优秀传统文化的意义和路径[J].产业创新研究,2019(10):291-292.

[89]许鹤.地方高校传承与创新地方优秀传统文化路径的探析[J].吉林工商学院学报,2018(02):103-105.

[90]李莲莲.地方高校大学生地域特色文化传承创新能力培养的路径探析[J].才智,2022(35):44-47.

[91]孟琰.地方高校弘扬地方传统文化路径探析[J].汉字文化,2023(10):65-67.

[92]黄文丽.地方高校科研对地域传统文化传承与创新的推动——以闽南传统文化为例[J].黎明职业大学学报,2019(02):33-36.

[93]郎军.地方高校如何服务区域经济发展——以庄河市为例[J].山西财经大学学报,2023(S2):10-12.

[94]白丽娟,王茹.地方高校在区域文化传承创新中的角色与功能[J].唐山师范学院学报,2018(05):146-148.

[95]王川.地方数字文化档案资源建设[J].中国科技信息,2021(06):119-120.

[96]孙明霞.地方特色文化助力乡村振兴的路径研究——以汕尾市为例[J].广东开放大学学报,2021(06):30-36+55.

[97]吴思瑶.地方特色文化资源融入中学思政课的价值意蕴和路径研究[J].新课程导学,2023(23):13-16.

[98]张勇.地方文化融入地方高校人文教育的价值解读[J].教学研究,2017(06):34-37+60.

[99]冯德辉.地方文化融入区域经济发展的问题及对策研究[J].中国商论,2017(26):120-121.

[100]白璐.地方文化融入应用型高校人才培养路径研究——以山西文化为例[J].黑龙江工业学院学报(综合版),2022(12):8-14.

[101]刘芳.非物质文化遗产产业化传承路径研究[J].技术经济与管理研究,2023(12):102-105.

[102]常慧.非物质文化遗产的法律保护[J].文化产业,2023(24):118-120.

[103]傅桂玉.高校图书馆多元阅读推广体系构建策略[J].图书馆学刊,2021(11):66-69.

[104]魏海珍.以弘扬中华优秀传统文化为抓手培育和践行社会主义核心价值观——以福建省青山纸业股份有限公司企业文化建设为例[J].福建轻纺,2019(03):48-50.

[105]张艳,安岩,王红梅.基于"学习产出"教育模式的地方高校跨文化人才培养研究[J].中国成人教育,2016(03):92-94.

[106]庞静.基于文化自觉的高校传承地方传统文化困境研究[J].江西电力职业技术学院学报,2021(05):164-165+168.

[107]本刊编辑部.坚定文化自信,传承中华文脉,讲好中国故事[J].文史杂志,2017(06):1.

[108]樊蕾.挖掘地方特色文化,助力乡村振兴——以信阳市为例[J].文化产业,2022(32):139-141.

[109]邢国忠.中国文化自强的底气、特征及路径[J].湖湘论坛,2023,36(06):20-30.

[110]孙璇.中国式现代化的传统文化根脉与传承发展路径[J].扬州大学学报(人文社会科学版),2023,27(06):16-27.